Tout le DSCG 5

Management des systèmes d'information

Sous la direction d'Alain Burlaud

Jean-François Soutenain, professeur en classes préparatoires DCG et DSCG, membre des commissions d'examen d'expertise comptable

ISBN 978-2-216-16150-8

Sommaire

MÉMOS

Partie 1 Gouvernance des SI

Partie 2 Gestion de projets

Partie 3 Systèmes d'entreprise

Partie 4 Gestion de la performance informationnelle

Partie 5 Architecture et sécurité des SI

Système d'information et organisation

L'information alimente les processus de décision et permet de coordonner les actions au sein des organisations. Les acteurs et les moyens mis en place pour traiter l'information constituent le système d'information (SI). Les technologies de l'information démultiplient les possibilités. Le SI interagit avec les différentes parties prenantes internes et externes de l'organisation dans le cadre de la gouvernance du SI.

1 L'information dans les organisations

A. Donnée, information et connaissance

1. Donnée

Pour être partagée et conservée, l'observation directe du réel doit être traduite sous forme de données.

Les **données** décrivent ce qui est connu de façon immédiate, par observation directe et sans interprétation ou élaboration. Il s'agit de caractéristiques élémentaires qui correspondent à un aspect d'un événement ou d'un objet de la réalité.

ex : *Le nombre de salariés ou le capital social sont des données qui caractérisent une entreprise.*

2. Information

L'information comporte trois dimensions :
- contenu : Indication, renseignement, précision que l'on donne ou que l'on obtient sur quelqu'un ou quelque chose.
- forme : Tout événement ou fait porté à la connaissance d'un public plus ou moins large, sous forme d'images, de textes, de discours, de sons.
- action : informer quelqu'un, un groupe, le tenir au courant des événements.

Une information est un élément de connaissance. Une donnée en elle-même n'est pas une information. Elle le devient par le sens que lui donne celui qui l'utilise et par le rapprochement avec d'autres données.

ex : *Le nombre de salariés d'une entreprise n'a pas la même signification selon son activité. 35 salariés, c'est conséquent pour un restaurant ou un cabinet d'expertise comptable, mais c'est peu pour une entreprise industrielle.*

L'information est liée à un modèle interprétatif qui lui donne un sens. Une donnée ne peut être une information pour celui qui n'en comprend pas la signification. Dans l'exemple précédent, le nombre de salariés doit être mis en perspective pour avoir du sens.
Le partage d'informations assure le lien entre les activités humaines et, en particulier, les activités économiques.

3. Connaissance

L'information n'est pas seulement utile pour l'action immédiate, mais aussi dans la durée. L'accumulation d'informations produit des savoirs, de la connaissance. Elles peuvent être mémorisées par des personnes, mais surtout stockées sous forme de données organisées, structurées. La connaissance n'est pas seulement une accumulation de données ou même d'informations, c'est aussi l'ensemble des liens qui permettent de structurer l'information pour l'utiliser efficacement.

La **connaissance** est un ensemble de savoirs issus de l'expérience qui permet d'interpréter les données, de les relier entre elles pour en tirer des informations. L'utilisation des informations pour la prise de décisions est à l'origine d'apprentissages qui enrichissent la connaissance.

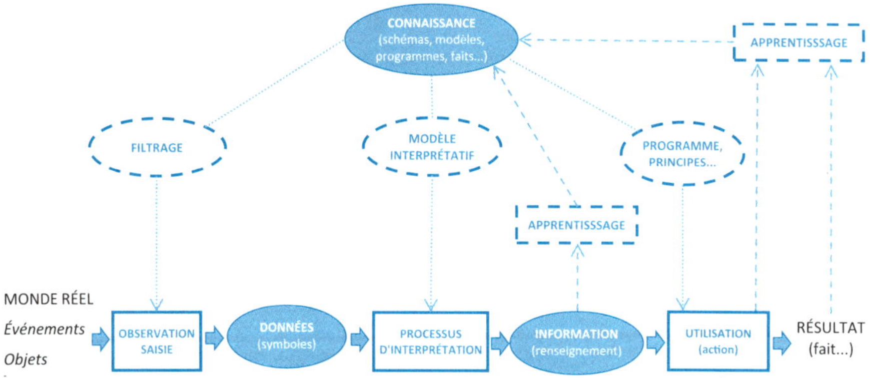

D'après Reix et al., *Systèmes d'information et management*, Éd. Vuibert, 2016

▲ **Donnée – information – connaissance**

Ce schéma comporte deux dimensions :
- horizontalement, dans le bas, il traduit un processus de captation et de traitement des données pour produire des décisions dans une organisation ;
- verticalement il met en évidence des mécanismes d'apprentissage et de mise en œuvre de l'expérience qui optimisent le processus horizontal.

Le partage des rôles entre l'humain et la machine a tendance à évoluer vers plus d'automatisation.

B. L'apport des technologies de l'information

1. Définition et formes des technologies de l'information

Les progrès de l'informatique ont transformé les méthodes de travail au niveau individuel mais aussi la façon dont celui-ci s'organise collectivement.

Les technologies de l'information (TI) regroupent un ensemble d'outils et moyens ainsi que les savoirs associés. Elles sont également appelées technologies de l'information et de la communication (TIC) car il y a convergence entre les outils de traitement de l'information et les moyens de communication.
Le terme anglais est IT (***information technology***).

Les **technologies de l'information** sont l'ensemble des moyens permettant de gérer l'information, c'est-à-dire de collecter, saisir, stocker, traiter et transmettre des informations sous forme de données. Ces technologies sont de plus en plus fondées sur le principe de base du codage binaire, qui tend à unifier les moyens de traitement et les supports de stockage de l'information.

2. Propriétés des technologies de l'information

L'apport des technologies de l'information peut être résumé en quatre points.

- **Compression du temps** : les capacités de calcul des ordinateurs les plus puissants se chiffrent en pétaflops (millions de milliards d'opérations par seconde), ce qui permet d'effectuer des traitements complexes, y compris en temps réel, comme l'exige, par exemple, l'analyse des données météorologiques.
- **Compression de l'espace** : les réseaux de télécommunication sur lesquels s'appuie Internet permettent de transmettre, de façon quasi-instantanée, de grandes quantités de données à l'échelle planétaire.
- **Capacités de stockage** : les technologies permettent de stocker de grandes quantités de données dans un volume réduit (une tablette numérique peut stocker un grand nombre de livres) ; le *cloud* (informatique en nuage) offre des capacités de stockage considérables : en 2020, avec la crise sanitaire, le volume mondial de données numériques créées ou dupliquées, a atteint 64,2 zettaoctets (1 zo = mille milliards de milliards d'octets).
- **Flexibilité d'usage** : la numérisation des données permet de leur appliquer différents traitements et de les restituer sous des formes et sur des supports divers : des imprimés, images, sons...

2 Gouvernance du SI

A. Gouvernance d'entreprise et gouvernance du SI

La gouvernance d'entreprise est constituée du réseau de relations liant les parties concernées par le fonctionnement de l'entreprise (parties prenantes : dirigeants, actionnaires, salariés, clients, fournisseurs, collectivités territoriales, etc.) dans le cadre de la détermination de la stratégie et de l'évaluation de la performance. Cela inclut les organes décisionnels (président du conseil d'administration, assemblée générale des actionnaires, etc.) et les modalités par lesquelles ces organes sont contrôlés et/ou influencés par les parties prenantes.
La gouvernance d'entreprise comporte deux dimensions :
- les relations entre la direction de l'entreprise, son conseil d'administration, ses actionnaires et d'autres parties prenantes ;

- la structure par laquelle sont définis les objectifs de l'entreprise ainsi que les moyens de les atteindre et d'assurer la surveillance des résultats obtenus.

D'un point de vue actionnarial, le rôle assigné à la gouvernance d'entreprise est d'aligner le comportement des dirigeants sur l'intérêt des actionnaires (*shareholders*) à l'aide de leviers incitatifs et de mécanismes de contrôle. Cela s'inscrit dans un cadre légal (loi Sarbanes-Oxley aux USA, loi de Sécurité Financière en France, etc.).
Dans une approche plus large, la gouvernance partenariale vise à prendre en compte les intérêts de l'ensemble des parties prenantes (*stakeholders*).

B. Gouvernance du SI et gouvernance informatique

Selon le Club européen pour la gouvernance des systèmes d'information, « les organisations profitables et non profitables deviennent de plus en plus des Organisations Basées sur l'Information (OBI), cela signifie qu'elles reçoivent, produisent, stockent, consomment et utilisent de plus en plus d'informations comme un constituant de base, assimilable à une matière première, des processus de production et de gestion des activités ». Cela implique que l'information joue un rôle de plus en plus important pour prendre les décisions aux différents niveaux du management des organisations et dans tous les composants de la chaîne de valeur.
En conséquence tous les problèmes liés aux informations, et toutes les ressources utilisées et combinées de façon à produire, à stocker et à rendre disponibles les informations doivent être maîtrisés. Cela implique de :

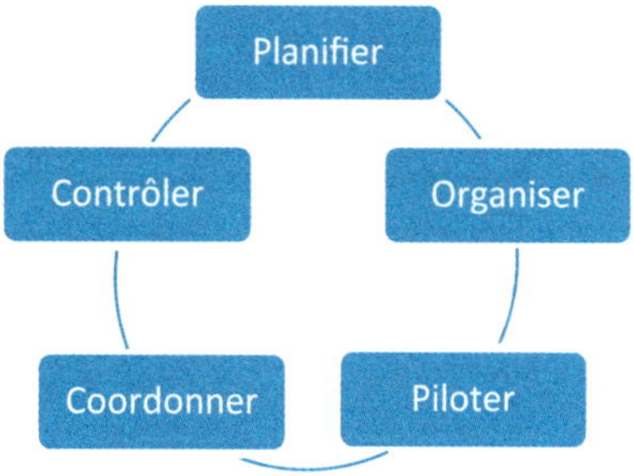

La **gouvernance des systèmes d'information** (Gouvernance SI, en anglais ***IS Governance***) consiste à fixer des objectifs pour orienter l'évolution du système d'information de l'entreprise et à contrôler son fonctionnement. Il s'agit de définir la manière dont le système d'information contribue à la création de valeur en lien avec la stratégie suivie et de mettre en place des dispositifs de contrôle (tableaux de bord, etc.).
Il convient de distinguer la gouvernance du SI de la gouvernance informatique ou gouvernance des technologies de l'information (anglais ***IT Governance***). Celle-ci est une composante de la gouvernance des SI qui concerne la dimension technologique du SI. Elle a pour but de définir les modalités d'organisation des opérations informatiques (exploitation, maintenance, projets, etc.), les structures à mettre en

place et leur mode de fonctionnement. Cela détermine l'organisation et les processus à mettre en œuvre afin que la fonction informatique fournisse les moyens nécessaires à la réalisation des objectifs du SI dans le cadre de l'alignement de la stratégie SI et de la stratégie de l'entreprise. (voir mémo 3)

C. Gouvernance et parties prenantes du SI

La **gouvernance des systèmes d'information** permet de définir les fonctions et les tâches des différents acteurs du management de l'information.

Pour optimiser la gouvernance, il faut lever les facteurs de blocage au niveau des relations de pouvoir entre acteurs, définir la stratégie et en maîtriser l'exécution, mettre en place une structure avec des fonctions et des processus appropriés.

La DSI est en interaction avec différents acteurs. Ce sont principalement la direction générale (DG) et les directions métiers (DM) les salariés de la DSI, les prestataires et partenaires externes ainsi que l'ensemble des utilisateurs qu'ils soient dans l'entreprise ou à l'extérieur.

Les salariés de l'entreprise doivent être considérés comme des clients internes, en distinguant l'ensemble des salariés des métiers de leurs directions car les attentes ne sont pas les mêmes.

Les utilisateurs externes sont principalement les clients, qu'il s'agisse d'entreprises ou de particuliers, avec lesquels des données sont échangées ou partagées. Cela peut prendre différentes formes d'un simple site Internet à un extranet.

Le concept de gouvernance des systèmes d'information concerne les **relations entre la DSI et ses parties prenantes**. Il ne doit pas être confondu avec celui de management de la DSI qui en est la composante centrée sur le fonctionnement interne de l'entité.

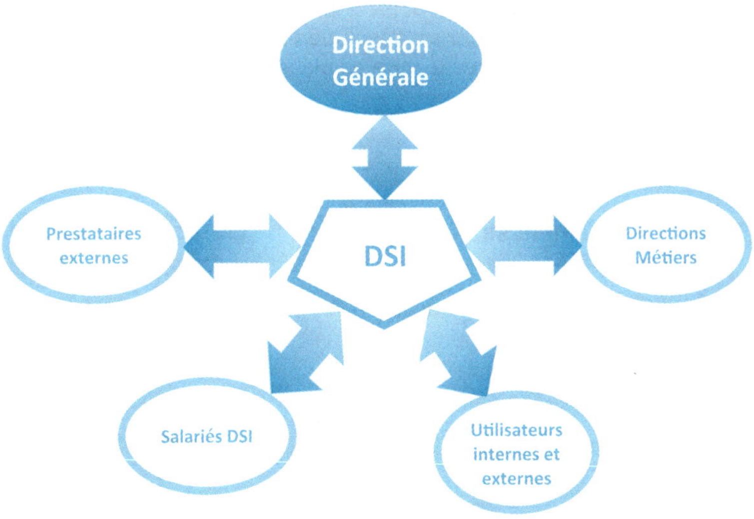

▲ La DSI et ses parties prenantes

La maturité des relations entre les acteurs est un facteur essentiel dans une organisation.
Le Club informatique des grandes entreprises françaises (CIGREF, www.cigref.fr), qui regroupe plus de cent très grandes entreprises et organismes français et européens de tous les secteurs d'activité (banque, assurance, énergie, distribution, industrie, services...), dont la mission est de promouvoir la culture numérique comme source d'innovation et de performance, souligne que la gouvernance peut apporter une meilleure prise de décision concernant l'ensemble du SI afin d'accroître son efficacité, une clarification des rôles des différents acteurs afin de créer des synergies, une meilleure définition des responsabilités et une meilleure connaissance des processus clés.

D. Missions de la gouvernance

La gouvernance des systèmes d'information permet de définir les fonctions et les tâches des différents acteurs du management de l'information.
L'ISACA (*Information Systems Audit and Control Association*) définit **5 domaines fondamentaux** de la gouvernance des SI :

- **Alignement stratégique** : mise en cohérence des objectifs SI et des objectifs stratégiques (voir mémo 4).
- **Création de valeur** : le SI doit contribuer à la création de valeur en générant du chiffre d'affaires et/ou en réduisant les coûts.
- **Gestion des risques** : la gouvernance du SI implique de connaître les menaces et de prendre les mesures appropriées.
- **Gestion des ressources** : il s'agit de rationaliser les investissements dans les ressources informatiques, d'arbitrer entre la mise en place de ressources internes et l'externalisation, de maîtriser l'évolution du SI.
- **Mesure de la performance** : la mise en place de tableaux de bord et d'indicateurs pertinents permet un suivi.

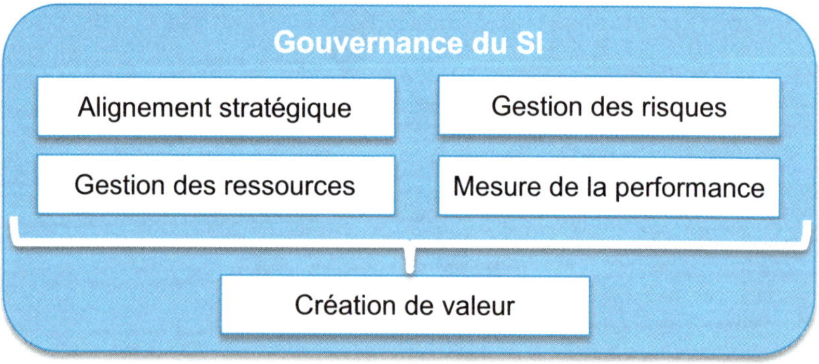

▲ Les 5 domaines de la gouvernance des SI

Le tableau suivant présente les missions identifiées dans le champ de la gouvernance des systèmes d'information et leur portée. La réalisation de ces missions implique de définir des objectifs précis et de mettre en place des indicateurs.

<table>
<tr><th colspan="4">Gouvernance : domaines et missions</th></tr>
<tr><th colspan="2">Domaines</th><th>Missions</th><th>Portée</th></tr>
<tr><td rowspan="6">Création de valeur</td><td rowspan="2">Alignement stratégique</td><td>Définir les principes directeurs pour la mise en œuvre des TI</td><td>Composante de la démarche d'alignement stratégique menée en lien avec la direction générale et les directions métiers.</td></tr>
<tr><td>Gestion des projets</td><td>Évaluer en permanence le système, identifier les évolutions possibles en fonction des technologies disponibles, initier et mener à bien les projets correspondants en lien avec les parties prenantes.</td></tr>
<tr><td rowspan="2">Gestion des ressources</td><td>Gestion de l'architecture informatique</td><td>Choix des équipements, organisation des réseaux, des ressources logicielles et des données en lien avec les prestataires externes.</td></tr>
<tr><td>Gestion de l'utilisation des ressources informatiques</td><td>Établir des budgets, contrôler les coûts, assurer l'excellence opérationnelle en lien avec les utilisateurs.</td></tr>
<tr><td>Gestion des risques</td><td>Maîtrise des risques</td><td>Identifier les menaces, évaluer les risques, mettre en place les contre-mesures appropriées et les solutions de recours.</td></tr>
<tr><td>Mesure de la performance</td><td>Mesurer la contribution à la performance globale</td><td>Apprécier la performance du SI en fonction de sa contribution à la création de valeur de l'entité en lien avec les clients internes.</td></tr>
</table>

MÉMO 2

La place de la fonction SI dans les organisations

Au-delà des aspects techniques, la dimension humaine et les aspects organisationnels sont essentiels. La fonction SI doit répondre aux besoins de l'organisation à différents niveaux et faciliter les échanges. Son positionnement par rapport à la direction générale et aux autres fonctions au sein de l'organisation est déterminant. Le tableau de bord de la DSI permet un suivi de la performance.

1 Niveaux de gestion et enjeux humains du SI

A. Différents niveaux de gestion

Une organisation comporte différents niveaux de gestion.

- **Niveau opérationnel** : l'ensemble des personnes en charge de la réalisation des activités courantes.
- **Niveau stratégique** : direction générale, en charge des grandes orientations et du suivi des résultats.
- **Niveau intermédiaire** : choix tactiques ou de gestion en charge des décisions relatives à la mise en œuvre de la stratégie et aux ajustements.

Le SI met en œuvre différents types de traitements :

- **Systèmes de traitement de transactions** (STT) : prise en compte dans le SI des opérations réalisées soit en interne soit avec des tiers ; intégration dans le SI sous forme de données des informations élémentaires. *Ex.* : enregistrement des mouvements de fonds, des factures, etc.
- **Systèmes d'information de gestion** (SIG) : traitement des données élémentaires pour produire des états de synthèse, calculer des indicateurs de gestion, effectuer des contrôles... Ils permettent le suivi des activités et la prévision. *Ex.* : planifier des approvisionnements en fonction de l'état des stocks, établir des budgets de trésorerie, etc.
- **Systèmes interactifs d'aide à la décision** (SIAD) : exploitation des données élémentaires et agrégées dans une optique décisionnelle, mise en œuvre d'outils d'analyse pour effectuer des simulations en s'appuyant sur des bases de faits et des bases de règles permettant d'établir des liens de façon interactive.
- **Systèmes d'information pour dirigeants** (SID) : systèmes d'aide à la décision stratégique qui intègrent des données internes et externes, des prévisions à long terme afin d'évaluer la pertinence des décisions stratégiques en fonction de l'état de l'organisation et des évolutions de son environnement.

Ces différents systèmes interagissent entre eux :

- les systèmes de traitement de transactions alimentent les systèmes de gestion ;
- les systèmes de traitement de transactions et les systèmes de gestion alimentent les systèmes d'aide à la décision ;
- les systèmes de gestion et les systèmes d'aide à la décision alimentent les systèmes d'information pour dirigeants.

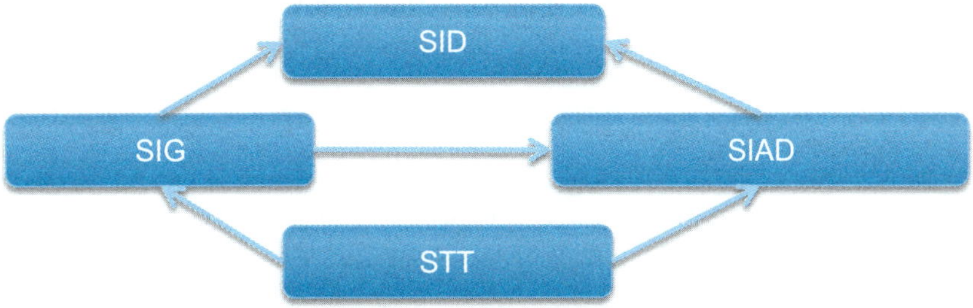

▲ Interactions des différents systèmes de traitement

B. Enjeux humains du SI

Il est nécessaire d'établir une distinction entre les différents acteurs d'une organisation du point de vue de leur relation avec le système d'information.

▸ Tous les salariés

Ils sont utilisateurs dans le sens où le SI leur fournit des données et où eux-mêmes l'alimentent. Les salariés subissent les évolutions du SI qu'ils peuvent percevoir comme un danger (supprime des emplois) ou une contrainte (la façon de travailler est modifiée) et une difficulté (il faut s'adapter aux nouveaux outils).

▸ Les responsables et décideurs

Ils utilisent des fonctions avancées du SI : outils de recherche, d'aide à la décision… Cette catégorie d'acteurs a une plus grande autonomie et des objectifs plus larges. Leur capacité à recueillir et analyser des informations est une composante essentielle de leur travail. Leur performance dépend donc en partie de la façon dont ils maîtrisent le SI. De plus les évolutions en termes de partage de l'information peuvent les déstabiliser vis-à-vis de leurs subordonnés comme de leurs responsables.

▸ Les informaticiens

Ils ont une relation particulière avec le SI.
Celui-ci est l'objet de leur activité et non un moyen. Ils peuvent avoir tendance à considérer que c'est leur domaine et à faire des choix sans prendre suffisamment en compte les points de vue des utilisateurs. En cas de difficultés, il peut y avoir des tensions entre informaticiens défendant « leur » système et les utilisateurs le considérant comme inadapté.
Il y a donc des enjeux en termes de rapports de pouvoir. L'information est une source de pouvoir qui peut être utilisée à des fins opportunistes dans le cadre de stratégies d'acteurs (rétention, blocage, distorsion, etc.), au sens de Crozier, qui maîtrisent des zones d'incertitude.

2 La direction des systèmes d'information (DSI)

A. Rôle et positionnement de la DSI

Les organisations d'une certaine taille se dotent généralement d'une entité en charge du système d'information.

Dans certains cas, il peut s'agir d'une direction informatique en charge des aspects techniques et rattachée à une direction plus large, direction administrative et financière par exemple.

Mais le SI ne se réduit pas à sa dimension informatique et doit être pensé dans une perspective organisationnelle. Cela implique la mise en place d'une direction des systèmes d'information (DSI), dirigée par un/une directeur/trice du SI.

La DSI est ainsi une direction à part entière dépendant directement de la direction générale, avec des responsabilités transversales.

B. L'organisation interne de la DSI

L'organisation d'une DSI distingue plusieurs grandes fonctions :

- **études et développement**, en charge des évolutions ;
- **systèmes et réseaux**, en charge des infrastructures ;
- **exploitation et production**, en charge du fonctionnement quotidien ;
- **support et assistance**, tournée vers les utilisateurs.

La DSI peut être organisée suivant cette logique fonctionnelle, mais aussi, dans certains cas par projets. Les équipes sont alors organisées en fonction des projets en regroupant, autour de chaque projet, les compétences nécessaires. Ce type d'organisation favorise les échanges et la focalisation sur les besoins à satisfaire alors que la structure fonctionnelle favorise la spécialisation mais peut poser des problèmes de coordination.

La sécurité des systèmes d'information peut être intégrée à la DSI de façon transversale par rapport à ses différentes composantes. Mais elle est souvent indépendante de la DSI afin de dissocier les préoccupations de sécurité, qui peuvent apparaître comme des contraintes, des autres objectifs du SI. Il y a alors une direction de la sécurité des systèmes d'information (DSSI).

Le schéma suivant représente les principales fonctions au sein d'une DSI.

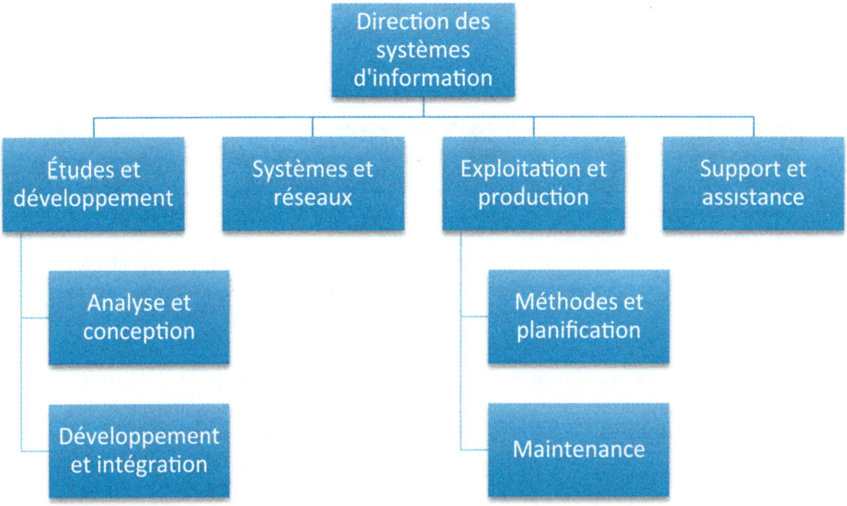

▲ Organigramme simplifié d'une DSI

L'existence d'une DSI, ou même la présence de personnel spécialisé en informatique, ne concerne que les entreprises d'une taille relativement importante. La plupart des entreprises ont donc recours à des prestataires externes et non à des ressources internes pour gérer leur système d'information.

Par ailleurs, dans le cas où les entreprises disposent d'une DSI cela va généralement de pair avec une part d'externalisation. En effet, ces entreprises ont recours à des prestataires pour bénéficier de leur expertise sur des sujets précis ou pour améliorer la flexibilité de leur système d'information (voir mémo 15).

C. Activités et compétences

1. Activités

L'acteur principal qui se trouve à la tête de la DSI est le (la) directeur (trice) des systèmes d'information (DSI). Son rôle évolue vers moins de technologie et plus de management.

En anglais, le terme employé est ***Chief Information Officer*** (CIO), à ne pas confondre avec *Chief Executive Officer* (CEO), équivalent de PDG.

Selon le CIGREF, réseau regroupant de grandes entreprises de tous les secteurs d'activité (banque, industrie, services...), dans le but de promouvoir la culture numérique comme source d'innovation et de performance, les activités et tâches d'un(e) directeur(trice) des systèmes d'information sont les suivantes :

Activités de la DSI	
Activités	**Tâches**
Définition et supervision de la politique de SI et de sa mise en œuvre	- Définit des orientations stratégiques au niveau SI de l'entreprise. - Conseille et définit la politique du SI de l'entreprise. - Suit l'ensemble des activités de la DSI. - Arbitre les moyens de la DSI (études, ressources, budgets, investissements...).
Promotion de la qualité dans les relations avec les partenaires internes	- Organise, anime et suit les concertations et échanges entre la direction générale et les responsables du système d'information. - Garantit la qualité de la relation clients (les différents services de l'entreprise) - fournisseur (la DSI). - Définit et garantit le respect des contrats de service.
Définition et mise en œuvre d'une politique de « faire ou faire faire »	- Négocie, maîtrise et suit les contrats et leur mise en œuvre. - Analyse le marché, évalue les offres et est force de proposition vis-à-vis de la direction générale. - Analyse les performances et contrôle la qualité des prestations.
Communication interne, motivation et animation du personnel de la DSI	- Définit et supervise la gestion générale et l'organisation de la DSI. - Gère et arbitre les projets pluridisciplinaires impliquant des acteurs géographiquement dispersés. - Met en œuvre des actions d'accompagnement du changement pour les informaticiens.
Supervision des relations avec les prestataires et partenaires extérieurs	Gère les relations avec les organismes extérieurs partenaires.
Garant de la sécurité informatique	- Définit et met en œuvre la politique de gestion des risques informatiques. - Garantit la fiabilité, la confidentialité et l'intégrité des systèmes d'information.

La **veille technologique** occupe une place importante car il est nécessaire de prendre en compte les évolutions technologiques.

L'accélération des changements technologiques entraîne des évolutions fréquentes du SI qui impliquent la mise en place et le suivi de nombreux projets.

2. Compétences

La personne qui dirige la DSI doit avoir différentes compétences. Au-delà d'une bonne connaissance des technologies, elle doit avoir des capacités managériales aussi bien au plan de la communication que de la gestion des moyens et des équipes.

▸ Les compétences technologiques

Sans être un spécialiste de chacune des branches des TI, il faut en avoir une vue d'ensemble, suivre les évolutions et avoir le recul nécessaire pour dépasser l'approche purement technique et comprendre les impacts sur l'entreprise et ses métiers.

▸ Les capacités managériales

Il faut avoir une bonne communication pour dialoguer et négocier avec les différents acteurs concernés par le SI : direction générale, directions métiers, partenaires externes...

La conception et la présentation des projets nécessitent, outre les compétences techniques et communicationnelles, d'avoir de bonnes notions de gestion pour chiffrer les coûts, évaluer les retours sur investissement et mettre en place un suivi efficace.

La gestion des équipes implique des qualités de leadership pour gérer au quotidien et être un agent du changement.

3. Les relations DSI-Métiers

L'enjeu fondamental de l'efficacité du SI réside dans les relations DSI-Métiers. DSI et Métiers doivent partager une vision commune du SI et le développer dans le cadre d'une coresponsabilité.

Des relations durables et de qualité entre la DSI et les Métiers, impliquent que les acteurs s'entendent. Cela implique la DSI et les directions Métiers en tant qu'entités, mais aussi les salariés et les responsables en tant qu'individus.

Selon le CIGREF, la DSI peut être utilitaire, technologique, centre de services, partenaire des métiers, ou cœur de métier.

Les cinq profils types de la fonction SI dans l'entreprise			
Fonction SI	**Position de la fonction SI dans l'entreprise**	**Valeur patrimoniale**	**Valeur d'usage**
Utilitaire	La fonction SI n'a pas de profil particulier ou n'existe pas en tant que fonction identifiée de l'entreprise.	Les actifs SI sont considérés comme une ressource utilitaire.	La valeur d'usage est essentiellement fonction du coût de fourniture.
Technologique	La fonction SI est un centre d'expertise technologique qui pousse des réalisations techniques vis-à-vis des métiers.	Les actifs SI sont vus comme l'outil technologique dont la responsabilité du choix est confiée à des experts.	La valeur d'usage est fonction de l'effet de levier métier associé à l'éventail des innovations technologiques proposé.
Centre de services	La fonction SI est un centre de services qui délivre aux métiers des réalisations selon leur spécification.	Les actifs SI sont vus à travers la fourniture des services associés.	La valeur d'usage relève de la responsabilité des métiers.
Partenaire des métiers	La fonction SI est un des partenaires clés des métiers avec lesquels elle codéveloppe des services métiers.	Les actifs SI forment une catégorie à part entière des actifs métiers.	La valeur d'usage est considérée sous l'angle de la performance métiers.
Cœur de métier	La fonction SI est un des actifs différenciant de l'entreprise et fait partie de l'expertise cœur de métier.	Les actifs SI font partie du patrimoine propriétaire de l'entreprise.	La valeur d'usage est considérée sous l'angle de la performance de l'entreprise.

CIGREF - Capgemini Consulting - Donald A. Marchand

Plusieurs points s'avèrent essentiels pour une bonne relation entre la DSI et les métiers :

- s'entourer des bonnes compétences, placer les bons interlocuteurs aux bons endroits en mettant en place des structures adaptées ;

- la qualité de la relation entre les équipes SI et les Métiers, leur capacité, au-delà des compétences techniques, à comprendre les besoins et les enjeux ;
- associer des utilisateurs aux équipes techniques sur les projets ;

Dans beaucoup d'organisations, la structure est différenciée en fonctions au sein desquelles l'information circule surtout verticalement et qui sont centrées sur leur domaine de responsabilité. Dans ce mode de fonctionnement « en silos » la mauvaise communication, voire l'absence de communication, entre les métiers et la DSI peut avoir pour conséquences :

- une mauvaise connaissance et application des méthodes par les Métiers ;
- un non-respect des engagements Qualité-Coûts-délais des projets par la DSI ;
- une absence de partage / dialogue entre la DSI et les Métiers sur les problèmes, le planning, les risques existant au sein des projets ;
- un mauvais partage des responsabilités entre DSI et DM ;

La DSI doit travailler dans le cadre d'une relation équilibrée avec les métiers. Cela passe par une bonne gestion des ressources humaines au sein de la DSI et par la maîtrise de la relation avec les prestataires externes et leurs équipes. Il y a un risque majeur de perte de maîtrise en interne, tant du côté de la DSI que du côté des Métiers.

D. Le tableau de bord de la DSI

Le tableau de bord est un outil de mise en œuvre de la stratégie SI et de suivi de la performance du système d'information. Il permet de comparer les réalisations aux objectifs et d'effectuer les ajustements nécessaires.

La **performance** peut être définie comme :

- **le fait d'obtenir un résultat** = niveau de réalisation des objectifs ;
- **en menant une action** = passage de la capacité à la réalisation ;
- **avec succès** = à la hauteur du niveau d'ambition de l'objectif.

Le système d'information est performant lorsqu'il permet à l'entreprise de mieux exercer son métier. La notion de performance s'inscrit dans une vision globale à l'échelle de l'entreprise. Elle ne dépend pas d'une seule composante : il s'agit de mesurer la contribution du SI à la performance globale et non la performance du SI en elle-même ; toutefois, cette dernière conditionne la première.

L'**approche sociotechnique**, qui met l'accent sur les interactions entre la dimension technologique et la dimension humaine de l'entreprise, prend toute son importance dans le domaine des technologies de l'information. La dimension technologique y est déterminante par sa complexité et ses évolutions permanentes. Mais la dimension humaine est tout aussi importante aussi bien par la nécessité de l'appropriation des technologies par les utilisateurs (notion d'expérience utilisateur, *User eXperience*, UX) que par la maîtrise de celles-ci par les personnes en charge des TI, ainsi que les interactions entre ces dernières et les utilisateurs.

La performance peut être appréhendée de deux façons.

- La **performance quantitative** : elle s'exprime en unités monétaires ou autres éléments quantifiables. On appelle **métrique** tout type de mesure de quantités directement observables. Un SI performant peut être défini en unités monétaires (coûts de maintenance applicative, coûts d'exploitation, coût d'un service) ou selon plusieurs indicateurs exprimés en unités de temps, en nombre d'éléments ou en pourcentages tels que le taux de disponibilité, le temps de réponse, les taux et délais de résolution des incidents, etc. Le Retour sur Investissement (ou ROI) est une mesure globale de la performance économique. Mais il est difficile à mesurer de façon ponctuelle et donc d'en faire un indicateur de suivi.

- La **performance qualitative** : celle-ci s'exprime à travers des critères non directement quantifiés. Elle correspond à la qualité des processus métiers, à la qualité des relations entre les différents acteurs du SI. Au-delà des aspects quantitatifs des services rendus, il s'agit de prendre en compte la perception des utilisateurs. Pour faciliter l'analyse et les comparaisons, celle-ci sera transformée en valeur numérique, par exemple par le biais d'un système de notation (voir mémo 14).

Stratégie informatique et stratégie globale

Pour anticiper et accompagner les évolutions des technologies de l'information dans le cadre de la gouvernance du SI, il faut définir une stratégie SI. Celle-ci peut faire l'objet d'un document de cadrage : le schéma directeur des systèmes d'information (SDSI). La stratégie informatique doit être en cohérence avec la stratégie globale de l'organisation. Cette mise en cohérence doit s'inscrire dans une vision d'ensemble. Elle entraîne des ajustements dans les deux sens : la stratégie informatique est au service de la mise en œuvre de la stratégie globale ; elle est aussi un levier pour détecter et saisir des opportunités stratégiques.

1 Stratégie SI et stratégie d'ensemble

A. Définitions

La **stratégie système d'information** définit un système d'information cible, les priorités, les étapes et les moyens nécessaires pour l'atteindre.
La **stratégie de l'entreprise** définit les domaines d'activité dans lesquels l'entreprise entend être présente et les ressources à mobiliser pour s'y maintenir et s'y développer.

La stratégie d'entreprise se décline à deux niveaux :
- la **stratégie de groupe** (*corporate strategy*) qui détermine les domaines d'activité de l'entreprise ;
- la **stratégie d'activités** (*business strategy*) qui est la stratégie mise en œuvre dans chacun de ces domaines d'activités.

B. Définir la stratégie SI

1. Le schéma directeur des systèmes d'information (SDSI)

Le SDSI est un document qui a pour objectif d'harmoniser les besoins des utilisateurs, les objectifs fixés à l'informatique et les moyens à mettre en œuvre.
Ce document présente les évolutions programmées du système informatique en intégrant les évolutions technologiques. Cela permet de définir les moyens nécessaires en termes d'investissement ou de recours à des prestataires externes et en termes de ressources humaines.
Le SDSI permet de formaliser une réflexion indispensable pour assurer l'adéquation entre les moyens informatiques et les besoins de l'entreprise dans la durée. Il est l'expression de l'importance attachée par la direction générale à l'évolution du SI.
La réflexion se situe dans un horizon de 3 à 5 ans, de façon à se projeter suffisamment en avant sans pour autant aller au-delà d'un horizon compatible avec une visibilité raisonnable.
Le dialogue entre les parties concernées est garant d'une prise de décision efficace et pertinente. Il permet de rationaliser les choix dans la mesure du possible. Il contribue au développement d'un langage commun, d'une meilleure compréhension entre les différents acteurs concernés.

2. Démarche

L'établissement d'un schéma directeur comporte plusieurs phases :
- la prise de connaissance de la stratégie informatique et l'analyse de l'existant ;
- la définition des objectifs ;
- l'établissement du schéma directeur.

Compte tenu des incertitudes qui affectent les prévisions, le schéma directeur comporte deux niveaux :
- définition des grandes orientations sur plusieurs années ;
- déclinaison opérationnelle des mesures à appliquer dans l'année.

Le schéma directeur peut donc subir des modifications pour s'adapter aux changements technologiques et à l'évolution des besoins.

Comme toute démarche de prévision, il est possible d'en contester la pertinence du fait de l'incertitude qui affecte toute prévision. Mais l'intérêt est d'avoir un cadre de réflexion qui permet de mieux appréhender les changements, quitte à l'adapter. De plus le problème n'est pas d'avoir des réponses toutes faites définies par avance, mais d'avoir des orientations qui permettent de guider les choix. Enfin, la démarche d'élaboration implique des échanges qui favorisent la communication et une meilleure compréhension entre les acteurs concernés.

C. Interrelations

La place croissante des technologies de l'information, leur usage intensif aussi bien dans l'organisation que dans les relations inter-organisations font que le système d'information a des implications stratégiques : les technologies de l'information ne sont plus seulement une fonction support mais deviennent un enjeu stratégique, source d'avantage concurrentiel durable.

ex : *Un grand groupe hôtelier va refondre son système d'information et son réseau avec des objectifs stratégiques :*
1 - Développer les ventes via Internet, dont le coût de gestion est moins élevé en offrant aux clients une interface conviviale et ergonomique facilitant les réservations en ligne.
2 - Cela permet d'élargir la clientèle et d'améliorer la gestion de l'occupation des chambres afin d'optimiser le remplissage en modulant les tarifs (yield management).
3 - Offrir de nouveaux services à la clientèle : web sur TV, accès haut débit, salles de conférences équipées visioconférence, etc.
L'utilisation de TI pour la gestion courante (1) a un impact stratégique (2).
Le choix stratégique d'offrir de nouveaux services (3) nécessite la mise en œuvre de technologies appropriées.

2 L'alignement stratégique

A. Démarche

L'interaction SI/stratégie nécessite la mise en cohérence du système d'information ou **alignement stratégique** (en anglais, ***Strategic Alignment***).

L'**alignement stratégique** est une démarche visant à faire coïncider la stratégie système d'information et la ou les stratégies métiers de l'entreprise.
L'alignement stratégique nécessite la description :
- des objectifs de l'entreprise,
- des objectifs du système d'information cible,
et consiste dans la mise en correspondance de ces deux familles d'objectifs.

Cela implique d'adopter une approche nouvelle du système d'information au-delà du cadre strict de l'informatique. L'alignement de la stratégie de l'entreprise et de la stratégie du système d'information repose sur **deux piliers** :
- compréhension et intégration de la stratégie de l'entreprise par la fonction système d'information dans son ensemble ;
- prise en compte des contraintes et des opportunités de l'informatique dans la stratégie de l'entreprise.

Ces deux conditions sont indispensables. Le système d'information devient un élément de la chaîne de valeur et un actif de l'entreprise. C'est un domaine partagé par tous et transversal à l'entreprise.
La démarche d'alignement sera d'autant plus efficace qu'il y aura coordination des actions, anticipation des besoins et transparence entre les acteurs.
L'alignement stratégique implique l'articulation entre différentes composantes organisationnelles : une stratégie d'ensemble, une stratégie informatique, une infrastructure organisationnelle et une infrastructure informatique.

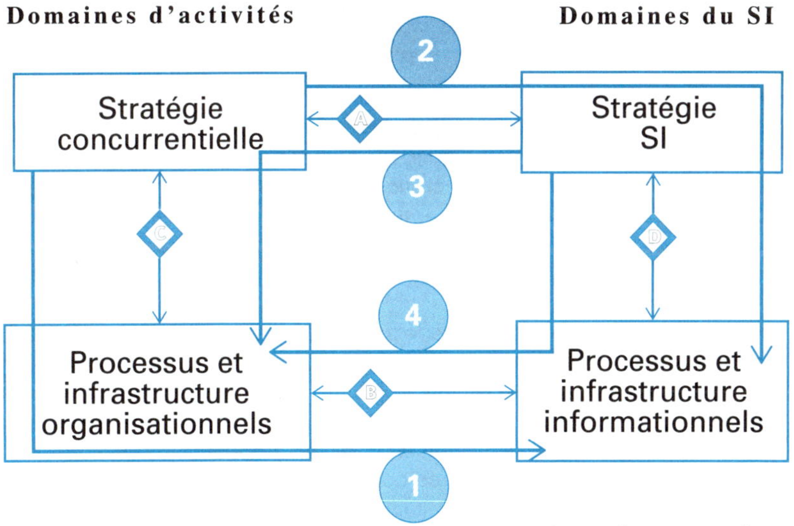

D'après Henderson et Venkatraman

▲ Modèle de l'alignement stratégique

Il existe des interactions entre ces différentes composantes prises deux à deux :
Horizontalement :
(A) - Stratégie d'activités et stratégie SI : **cohérence stratégique** ;
(B) - Processus organisationnels et processus IT : **cohérence organisationnelle** ;
Verticalement :
(C) - Stratégie d'activités et processus organisationnels : **cohérence entre les processus organisationnels internes et les stratégies d'activité**.
(D) - Stratégie SI et processus IT : **cohérence entre les processus informationnels internes et la stratégie SI**.
Henderson et Venkatraman expliquent que ces différents ajustements ne suffisent pas pour parvenir à une cohérence d'ensemble. Celle-ci nécessite de prendre en compte à la fois les interactions interne/externe et les interactions stratégie/processus. Ils distinguent 4 perspectives d'alignement.

▸ Deux partent de la stratégie d'activité

(1) **Exécution de la stratégie** : cette perspective correspond à la vision classique, hiérarchique du management stratégique. Elle considère les stratégies d'activité comme le déterminant à la fois des choix en matière de conception organisationnelle et d'infrastructure SI. Le management stratégique formule la stratégie tandis que le management SI met en œuvre les moyens nécessaires à la réalisation de cette dernière.
(2) **Adaptation de la technologie** : dans cette perspective les stratégies d'activité sont le point de départ. Elles entraînent la formulation d'une stratégie SI pour soutenir la stratégie d'activité choisie. Il s'ensuit la spécification de l'infrastructure et des processus SI requis. Le sommet stratégique fournit les grandes orientations et le management du SI doit mettre en place la technologie appropriée.

▸ Deux partent de la stratégie SI

(3) **Potentiel concurrentiel** : cette perspective de l'alignement correspond à l'exploitation des capacités technologiques émergentes pour : créer des nouveaux produits et services, influencer les compétences clés liées à la stratégie, et faire évoluer la gouvernance ainsi que les processus organisationnels. À la différence des deux perspectives précédentes, celle-ci ne considère pas la stratégie SI comme subordonnée aux stratégies d'activité mais elle permet la modification de ces stratégies via les capacités émergentes.
(4) **Niveau de service :** cette perspective met l'accent sur la façon de créer un SI de pointe au sein de l'entreprise. Dans cette perspective, le rôle des stratégies d'activité est indirect. Il s'agit de faire évoluer le SI et les processus dans le cadre des stratégies existantes. Cette perspective est souvent considérée comme nécessaire mais pas suffisante pour assurer l'utilisation efficace des ressources du SI.
Ce modèle diffère de la vision traditionnelle.

Caractéristiques	Vision traditionnelle	Modèle d'alignement stratégique
Orientation principale du système d'information	Objectifs internes : processus organisationnels	Orientation interne et externe par la prise en compte des évolutions des TI
Objectifs du management	Mise en œuvre de la stratégie : s'assurer que le SI répond aux besoins de l'activité	Choisir la perspective d'alignement appropriée pour atteindre les objectifs stratégiques

Henderson et Venkatraman soulignent qu'il n'existe pas une perspective d'alignement supérieure aux autres, mais qu'il faut considérer ces perspectives comme complémentaires. L'alignement stratégique n'est pas une action ponctuelle, mais un processus continu qui nécessite de combiner les différentes perspectives pour prendre en compte la diversité et la complexité des impacts des TI.

L'instabilité de l'environnement impose aux entreprises davantage de flexibilité et de souplesse dans leur processus d'alignement.

La définition du rôle et des objectifs d'un système d'information doit découler d'une mise en cohérence globale préalable où seront pris en compte les éléments de la stratégie générale, les caractéristiques de l'organisation et les paramètres liés à la gestion des technologies de l'information.

Le SI doit être adapté à la stratégie d'ensemble mais il peut aussi ouvrir à l'entreprise des opportunités permettant de proposer de nouveaux services à forte valeur ajoutée susceptibles de modifier son positionnement sur le marché. Cela peut entraîner la redéfinition de la stratégie globale et la formulation de nouvelles exigences en termes de système d'information.

ex : *Les grandes chaînes de distribution proposent à leurs clients des cartes de paiement privatives dans le cadre d'une démarche de fidélisation, ce qui les conduit à mettre en place des systèmes de gestion de comptes clients analogues à ceux des banques. Elles développent autour de ces cartes de paiement des offres de crédit qui leur permettent d'exploiter leurs excédents de trésorerie… et se trouvent en concurrence avec les banques sur le marché des services financiers. Par ailleurs, les clients qui utilisent la carte du magasin sont identifiés, alors que le client réglant par un autre moyen reste anonyme (même s'il paye par carte bancaire, cela donne son nom, mais pas son adresse, ni son âge…). Les données recueillies permettent de mettre en place des actions de marketing personnalisées (offres promotionnelles en rapport avec les achats habituels du client).*

B. Mise en œuvre

1. Technologies de l'information et forces concurrentielles

Dans un secteur d'activité donné, la mise en œuvre des technologies de l'information peut permettre de modifier considérablement l'équilibre des forces concurrentielles. Il est possible d'établir un lien entre les possibilités offertes par les technologies de l'information et les différents aspects de la concurrence suivant le modèle de M. Porter. Celui-ci analyse les 5+1 forces qui déterminent la réussite sur un marché.

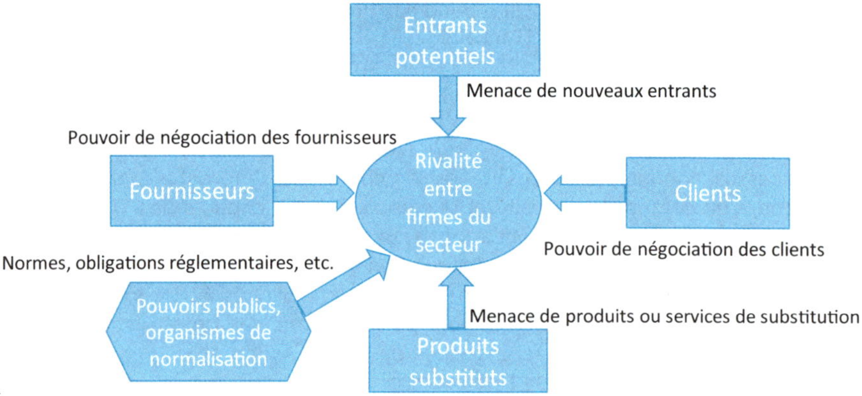

▲ **Modèle des 5+1 forces, d'après M. Porter**

Forces concurrentielles	Impact des TI
Intensité de la concurrence intrasectorielle	Utilisation des TI pour se différencier de la concurrence : services en ligne proposés par les banques.
Pouvoir de négociation vis-à-vis des fournisseurs	Centralisation des achats à l'échelle d'un groupe en s'appuyant sur un suivi des stocks en temps réel.
Pouvoir de négociation vis-à-vis des clients	Cartes de fidélité donnant des avantages spécifiques, des possibilités de crédit…
Nouveaux entrants	Les programmes de fidélisation, la CRM, les outils de gestion des connaissances peuvent constituer des obstacles coûteux à surmonter pour d'éventuels entrants.
Produits substituts	Les outils automatisés de veille permettent de surveiller les évolutions technologiques.
Pouvoir réglementaire	Les TI permettent de répondre aux multiples exigences réglementaires (traçabilité…).

2. Technologies de l'information et avantage concurrentiel

Pour repérer les impacts des technologies de l'information, il est possible de les étudier, toujours à la suite de M. Porter, suivant le concept de **chaîne de valeur**.

Selon Porter, chaque activité peut être vue sous deux dimensions : physique et informationnelle, qui représentent :

- d'une part, toutes les tâches directes pour exécuter l'activité (fabriquer, négocier, etc.),
- d'autre part, toutes les tâches d'acquisition, de transformation, de diffusion de l'information nécessaires pour exécuter l'activité.

Les technologies de l'information jouent un rôle :

- au niveau de chaque activité : gain direct par baisse de coût ou différenciation ;
- dans la coordination entre les différentes activités à l'intérieur de l'entreprise et avec l'extérieur en permettant de conserver les informations créées et de les utiliser dans d'autres activités de la chaîne de valeur.

Le schéma suivant illustre l'utilisation des technologies de l'information dans les différentes composantes de la chaîne de valeur.

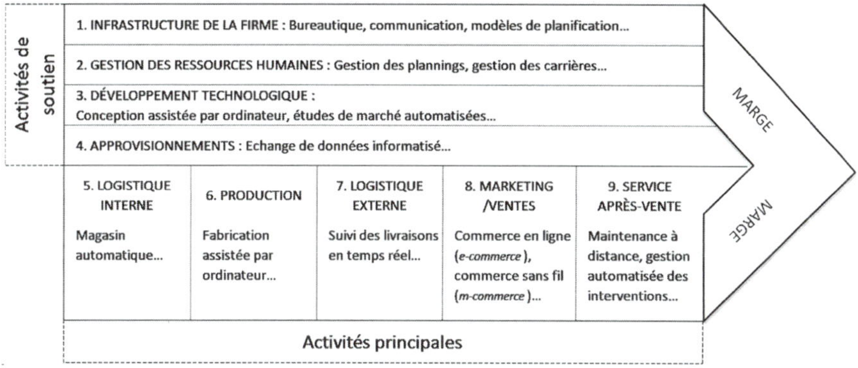

D'après *How Information Gives You Competitive Advantage*, Michael E. Porter, Victor E. Millar, Harvard Business Review, 07/85

▲ **TI et chaîne de valeur**

1. Les logiciels de bureautique, la messagerie électronique, la téléconférence... améliorent la productivité de l'infrastructure de gestion.
2. L'informatique permet un meilleur suivi des salariés de l'entreprise dans le cadre du système d'information ressources humaines (SIRH) qui ne se limite pas à la gestion de la paye mais prend en compte l'ensemble des éléments caractéristiques du parcours du salarié dans l'entreprise.
3. La CAO réduit les délais de production et permet une meilleure adéquation de l'offre à la demande grâce à la virtualisation : conception de l'aménagement d'une cuisine, d'un produit industriel...

4. L'**échange de données informatisé** (EDI) permet de réduire les délais et les coûts administratifs, facilitant la synchronisation entre les processus d'entreprises distinctes et, donc, les stratégies d'impartition.
5. Les entrepôts automatisés, où les produits identifiés par code-barres, QR codes (QR code = *Quick Response*, aussi appelé code matriciel) ou puces RFID (RFID = *Radio Frequency IDentification*, identification par signal radio) sont rangés, retrouvés et délivrés par des automates, permettent un suivi des stocks en temps réel et un réapprovisionnement automatique par EDI.
6. La fabrication assistée par ordinateur, couplée à la CAO, permet des gains de temps et de précision, mais aussi de diversifier l'offre (ateliers flexibles).
7. Les systèmes de suivi des flux en temps réel permettent à l'expéditeur comme au destinataire de tracer les produits.
8. Sur les sites de vente en ligne, les spécifications, les stocks disponibles, les prix, etc. sont mis à jour en permanence permettant d'adapter en temps réel les propositions faites au client.
9. De nombreuses activités utilisent des services d'assistance en ligne dont l'efficacité dépend de la qualité du système de gestion des connaissances sur lequel s'appuient les opérateurs ou les automates qui en tiennent lieu.

Évolution des systèmes d'information

Les systèmes d'information évoluent pour mieux s'adapter aux utilisateurs et aux besoins des organisations. Pour avoir un SI cohérent et performant il faut une intégration à l'échelle de l'organisation, mais aussi au niveau inter-organisationnel. Des référentiels permettent de progresser en s'appuyant sur les meilleures pratiques issues de l'expérience collective.

1 Mise en cohérence

A. Principe

Le développement de l'informatique a entraîné la mise en place de nombreuses applications, de plus en plus complexes. Ces applications sont parfois anciennes et ont été développées séparément par différents acteurs internes ou externes. De ce fait elles peuvent être à la fois obsolètes, hétérogènes et non communicantes. Chaque application traite ses propres données avec des formats spécifiques et elles ne sont pas utilisables par d'autres applications. Cela pose des problèmes de redondance, d'incohérences, de pertes de temps en ressaisies...

Il s'agit donc de faire évoluer les systèmes d'information vers une plus grande intégration. Pour cela deux voies sont ouvertes :

- la mise en place de solutions intégrées qui remplacent l'existant en totalité ou en partie ; il s'agit d'une intégration *a priori*, dès la conception de l'application ;
- la transformation de l'existant pour aller vers un système plus intégré ; il s'agit d'une intégration *a posteriori*, en réorganisant le système en place.

Ces deux démarches correspondent à des logiques différentes mais ne sont pas exclusives l'une de l'autre et peuvent être complémentaires : installation d'une application intégrée tout en conservant d'autres applications et urbanisation de l'ensemble.

Le terme d'urbanisation correspond à une analogie avec le développement des villes qui nécessite une vision globale avec une différenciation en quartiers et l'organisation des échanges par la mise en place de voies de circulation appropriées au sein d'un même quartier et d'un quartier à l'autre. Des services spécialisés existent pour chaque quartier et à l'échelle de la ville.

De même, le réseau informatique relie des serveurs hébergeant des services à destination de certaines entités ou de l'organisation dans son ensemble.

Il s'agit donc d'une démarche d'ensemble visant à définir les fonctionnalités des différents composants du SI et à organiser les échanges entre eux.

Les données issues d'une application doivent pouvoir être reprises dans une autre.

ex : *Un produit référencé dans la gestion de production correspond à des données (référence, désignation, caractéristiques, etc.) qui peuvent devoir être reprises lors de la facturation.*

Cela implique une définition unique des données de l'entreprise et une organisation des flux de données entre applications.

L'EAI (***enterprise application integration***) ou IAE (intégration des applications d'entreprise) répond à cette problématique en s'appuyant sur une définition unique des données. L'EAI gère l'ensemble des échanges de données entre applications, ce qui évite de développer des interfaces multiples pour faire communiquer telle application avec telle autre.

En anglais, le terme « ***enterprise architecture*** » est équivalent à « urbanisation du SI », et le terme « ***enterprise architect*** » à « urbaniste du SI ».

B. Les vues du système d'information

1. Différents niveaux fonctionnels

L'urbanisation du système d'information nécessite une approche différenciée selon différents niveaux de fonctionnalité, de la perception des utilisateurs en termes de contributions aux métiers de l'entreprise à celle de l'informaticien en termes d'infrastructure informatique.

Ces différents niveaux correspondent à la vue métier, la vue fonctionnelle, la vue applicative et la vue technique. Ces vues s'inscrivent dans une vision d'ensemble s'articulant avec la stratégie de l'entreprise.

La cartographie est une représentation graphique de l'ensemble des éléments du système informatique : matériels, logiciels et technologies utilisés. Elle permet à la DSI d'avoir une vue synthétique de ses ressources et de mettre en évidence les dysfonctionnements et les risques potentiels liés au système d'information.

Il y a quatre niveaux dans la cartographie du système d'information, correspondant aux différentes vues étudiées : le niveau métier, le niveau fonctionnel, le niveau applicatif et le niveau physique. (Voir schéma page suivante)

2. La vue métier

La vue métier décrit les activités de l'entreprise. Ces dernières sont recensées après identification et modélisation des processus métiers correspondant aux objectifs stratégiques de l'organisation. La vue métier s'appuie sur une cartographie des processus, qui identifie les tâches, les informations élémentaires, les règles de gestion, les postes de travail et les flux d'information.

Le découpage métier vise à identifier des blocs d'activités, ensembles cohérents d'activités relativement indépendants les uns des autres, eux-mêmes regroupés en domaines d'activités.

3. La vue fonctionnelle

La vue fonctionnelle s'appuie sur la vue métier. L'objectif est de définir les fonctions (services) que le système d'information doit assurer pour supporter les processus métiers mis en évidence en amont, ainsi que les informations qu'il doit permettre de traiter.

Le découpage fonctionnel permet d'identifier des blocs fonctionnels, ensembles homogènes de fonctions et relativement indépendants les uns des autres, eux-mêmes regroupés en domaines fonctionnels.

Les domaines fonctionnels peuvent avoir leurs propres référentiels de données ou utiliser des référentiels communs.

4. La vue applicative

La vue applicative recense les différents progiciels, applications et bases de données utilisés par les différentes fonctions. Des blocs applicatifs et des domaines applicatifs sont identifiés.

5. La vue technique

La vue technique recense les infrastructures techniques (ensemble des matériels, logiciels de base et technologies) permettant l'exploitation des applications utilisées par les différentes fonctions.

> La cohérence entre ces quatre vues est fondamentale pour garantir que le SI assure sa mission d'optimisation de l'ensemble des processus de l'entreprise et d'intégration des différents domaines fonctionnels.

6. Vue d'ensemble

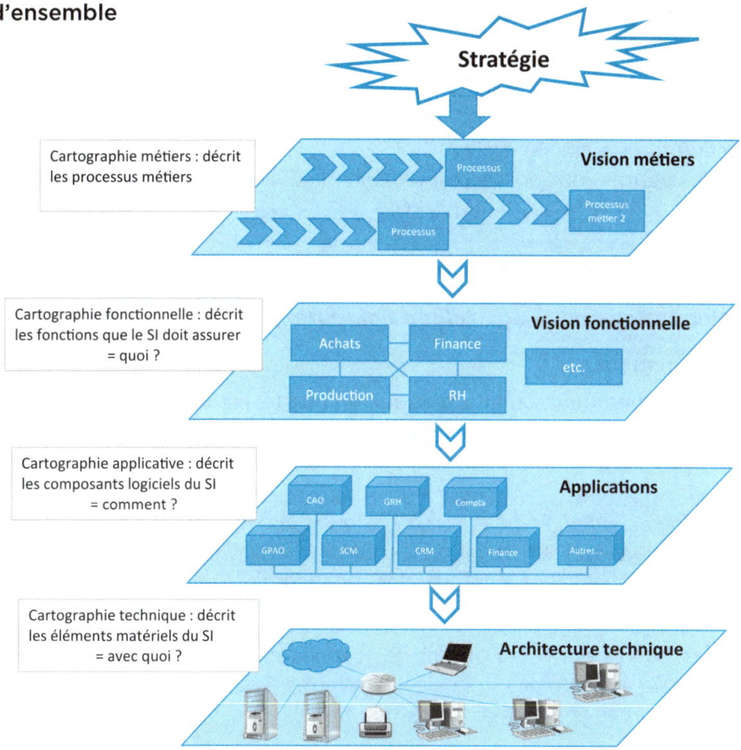

▲ Cartographie : les vues du SI

L'urbanisation permet de :
- développer et intégrer des sous-systèmes d'information d'origines diverses ;
- faire interagir ces sous-systèmes entre eux et avec d'autres SI (interopérabilité) ;
- remplacer certains de ces sous-systèmes (interchangeabilité).

Les conséquences pour le SI sont :
- le renforcement de la pérennité : possibilité de continuer à utiliser certaines applications en les rendant interopérables, ce qui évite de devoir les remplacer ;
- la facilité d'évolution : le découpage en blocs permet de remplacer une application en maîtrisant les conséquences sur l'ensemble du système car les interactions de cette application avec d'autres sont bien répertoriées.

La cartographie urbanisée des systèmes d'information permet d'optimiser l'utilisation des ressources matérielles et applicatives par une bonne connaissance et maîtrise de l'ensemble de ces ressources.

L'articulation entre les différentes vues et la vision stratégique permet une meilleure adéquation du SI avec les orientations stratégiques de l'entreprise et les enjeux métiers qui en découlent.

La cartographie est la base d'une vision du SI partagée entre les différents acteurs concernés. Elle facilite la communication pour une meilleure compréhension du système et une meilleure définition des attentes.

La réussite de cette démarche nécessite une bonne communication entre toutes les parties prenantes du SI. Elle est adaptée aux grandes entreprises qui veulent préserver la spécificité de leur SI.

Pour les petites entreprises il est plus simple d'avoir recours à des solutions intégrées conçues comme telles, du type PGI.

2 Flexibilité et ouverture

A. L'informatique en nuage (*cloud computing*)

1. Caractéristiques

Le ***cloud computing***, ou **informatique en nuage**, est un environnement de stockage et d'exécution flexible de ressources informatiques. Il consiste pour les entreprises à se procurer auprès d'un prestataire les ressources numériques dont elles ont besoin.

> Le *cloud computing* est l'interconnexion et la coopération de ressources informatiques, situées au sein d'une même entité ou dans diverses structures, dont les modes d'accès sont basés sur les protocoles et standards d'Internet, en libre-service et selon un modèle de facturation à l'usage.

Ces ressources (serveurs offrant des capacités de calcul, du stockage, logiciels de messagerie électronique, de paie) sont mises à disposition en mode locatif par des sociétés tierces et accessibles via Internet.

Le *cloud computing* se décline en trois principaux niveaux de services :

- Infrastructure à la demande ou **IaaS**, ***Infrastructure as a Service***, où on loue de la capacité informatique, que ce soit du calcul ou du stockage.
- **PaaS**, ***Platform as a Service***, où on loue une plateforme de développement, de test, de recette ou d'exécution.
- **SaaS**, ***Software as a Service***, où on loue une application.

2. Intérêt

Le *cloud computing* permet de dissocier les usages de l'informatique des ressources nécessaires. L'informatique peut ainsi être consommée à la demande, comme un service (*as a service*).

Au lieu d'acheter très cher des serveurs et des logiciels, qui ne sont pas utilisés à 100 %, les entreprises les louent et ne paient que pour l'usage qu'elles en font. Elles peuvent aussi, en quelques minutes, accéder à des capacités de stockage et de calcul supplémentaires, auxquelles elles n'auraient, pour la plupart, jamais pu prétendre si elles avaient dû se les payer seules.

Une entreprise dont l'activité varie suivant la période de l'année n'a pas besoin d'avoir en permanence un SI dimensionné en fonction des besoins de ses périodes d'activité maximale. Ce dernier serait, pendant les autres périodes, surdimensionné.

Ce principe permet de passer progressivement pour certaines parties du SI à une informatique à la demande, ce qui permet :

- optimisation des coûts : les ressources font l'objet d'une facturation en fonction de l'utilisation réelle (**paiement à l'usage : *pay per use***) ;
- flexibilité : les ressources s'adaptent aux besoins ;
- facilité, rapidité de mise en œuvre : le prestataire est responsable de la disponibilité du service ;
- accès universel : les ressources ne sont pas liées à une localisation géographique.

3. Limites

Le *cloud computing* soulève des questions de sécurité et de confidentialité des données avec un risque accru du fait des transferts via Internet.

De plus, dans un hébergement mondialisé, les données peuvent tomber sous la juridiction des pays où se trouvent les serveurs. Et dans certaines situations, la raison d'État pourrait être source de risques.

La réversibilité est également source d'inquiétudes : les entreprises souhaitent préserver la possibilité de revenir en arrière en cas de difficultés. Cela passe par une négociation rigoureuse lors de la négociation du contrat.

Pour maîtriser ces risques, les grandes entreprises peuvent mettre en place un ***cloud* privé** c'est-à-dire la mutualisation de ressources entre entreprises d'un même groupe. Cela permet de bénéficier des avantages du cloud, sans les risques du ***cloud* public** dont les services sont disponibles pour tous les utilisateurs potentiels et qui repose sur des ressources et des opérateurs qui ne sont pas forcément identifiés ni localisés.

Le ***cloud* hybride** est une solution qui combine un cloud privé et le recours au cloud public selon les besoins et la sensibilité des traitements et des données.
Un autre frein est la crainte d'une trop forte dépendance au réseau. Pour avoir recours au *cloud computing*, il faut se doter d'un accès au réseau stable, avec un débit suffisant.
Le *cloud computing* est une nouvelle forme d'externalisation avec les enjeux classiques de l'externalisation, auxquels s'ajoutent des enjeux liés aux spécificités techniques de ce modèle.

B. Systèmes d'information inter-organisationnels

Un **système d'information inter-organisationnel** (SIIO) est un ensemble de moyens et de règles permettant la mise en œuvre de processus concernant plusieurs organisations dans le cadre de :
- relations clients-fournisseurs ;
- relations avec les administrations ;
- coopérations inter-entreprises.

Les interactions peuvent être :
- ponctuelles : l'échange de données informatisé (EDI) permet de passer des commandes, envoyer des factures, etc. de façon dématérialisée ;
- permanentes : un extranet permet à plusieurs organisations de mettre en commun une partie de leurs systèmes d'information pour travailler simultanément sur des données partagées.

Les avantages sont multiples :
- réduction des coûts ;
- gain de temps ;
- synchronisation plus efficace.

C. Équipement personnel

Le développement du **BYOD**, ***Bring Your Own Device*** (ou AVEC : apportez votre équipement personnel de communication) souligne les changements de pratiques en acceptant les appareils personnels au sein du réseau de l'organisation. Ces pratiques peuvent nuire à la sécurité informatique de l'organisation si elles ne sont pas encadrées. Certaines organisations y préfèrent le COPE, abréviation de l'anglais « ***Corporate Owned Personally Enabled*** » (« propriété de l'organisation avec accès privé ») qui consiste à mettre à disposition des salariés des solutions techniques d'accès achetées et configurées par l'organisation pour un usage professionnel mais offrant la possibilité d'un usage personnel.
Le **CYOD**, ***Choose Your Own Device*** (choisissez votre propre appareil) : l'organisation prend en charge les frais d'acquisition et de maintenance du matériel et elle garde le contrôle sur l'installation et la mise à jour des applications. Le salarié dispose d'une solution technique d'accès conforme à ses exigences.

D. L'apport des référentiels

Dans le domaine des systèmes d'information, le terme de référentiel est employé pour désigner un ensemble structuré de recommandations ou de bonnes pratiques utilisées pour le management du système d'information, et constituant un cadre commun aux directions des systèmes d'information.

Les **référentiels de management du système d'information** sont internationaux. Ils sont généralement orientés vers une problématique particulière :

- **production informatique et l'assistance aux utilisateurs** : *Information Technology Infrastructure Library* (**ITIL**), bibliothèque structurée composée de bonnes pratiques pour une meilleure gestion du Système d'Information ;
- **gouvernance des systèmes d'information** : **COBIT** (*Control Objectives for Information and related Technology*, Objectifs de contrôle de l'information et des technologies associées) méthode conçue par l'**ISACA** (*Information Systems Audit and Control Association*) dont le chapitre français est l'Association Française de l'Audit et du conseil Informatiques (**AFAI**) ;
- **développement** et **maintenance de logiciels** : *Capability Maturity Model Integration* (**CMMI**), ensemble structuré de bonnes pratiques constituant un modèle d'évaluation des processus lors de la conception d'applications ;
- Prince2 *PRojects IN Controlled Environments* : méthode de gestion et de certification de projet structurée orientée processus ;
- **sécurité des systèmes d'information** : **ISO/CEI 27000**, norme qui permet aux entreprises de valider les pratiques de sécurité qu'elles adoptent pour leur Système d'Information ;
- relation avec un prestataire : **eSCM** (*e-Sourcing Capability Model*), référentiel présentant les bonnes pratiques de la **relation client/prestataire** dans le cadre de l'externalisation de services ;
- définition des postes : nomenclature emplois-métiers du CIGREF.

Ces référentiels sont complémentaires, même s'ils se recouvrent en partie.

Ils sont issus d'organismes privés : CIGREF, ISACA... ou publics. Contrairement au domaine de la comptabilité et de l'audit légal, ces référentiels n'ont aucun caractère obligatoire. Ils constituent une forme de **capitalisation de l'expérience** d'une communauté professionnelle.

Ils permettent le partage d'expérience entre informaticiens, et sont souvent mis en avant par les ESN et organismes de formation comme une garantie d'être au meilleur niveau de l'**état de l'art.** Voir mémo 9 : CMMI ; mémo 16 : ITIL ; mémo 22 : COBIT.

MÉMO 5 Transformation numérique

L'évolution des technologies de l'information (TI) élargit le champ de la DSI à de nouvelles missions dans le cadre de la transformation numérique des organisations. Celle-ci s'appuie sur les nouvelles possibilités offertes par la technologie qui permet de gérer de grandes quantités de données et de développer de nouvelles applications. Les TI se diffusent dans tous les domaines d'activité et les impactent profondément.

1 De nouveaux horizons pour le SI

A. Définition

La **transformation numérique** peut être définie comme un processus continu par lequel les entreprises s'adaptent aux changements profonds liés à la numérisation, ou en sont le moteur auprès de leurs clients et sur leurs marchés, en utilisant les compétences liées aux TI pour créer de nouveaux modèles économiques, produits et services.

La transformation numérique ou transition numérique, parfois aussi appelée digitale, s'inscrit au centre de la stratégie des entreprises : elle concerne tous les secteurs d'activité et les structures de toutes tailles.
Elle implique une nouvelle culture et une nouvelle façon de travailler rendues possibles par le développement de l'informatique en nuage et remettant en cause les modèles économiques, les chaînes de valeur, les process, les métiers, ainsi que les modes d'organisation et de relations inter-organisationnelles.

B. L'explosion des données

1. Mégadonnées

La **donnée** est la matière première de la transformation numérique. La multiplication des données internes et externes constitue un gisement de connaissances et une source d'avantages concurrentiels pour les organisations qui savent les exploiter.
Ces données apparaissent entre autres sur le web et les réseaux sociaux. Elles proviennent également des **objets connectés** (IoT), dont le nombre devrait atteindre 100 milliards en 2025, selon le cabinet Gartner.

Le terme ***Big Data*** (en français : **mégadonnées** ou **données massives**) désigne des ensembles de données d'un très grand volume et d'une grande diversité provenant de nombreuses sources internes et externes.

L'intérêt est surtout de croiser des données hétérogènes (météo, géolocalisation, trafic automobile…) pour en tirer des informations utiles.
Le *Big Data* est un concept qui recouvre à la fois les données et leur gestion. Il est caractérisé par les **3 V**.

- **Volume** : il s'agit de traiter des masses de données en quantité sans cesse croissante : le groupe Auchan collecte les données issues de 2,5 milliards de tickets de caisse par an.
- **Vitesse** : les données sont analysées le plus souvent en temps réel.
- **Variété** : hétérogénéité des formats et des sources.

À ces trois V qui correspondent aux caractéristiques fondamentales du traitement des mégadonnées, il est possible d'en ajouter d'autres :

- **Valeur** : exprime la valorisation financière des données, leur contribution à la création de valeur de l'entreprise.
- **Véracité** : fiabilité des sources.

La valeur d'une donnée peut diminuer avec le temps, d'où l'importance de la vitesse. La valeur dépend aussi de la véracité et de la qualité des traitements effectués.

2. De nouvelles sources de données

Les flots de données à analyser ne cessent de croître avec :

- l'**Internet des objets** (IoT, *internet of things*) : connexion d'une multitude d'appareils dans le monde professionnel (capteurs d'état dans les systèmes de production, traçabilité des produits...) comme dans la vie quotidienne (voiture, chauffage, réfrigérateur...) ; cela représente 30 milliards d'objets connectés dans le monde en 2020, avec une augmentation de 20 % par an.

ex : *En posant des capteurs un peu partout sur le réseau, la SNCF met en place une maintenance prédictive permettant d'anticiper les problèmes : les aiguillages ou caténaires fragiles alertent les équipes de maintenance avant que l'incident ne survienne.*

- *l'**Open Data*** (**données ouvertes**) : données d'un organisme mises à disposition du public (obligation légale pour les administrations et les transports publics).

ex : *La SNCF ouvre l'accès à une partie de ses données. Cela concerne en particulier les horaires de tous les trains qui circulent, aussi bien les horaires programmés que les informations sur la circulation en temps réel. Des développeurs peuvent utiliser ces données pour concevoir des applications spécifiques ou les intégrer dans des applications existantes.*

3. Des outils spécifiques

L'exploitation de ces données requiert des outils d'analyse appropriés. Les modes de traitement et de stockage doivent être adaptés car les volumes de données sont sur une échelle bien plus grande et celles-ci sont beaucoup plus hétérogènes.
Cela nécessite des technologies, des outils et procédures spécifiques. De plus, ces traitements s'effectuent souvent en temps réel, ce qui nécessite non seulement des capacités de stockage importantes mais aussi une puissance de calcul disponible.

2 De nouveaux moyens

A. De nouvelles applications

1. La blockchain

La *blockchain*, l'intelligence artificielle (IA) et la réalité virtuelle sont les axes de développement de l'informatique dans les années à venir, en s'appuyant sur le ***cloud*** **(informatique en nuage)**.

La ***blockchain*** **(chaîne de blocs)** permet d'enregistrer des opérations, sous forme de blocs liés les uns aux autres dans l'ordre chronologique de leur validation, de façon certaine et vérifiable. Cela facilite les transactions interentreprises et leur traçabilité.

La technologie *blockchain* permet la mise en place de *smart contracts*, contrats qui s'exécutent automatiquement une fois les conditions prédéfinies remplies. L'inscription du contrat dans une *blockchain* est la garantie que les termes du contrat ne pourront pas être modifiés.

ex : *Fizzy, filiale d'AXA, indemnise les usagers dès l'arrivée de leur avion en cas de retard de 2 heures et plus. L'indemnisation est déclenchée automatiquement sans que l'assuré ait besoin de faire de déclaration de sinistre, car l'application est connectée au SI du contrôle aérien.*

2. L'intelligence artificielle

L'**intelligence artificielle** (IA) permet d'exploiter les données massives issues de l'Internet des objets. Ce terme désigne des programmes informatiques dotés de capacités d'apprentissage. À la différence d'un algorithme qui exécute des actions en fonction de conditions prédéfinies, une IA adapte en permanence ses actions en fonction des retours qu'elle reçoit.

ex : *L'analyse des données massives génère des modèles qui permettent à un assureur de définir des offres qui s'adaptent au plus près des comportements de groupes de clients ou à un ascensoriste d'optimiser ses coûts en faisant de la maintenance prédictive.*

Cette capacité d'apprentissage est appelée ***machine learning*** **(apprentissage automatique)**, ou ***deep learning*** **(apprentissage profond)**, dans sa version la plus évoluée.

ex : *Un* ***chatbot (dialogueur)*** *est un logiciel spécialisé dans le dialogue en langage naturel avec un humain. C'est une application qui est capable de répondre à des questions ou de déclencher l'exécution de tâches. Cet outil interagit avec les utilisateurs et adapte ses réponses au fil du temps en fonction des réactions qu'il enregistre.*

3. Réalité virtuelle et réalité augmentée

La réalité virtuelle et la réalité augmentée permettent respectivement des interactions dans un espace virtuel simulant la réalité et des interactions améliorées dans le monde réel.

La **réalité virtuelle** est une reproduction d'un environnement générée informatiquement. L'utilisateur peut interagir avec les objets qui composent cet environnement par la capture de ses mouvements à travers des instruments (manettes...) ou des capteurs (gant...). Le concept de réalité virtuelle trouve des applications aussi bien dans le cadre ludique que médical et professionnel.

ex :
- *La création d'un avatar (double virtuel) permet d'essayer des vêtements sur un site Internet avant de les acheter.*
- *Couplée à l'intelligence artificielle, la réalité virtuelle permet de créer des clones numériques d'outils industriels complexes pour mieux analyser et maîtriser leur fonctionnement.*

La **réalité augmentée** combine le monde réel et des éléments numériques *via* un appareil (lunettes connectées...) permettant de positionner et de suivre ces éléments en temps réel. Elle offre à l'utilisateur des possibilités d'action en superposant à son environnement des informations. Le plus souvent, la réalité augmentée permet d'enrichir ce que voit l'utilisateur. Toutefois, d'autres sens peuvent être concernés. Il est par exemple possible d'ajouter des sons artificiels à un environnement sonore.

ex :
- *Visualiser un site, un bâtiment dans un état antérieur ou futur : voir un bâtiment dans son environnement réel avant qu'il soit construit, ou après sa destruction.*
- *Observer le schéma d'un appareil et le mode opératoire à suivre pendant une intervention en gardant les mains libres et l'appareil dans son champ de vision.*

B. L'économie des plateformes

La **plateformisation** ou **économie des plateformes** a été popularisée par Uber, Blablacar ou AirBn'B. La proposition de valeur consiste à mettre en relation une offre et une demande bien réelles mais qui n'ont pas de lieu pour se rencontrer et contractualiser.

Pour un acteur économique, travailler au sein d'un écosystème ouvert peut être davantage créateur de valeur que de travailler seul.

ex :
- *La Ruche Qui Dit Oui est une plateforme qui regroupe en France 5 000 producteurs locaux de produits alimentaires (fruits et légumes, fromages, etc.) et 160 000*

clients. Elle propose aux consommateurs de commander en ligne et de retirer leurs achats chaque semaine dans un lieu physique. Cela offre une visibilité et un chiffre d'affaires additionnel à des producteurs qui n'ont ni le temps, ni les moyens de toucher autant de clients par eux-mêmes.

- *De grands sites e-commerce comme Amazon ou FNAC enrichissent leur offre en y ajoutant celle de milliers de commerçants. Ces derniers accèdent ainsi à une clientèle beaucoup plus large.*

L'économie des plateformes s'est développée grâce à des technologies comme le *cloud* et les interfaces de programmation (**API**, *Application Programming Interface*) qui permettent de connecter les systèmes d'information pour échanger les données mais aussi de créer des plateformes pour un coût abordable, avec la possibilité de monter en charge pour gérer la croissance des transactions.

Au-delà de son objet premier de mise en relation, ce modèle économique a un impact profond car il modifie les relations entre les acteurs en créant de nouvelles attentes et de nouveaux comportements.

Il présente des avantages pour le client/utilisateur (accès facilité à une offre plus large) et pour le fournisseur/prestataire (accès à une clientèle plus large, gestion facilitée de la relation client).

Ce modèle suscite aussi des critiques liées au risque de dépendance des professionnels vis-à-vis de la plate-forme et de précarisation due au statut d'indépendant (chauffeurs Uber, livreurs Deliveroo…) qui a donné naissance au terme d'**ubérisation**.

Caractéristiques des projets SI

Les évolutions fréquentes du SI nécessitent des transformations. Celles-ci font l'objet de projets. Des moyens dédiés doivent être mis en place et gérés pour la durée du projet, avec des structures de gouvernance de ces projets.

1 Qu'est-ce qu'un projet

A. Généralités

1. Définition

Un **projet** est un ensemble d'opérations qui doit permettre d'atteindre un objectif clairement exprimé et présentant un certain caractère d'unicité.
C'est un **processus** qui comprend des phases d'études, d'élaboration et de mise en place. Un projet est souvent complexe et pluridisciplinaire.
L'ISO a publié une définition du projet, reprise par l'AFNOR :

> Un **projet** est un processus unique, qui consiste en un ensemble d'activités coordonnées et maîtrisées comportant des dates de début et de fin, entrepris dans le but d'atteindre un objectif conforme à des exigences spécifiques telles que les contraintes de **délais,** de **coût** et de **ressources**.

Cette définition met en avant quatre caractéristiques du projet.

- Il est **unique** ; il peut y avoir des analogies d'un projet à l'autre mais chaque projet a des spécificités car il répond à un besoin exprimé dans un cahier des charges.
- Il est **limité dans le temps** ; un projet est défini par rapport à un objectif ; il a donc une fin qui doit se traduire par une échéance.
- Il doit répondre à des **contraintes** de délais, de coûts, de ressources, mais également de qualité, ce qui impose la mise en place d'une démarche de management de projet s'appuyant sur une organisation spécifique.
- Il est **pluridisciplinaire** car il concerne un ensemble d'activités coordonnées et maîtrisées ; il requiert donc des compétences techniques, administratives, financières, juridiques, etc.

2. Caractéristiques

Un projet implique une série d'actions entreprises pour atteindre un objectif fixé et chiffré à l'avance. Il s'appuie sur des ressources humaines, matérielles et financières. Il se déroule dans un cadre spatial (périmètre) et temporel (planning) défini.
Un projet répond à des **enjeux** et à des objectifs. Dans le contexte d'une organisation, les enjeux sont ce qu'elle peut gagner sur le plan de la qualité, de la performance, de la sécurité, de la productivité, de la compétitivité (dans un univers concurrentiel). **L'objectif** est le résultat précis attendu d'une action dans le cadre des enjeux recensés. Un projet est découpé en **étapes**. Un **jalon** borne une étape et prépare l'étape ultérieure. Les jalons se concrétisent par des livrables dont l'acceptation valide l'étape.

Une étape comporte différentes **tâches**. Chaque tâche est identifiée en tant que telle parce qu'elle a un rôle à jouer dans l'exécution d'un projet. Sa non-exécution empêche de mener le projet à son terme ou compromet l'atteinte de certains de ses objectifs. Une tâche se caractérise par un début et une fin clairement reconnaissables (la fin doit être associée à la fourniture de livrables dûment recensés). Elle consomme des ressources (matières, temps d'utilisation d'équipements ou charge de travail). Celles-ci ont un coût et ne sont disponibles qu'en quantités limitées. Les tâches sont reliées par des relations d'antériorité (certaines tâches doivent être terminées pour que d'autres puissent commencer, *cf.* Mémo 7).

B. Spécificités des projets SI

Du fait des nombreuses évolutions technologiques et de la nécessité d'adapter en permanence le SI aux besoins de l'entreprise, une forte proportion du travail confié à la DSI s'effectue dans le cadre de projets.

Un **projet SI** est un projet touchant la structure et le fonctionnement du système d'information de l'organisation. Un projet SI vient rarement seul. Il s'inscrit généralement dans le cadre d'un programme plus vaste : réorganisation, fusion, nouveau « *process* » de fabrication, nouvelle gamme de produits, nouveau cadre réglementaire. La taille d'un projet et le nombre de tâches identifiées peuvent conduire à la décomposition en sous-projets, selon le principe qu'un projet ne saurait dépasser cent tâches.

2 Acteurs et organisation

A. Les acteurs

1. Maîtrise d'œuvre et maîtrise d'ouvrage

Le **maître d'ouvrage** (MOA) est la personne physique ou, le plus souvent, morale propriétaire de l'ouvrage. Il recueille les besoins, fixe et hiérarchise les objectifs, évalue l'enveloppe budgétaire et les délais souhaités pour le projet. Il pilote et contrôle, valide, gère les risques et décide. Il anime une équipe et communique sur le projet. Dans certains cas, le maître d'ouvrage délègue tout ou partie de ses pouvoirs à un mandataire (**assistance à maîtrise d'ouvrage**, AMOA).

Le **maître d'œuvre** (MOE) est la personne physique ou morale qui reçoit mission du maître d'ouvrage pour assurer la conception et la réalisation d'un ouvrage conformément au programme défini (objectifs, coûts, délais).

Le degré de structuration des équipes projet peut être plus ou moins poussé, avec des équipes dédiées à temps complet ou des structures plus légères (voir B).

Les relations entre MOA et MOE s'inscrivent dans le cadre d'un contrat, au sens juridique si la MOE est un prestataire externe, ou un document qui formalise les engagements réciproques des parties si la MOE est interne à l'entreprise (*cf.* « Contrats de service », Mémo 16).

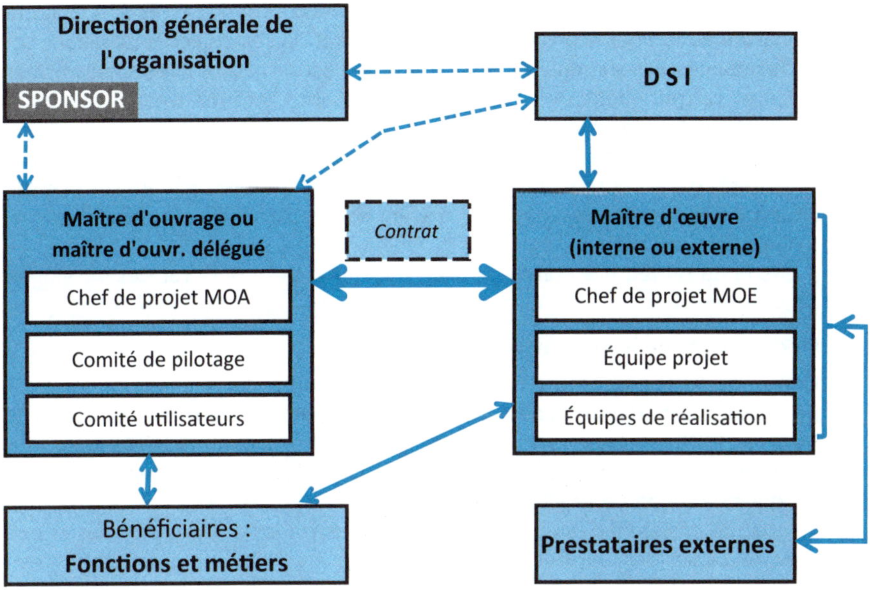

▲ Les acteurs du projet

Le métier du **chef de Projet** est celui de la **conduite** (ou **pilotage**) **de projet**. Il est difficile car il mélange deux types de tâches :
- les tâches de direction de projet ;
- les tâches de gestion de projet.

2. La direction de projet

La **direction de projet** (*project management*) s'intéresse aux niveaux de décision stratégique et tactique. Elle consiste à fixer de manière cohérente, en accord avec la direction de l'organisation, les objectifs du projet (délais, performances techniques, fiabilité, disponibilité, durabilité, sécurité d'emploi, etc.) ainsi que les moyens mis en oeuvre (ressources matérielles, humaines et informationnelles), ce qui revient à attribuer un budget au projet.
Elle comprend aussi l'appréciation des risques encourus et la mise en place de procédures permettant de les gérer.
Elle consiste enfin à animer les équipes travaillant sur le projet, à coordonner leurs activités et à intervenir régulièrement au cours de la vie du projet pour réviser les objectifs et les moyens en cas de dérives importantes par rapport aux prévisions.

3. La gestion de projet

La **gestion de projet** (*project control*) traite des décisions opérationnelles et intervient dans la préparation de certaines décisions tactiques. Elle a pour objectif de fournir

les informations relatives à l'avancement de l'exécution du projet et à tout élément de nature à modifier la programmation du projet ou ses objectifs de délais, coûts et performances. Elle s'appuie sur un système de gestion assurant le recueil des données utiles et le traitement de ces données à des fins informatives et décisionnelles, permettant de piloter le projet.
Au cours de la phase d'exécution, elle vise la maîtrise des délais et des coûts, en s'assurant d'une bonne gestion des ressources mobilisées, en synthétisant les informations disponibles sur l'état d'avancement physique et financier par le biais d'un tableau de bord.
À l'issue du projet, elle établit un bilan final du projet pour tirer des enseignements pour l'avenir.

4. L'équipe de réalisation et de déploiement

Cette équipe regroupe les informaticiens en charge des tâches qui composent le projet. Elles sont réalisées, de la conception au déploiement, sous la direction du chef de projet MOE, en accord avec la MOA, dans le cadre du contrat. Même lorsque la MOE est interne à l'organisation, il est important de formaliser les engagements réciproques de façon contractuelle (*cf.* Mémo 16).
Le chef de projet MOE assure la coordination entre les équipes internes et externes dans le cadre des contrats entre la MOE et les éventuels prestataires externes (SSII/ESN).

5. Utilisateurs et utilisateurs référents

Les **utilisateurs finals** sont ceux qui vont mettre en œuvre les outils livrés par les informaticiens. Il faut attacher une importance particulière au processus de formation et d'accompagnement de ces utilisateurs qui vont décider de la réussite ou de l'échec des projets. Parmi ces utilisateurs, certains vont jouer un rôle particulier.
Les **utilisateurs référents *(key users)*** apportent leur connaissance des processus existants et leur capacité d'innovation pour déterminer les nouveaux processus. Ils mesurent l'impact des nouveaux processus sur l'organisation et les métiers. Ils valident les solutions proposées, « évangélisent » et assistent leurs collègues.

> **Évangéliser** : terme employé, sous l'influence de l'anglais, pour caractériser le fait de promouvoir des usages dans le domaine des technologies de l'information et de convaincre le plus d'acteurs possible du caractère unique et indispensable d'une technologie particulière.

Ce recensement des acteurs et de leurs diverses missions montre l'importance du rôle des utilisateurs finals, et plus particulièrement, des utilisateurs référents.

6. Comité de pilotage

Le **comité de pilotage** éclaire le chef de projet sur l'impact des décisions associées au projet dans les services de l'organisation. Il arbitre et valide les jalons, les choix

d'organisation, la hiérarchie des priorités et l'affectation des ressources, les recettes (validation des livrables). Il soutient les décisions du chef de projet auprès des entités de l'organisation.
Pour les projets importants, dans les grandes entreprises, le chef de projet MOA peut être épaulé par un **sponsor.** Cadre dirigeant de l'organisation, intéressé à divers titres à la réussite du projet et membre du comité de pilotage, il va s'impliquer personnellement dans les arbitrages et va mettre le poids de son autorité au service de la réussite du projet.

B. Les différents modes d'organisation

La mise en place d'une organisation de projet est nécessaire pour assurer son exécution cohérente et en maîtriser le déroulement. Cette organisation identifie les différents acteurs et définit le rôle de chacun. Il faut mettre l'ensemble des intervenants sur le projet dans des conditions telles que leur participation soit optimisée, ce qui implique :
- de définir clairement les responsabilités ;
- d'obtenir une adhésion sans réserve de la part des intéressés ;
- d'identifier les zones conflictuelles afin de les éviter ou d'y remédier grâce à une gestion positive des conflits latents ainsi révélés ;
- de motiver les individus afin que l'ensemble de leurs capacités soient mises à la disposition du projet.

Les conditions sont plus favorables si l'organisation est adéquate. C'est le problème de l'organigramme de l'équipe projet. Plusieurs structures sont envisageables, dont l'adéquation est mesurée par divers critères, comme la taille du projet, le nombre d'utilisateurs, la complexité des relations, etc.
Ces différents modes d'organisation sont les suivants.
- La structure ***avec* facilitateur** n'impose aucune ressource dédiée à plein-temps au projet.
- La structure ***avec* coordinateur** n'affecte au projet à plein-temps qu'un seul individu qui doit puiser dans l'organisation les autres ressources humaines.
- La structure **matricielle** affecte au projet à plein-temps un chef de projet qui doit aussi puiser dans l'organisation les autres ressources humaines. Ce chef de projet s'appuie sur une structure de direction des projets et sur une répartition plus formalisée des temps que consacrent au projet les différents intervenants.
- La structure avec ***task force*** (groupe d'intervention) s'appuie sur des ressources dédiées. Les intervenants qui travaillent sur le projet sont officiellement extraits des entités de la structure de l'organisation pour être placés sous l'autorité du chef de projet.

MÉMO 7 Mise en œuvre d'un projet

Un projet se déroule sur une durée déterminée. Il comporte différentes phases. Ces phases s'organisent en trois grandes catégories : la prise de conscience d'un besoin et la définition des objectifs et moyens du projet ; la réalisation proprement dite ; le déploiement et la phase d'exploitation.
La gestion de projets s'appuie sur des outils organisationnels et sur une démarche de qualité qui garantit que le résultat sera conforme aux objectifs. La conformité, le respect des délais et la maîtrise des coûts sont les trois conditions fondamentales de la réussite d'un projet.

1 Les étapes du projet

A. Identification et faisabilité

Le point de départ d'un projet est l'identification d'un besoin. Il faut alors rechercher les solutions possibles.
Pour que le projet soit lancé, il faut en démontrer opportunité et la faisabilité.
Un comité de sélection examine les principales caractéristiques du projet et une première estimation des ressources nécessaires.
Ces éléments sont réunis dans un document (*brief project*) qui décrit d'une manière synthétique le projet et en démontre l'intérêt.
Le comité de sélection décide définit l'organisation du projet (comité de pilotage) et désigne un chef de projet (MOA).

B. Analyse des scénarios

Au cours de cette étape, le chef de projet MOA :
- constitue l'équipe projet MOA ;
- organise la préparation des documents nécessaires au lancement du projet ;
- supervise la sélection des prestataires externes si besoin ;
- prépare la mise en place de l'équipe projet maîtrise d'œuvre (MOE) ;
- communique avec les parties prenantes du projet ;
- réunit le comité de pilotage pour valider les **scénarios retenus** et lancer la phase suivante.

C. Étude détaillée

Cette étape consiste à préparer le dossier de lancement qui présente l'ensemble des éléments nécessaires pour lancer la phase de réalisation. Ce dossier contient en général :
- la description du projet et de son organisation ;
- le **Plan d'assurance qualité** présenté par le maître d'œuvre ;
- le planning des réunions de pilotage ;
- les caractéristiques techniques du projet et la description des tâches à effectuer ;

- les procédures permettant de garantir la sécurité (accès, disponibilité, intégrité, confidentialité) ;
- l'étude d'impact : conséquences au niveau organisationnel, environnemental, etc.

Le chef de projet MOA valide l'organisation du projet, organise le travail avec le maître d'œuvre. Les réunions maîtrise d'ouvrage/maîtrise d'œuvre sont planifiées.
Les utilisateurs référents sont intégrés au projet.
Le comité de pilotage est réuni pour valider le dossier et lancer la réalisation.

D. Réalisation

Cette étape regroupe les tâches de réalisation spécifiques liées à la nature du projet. Le chef de projet assure le pilotage courant (tableau de bord, prévision et affectation ressources, contrôle avancement, contrôle qualité, décisions courantes, conduite du changement, résolution conflits, reporting comité de pilotage, communication selon le plan défini) des tâches liées à la nature du projet. Il prépare le plan d'installation et de déploiement ainsi que le plan de formation et d'accompagnement.
À l'issue de cette étape, le chef de projet réunit le comité de pilotage qui va décider le lancement du déploiement, après acceptation par la MOA des travaux livrés par la MOE (**recette ou recettage**).

E. Déploiement

Le chef de projet MOE en accord avec le chef de projet MOA assure le pilotage des tâches de déploiement.
Il supervise le déploiement des procédures de sécurité et organise la réunion du comité de pilotage qui va valider le dossier de lancement de l'exploitation.

F. Évaluation et suites

Cette étape permet la clôture du projet et la dissolution de l'équipe. Elle permet de vérifier que la solution déployée a atteint l'ensemble des objectifs définis lors du lancement du projet.
Elle ouvre la phase post-projet au cours de laquelle il faut accompagner le changement, assurer la maintenance et faire le bilan du projet.
Il est important d'assurer une capitalisation de l'expérience et d'identifier les leçons à tirer pour les projets suivants. (voir mémo 10).

2 Les trois dimensions du pilotage de projet

Le pilotage d'un projet SI se caractérise par la prise en compte simultanée de trois catégories d'objectifs :
- réaliser un ensemble de spécifications techniques ;
- avec un ensemble limité de ressources ;
- dans un temps imparti restreint.

Pris isolément, chacun de ces trois objectifs implique des efforts et il peut être tentant de se concentrer sur l'un au détriment des autres.

La difficulté est de tenir ensemble ces trois exigences. Il faut donc contrôler l'avancement du projet sur ces trois catégories d'objectifs afin d'effectuer les ajustements nécessaires, voire, parfois, des révisions au cours du temps.

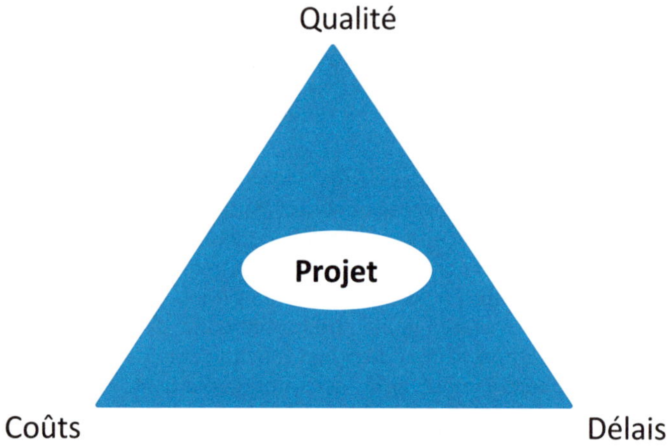

▲ Figure 1 : Les trois dimensions du pilotage de projet

3 Les éléments clés du pilotage

A. L'Organigramme technique du projet

L'**Organigramme technique du projet (OTP)** a pour objet d'assurer la cohérence de l'ensemble des actions concernant le projet et la coordination entre les acteurs. Il fait apparaître les responsabilités de chaque intervenant. Il sert de référence commune et unique pour identifier toutes les tâches nécessaires à l'aboutissement du projet. Cette approche systématique est aussi appelée ***Work Breakdown Structure*** **(WBS).**

L'OTP présente la décomposition ordonnée et exhaustive de l'ensemble du projet. Il indique les tâches à effectuer et les moyens prévus.

Cet outil permet d'analyser le projet avec ses livrables (produits et services) et ses tâches.

La présentation détaillée du projet facilite une planification et un contrôle adéquats.

L'OTP présente d'une part, tous les éléments livrables au client dans le cadre du projet (équipements, documents, installations, etc.) et, d'autre part, toutes les tâches à effectuer (études générales, coordination, développement, déploiement, etc.).

L'OTP permet de visualiser l'ensemble du projet et d'en faciliter le suivi.

Il peut être complété et actualisé au fur et à mesure de l'avancement du projet.

B. La maîtrise des délais

1. Le diagramme de Gantt

Le **diagramme de Gantt** permet de modéliser la planification de tâches nécessaires à la réalisation d'un projet.

Le diagramme de Gantt est réalisé en portant :
- en lignes, les tâches ;
- en colonnes, les jours, semaines ou mois selon la durée du projet.

Le temps estimé pour une tâche est représenté par une barre horizontale positionnée sur la date prévue de démarrage et la date prévue de fin de réalisation de cette tâche.

ex : *Planification de réalisation d'un site web*

Le tableau suivant présente de façon simplifiée les tâches relatives à la réalisation d'un site web, leur articulation (contraintes d'antériorité) et leur durée.

Tâches	Tâches immédiatement antérieures	Durée en semaines
A : Étude préalable : détermination des objectifs	Aucune	1
B : Mise en place de l'équipe projet MOA	A	1
C : Étude de faisabilité et rédaction d'un cahier des charges	A	2
D : Définir le budget global de réalisation et de maintenance	C, B	1
E : Rédaction et lancement de l'appel d'offres	D	5
F : Analyse des réponses et choix du prestataire	E	2
G : Mise en place de l'équipe projet MOE	F	1
H : Réalisation de l'arborescence du site	G	3
I : Validation de l'arborescence	H	1
J : Concevoir la maquette du site et son identité visuelle	G, F	6
K : Validation de la maquette	J	1
L : Définir et rédiger le contenu des pages	J	2
M : Mise en ligne du site	I, K, L	2
N : Promotion du site	M	2

La représentation de ce projet sous forme de diagramme de Gantt se présente comme suit.

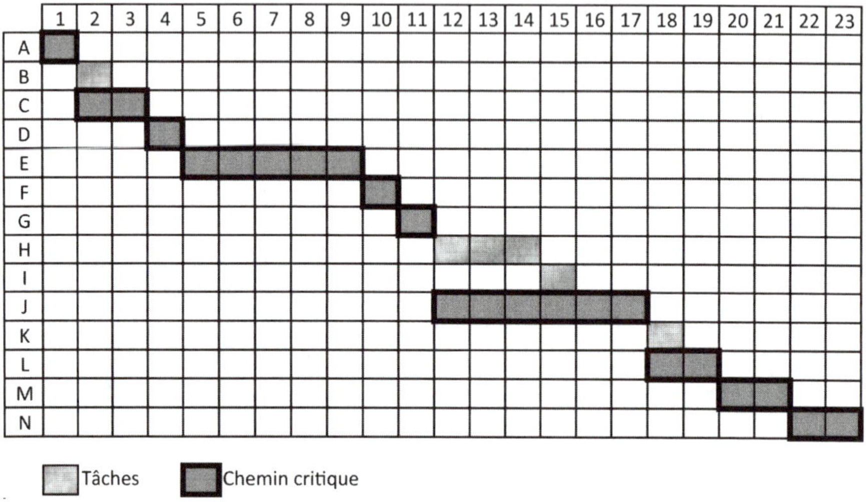

▲ **Figure 2 : Diagramme de Gantt**

Le diagramme de Gantt est un outil de pilotage (prévision et suivi) facile à utiliser et à modifier à l'aide de différentes applications (MS Project, Gantt Project, etc.).
Il permet de déterminer la durée totale du projet (ici, 23 semaines) et de mettre en évidence le **chemin critique** : enchaînement des tâches qui déterminent la durée totale du projet et sur lesquelles aucun retard ne peut être pris. Dans l'exemple : A, C, D, E, F, G, J, L, M, N.
C'est aussi un outil de communication entre les différents acteurs d'un projet.

2. La méthode MPM

La **Méthode des potentiels** (MPM, méthode des potentiels Metra) consiste à construire un graphe où chaque sommet représente une tâche et les arcs (flèches) les contraintes d'antériorité, c'est-à-dire les tâches qui doivent être terminées pour qu'une tâche puisse commencer.
La **date de début au plus tôt** est la date à laquelle une tâche peut commencer.
La **date de début au plus tard** est, en cas de retard sur les tâches antérieures, la date limite à laquelle une tâche doit commencer faute de quoi le retard se répercuterait sur les tâches suivantes.
Chaque sommet représente une tâche identifiée par une lettre avec à côté la durée et au-dessous les dates au plus tôt et au plus tard.
La tâche « FIN » permet de faire apparaître la date prévisionnelle de fin d'exécution.
Le graphe suivant correspond à l'exemple précédent.

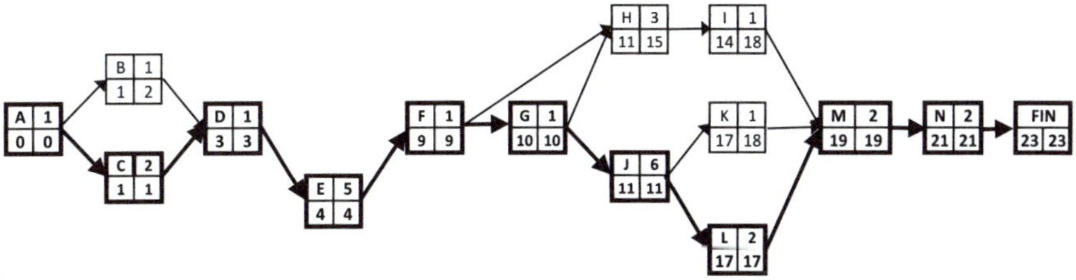

▲ Figure 3 : Graphe MPM

Le graphe met en évidence l'articulation des tâches avec les contraintes. Les tâches pour lesquelles la date au plus tôt et la date au plus tard sont identiques sont des tâches sur lesquelles il n'y a aucune marge. Tout retard sur ces tâches se répercute automatiquement sur la durée totale du projet. Ces tâches constituent le **chemin critique**. On trouve évidemment le même, pour l'exemple, qu'avec le diagramme de Gantt : A, C, D, E, F, G, J, L, M, N.

Le graphe PERT est une autre représentation dans laquelle les arcs représentent les tâches et les sommets l'articulation entre les tâches.

C. Du planning au budget

Le troisième niveau du pilotage permet de valoriser les tâches en fonction du coût des ressources mobilisées.

L'exécution des tâches du projet est consommatrice de ressources et donc génératrice de charges au sens comptable du terme. Celles-ci sont prises en compte dans le budget du projet.

Le suivi budgétaire impose de connaître, outre l'avancement des tâches, leurs coûts réels, pour être en mesure de détecter d'éventuelles dérives de coût. Il convient alors d'attribuer à chaque tâche un code budgétaire différent sur lequel on imputera les charges que l'exécution de la tâche a engendrées.

Le coût d'exécution d'une prestation de travail peut s'effectuer sur des bases différentes tant en prévision (budget) qu'en exécution (refacturation du maître d'œuvre au maître d'ouvrage, refacturation interne du maître d'œuvre aux entités bénéficiaires) (voir mémo 16).

4 Le pilotage économique du projet

Tout projet est lié à des **enjeux économiques** qui sont à l'origine du projet et en déterminent la réussite.

S'il s'agit d'un projet réalisé pour un client, il s'agit de tenir les coûts par rapport au prix annoncé et de respecter les délais et les spécifications pour éviter les pénalités prévues au contrat.

Si le projet est interne à une organisation, le non-respect des objectifs à des conséquences pour l'ensemble de l'organisation (perte de marchés, sous-perfor-

mance...) et pour la DSI elle-même qui peut perdre en crédibilité, mais aussi en ressources.
Dans les deux cas, il y a sanction économique.
Il est donc indispensable que les personnes en charge d'un projet accordent une attention particulière au suivi du projet dans sa dimension économique.
La **courbe en S** est un outil pour analyser retards et écarts à une date donnée et pour anticiper les risques sur l'ensemble du projet.

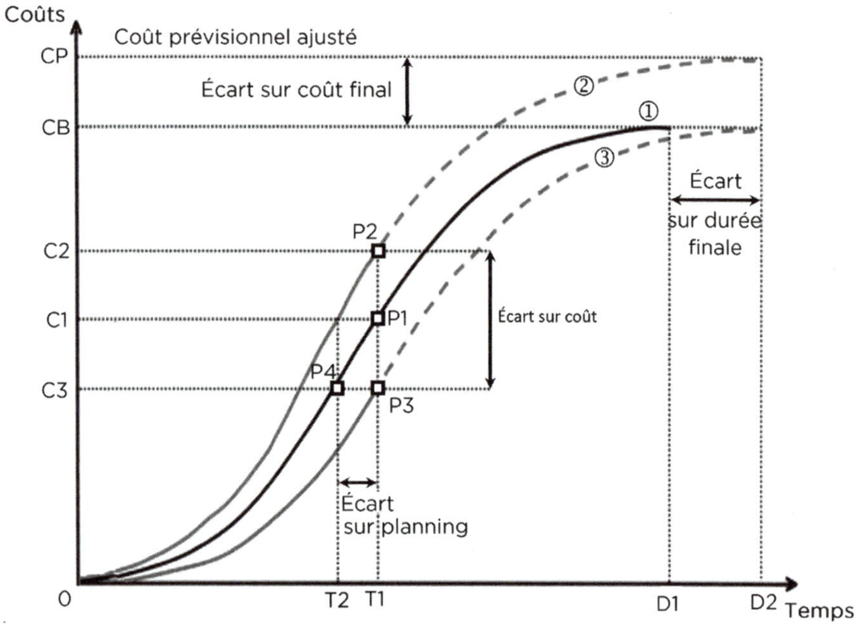

▲ **Figure 4 : La courbe en S du pilotage de projet**

Ce graphique fait apparaître :

1. les dépenses programmées initialement sur la durée du projet : **Coût budgété du travail prévu (CBTP)**, où CB : coût total budgété et D1 : date de fin initialement prévue ;
2. les dépenses réelles constatées jusqu'à une date T1 : **Coût réel du travail effectué (CRTE)** et la projection sur la durée restante, modifiant les prévisions pour tenir compte de l'état actuel du projet, où CP : coût prévisionnel ajusté et D2 : date de fin estimée en fonction de l'avancement actuel ;
3. le coût budgété correspondant à l'avancement réel des travaux : **Coût budgétaire du travail effectué (CBTE)** soit la valorisation des tâches effectuées par leurs coûts prévisionnels définis dans le budget à la date considérée.

À la date T1, le point P1 correspond au coût prévisionnel C1, le point P2 au coût réel engagé C2, les points P3 et P4 au coût C3 correspondant à l'avancement réel des travaux.
T2 représente la date correspondant à l'avancement actuel des travaux dans le planning initial.
D1 = date fin initialement prévue.
D2 = date fin ajustée suivant avancement.
Le graphique met en évidence les retards (T1 - T2 = écart sur planning) et les dépassements (C2 - C3 = écart sur coût).

ex : *L'entreprise Martinet a demandé l'intervention d'une ESN pour le paramétrage d'une nouvelle application. Cette mission est prévue sur 5 jours ouvrés et doit être effectuée par un technicien.*
Le coût standard pour une journée du technicien est 900 €.
Le 4e jour, on se rend compte que le travail est plus complexe que prévu et qu'il faut faire venir un assistant pour le dernier jour, soit 500 € supplémentaires.
Le 5e jour au soir, le travail ne peut pas être terminé comme prévu et il faut encore une journée de travail du technicien.
Déterminer au soir du 5e jour : le CBTP, le CBTE, le CRTE, l'écart de coût et le retard.
Solution :
Sur cinq jours, le CBTP de cette tâche correspondait à 5 journées de travail, soit 4 500 €.
Le soir du 5e jour, on constate que seuls 5/6e du travail a été effectué. Le CBTE est donc de :
4 500 € × 5/6 = 3 750.
Pour effectuer ces 5/6e, on a dépensé en fait :
4 500 (5 journées de technicien) + 500 (assistant pour une journée)
CRTE = 5 000 €
Le projet a pris une journée de retard.
Écart de coût (valeur absolue) = CBTE - CRTE = 3 750 - 5 000 = - 1 250 €. C'est l'écart (ici, négatif) entre le coût budgété et le coût réel, soit le coût supplémentaire global.
Le soir du 6e jour (fin du travail), s'il n'y a pas d'autre imprévu :
CBTP = 4 500
CBTE = 4 500
CRTE = 5 400 + 500 = 5 900
Écart délai : + 1 jour
Écart coût : + 1 400

MÉMO 8 Maintenance

La réalisation d'un projet est suivie d'une phase d'exploitation qui nécessite le maintien du niveau de service et l'évolution de la solution mise en place. C'est l'objet de la maintenance.

1 Les différents types de maintenance

A. Définition

La **maintenance** regroupe l'ensemble des opérations menées pour maintenir un bien en état de remplir les usages pour lesquels il a été conçu. Il peut s'agir d'opérations consécutives à une défaillance : actions de dépannage, de réparation et de réglage ainsi que d'opérations préventives de révision, de contrôle et de vérification des équipements matériels et immatériels.
Dans le domaine informatique, la maintenance concerne les matériels (ordinateurs, serveurs, élément de réseau, périphériques) et les logiciels.

B. Maintenance matérielle et logicielle

1. Maintenance matérielle

La maintenance du matériel consiste à réparer ou remplacer des éléments défectueux. Elle peut être effectuée par des équipes internes ou externalisées.
La tendance est à la location de matériel qui inclut la maintenance et le remplacement par le loueur, ce qui libère l'entreprise des tâches de maintenance matérielle. De plus, les ressources informatiques sur site sont de plus en plus allégées du fait du recours à des ressources déportées dans le cadre du *cloud computing*. Cela limite les ressources matérielles nécessaires dans l'entreprise : pas ou peu de serveurs, ordinateurs basiques permettant simplement d'accéder à Internet. Ces derniers, ainsi que les imprimantes/copieurs/scanners font souvent l'objet d'un contrat de location incluant l'entretien.

2. Maintenance logicielle

En ce qui concerne les logiciels, ceux-ci peuvent provenir de différentes sources :
- développés en interne ;
- développés sur mesure par une ESN ;
- commercialisés par un éditeur.

Quelle que soit leur origine, ces logiciels peuvent être installés :
- sur le matériel installé dans les locaux de l'entreprise (*on premise*) ;
- sur le matériel dédié à l'entreprise dans les locaux d'un prestataire ;
- dans le *cloud*, en mode IaaS ou PaaS ;
- dans le *cloud* en mode SaaS.

Dans ce dernier cas, la question de la maintenance ne se pose pas puisqu'elle est incluse dans l'offre du prestataire.

Dans les trois autres cas, les logiciels dont l'objet d'une maintenance qui peut être assurée par les équipes internes ou externalisée.

C. Différentes formes de maintenance

1. Maintenance matérielle

Il existe différentes formes de maintenance.

- **Maintenance corrective** : elle consiste à intervenir pour réparer en cas de panne : changer un composant défectueux... Cela peut nécessiter un temps d'immobilisation important. La maintenance corrective peut être palliative si elle se limite à faire que le système fonctionne à nouveau ou curative si elle permet de supprimer les causes de la panne.
- **Maintenance préventive** : elle consiste à effectuer des interventions en vue d'éviter les pannes. Elle peut être systématique et consiste à changer des éléments, et remettre à neuf des appareils. Ces interventions ont lieu après une période de fonctionnement (*ex.* : tous les 6 mois), cette période étant déterminée d'après les statistiques des pannes antérieures.
- **Maintenance prédictive** : elle repose sur un suivi régulier afin d'analyser le fonctionnement du parc matériel. Le suivi s'effectue par l'analyse des données sur l'état des systèmes qui permet de déceler des anomalies et d'en déduire des mesures qui n'auraient pas pu être anticipées autrement.

2. Maintenance logicielle

Plus spécifiquement dans le cas de logiciels, la maintenance comporte principalement les dimensions qui suivent.

- **Maintenance corrective** : elle permet le traitement des anomalies liées à la conception ou à la mise en place du logiciel ; elle inclut la mise en place de correctifs publiés par les éditeurs lorsqu'il s'agit de logiciels du marché ;
- **Maintenance adaptative** : elle a pour finalité d'adapter l'application, afin qu'elle continue de fonctionner sur des versions plus récentes, voire de faire migrer l'application sur de nouveaux logiciels de base ; son objectif n'est pas de modifier les fonctionnalités mais de prendre en compte des modifications sans impact sur le contenu fonctionnel, telles que les contraintes techniques, l'ergonomie...
- **Maintenance évolutive** : elle permet d'apporter des fonctionnalités nouvelles à l'utilisateur, en fonction des évolutions de l'environnement technique, économique, social... cela reste des améliorations limitées car des améliorations de grande ampleur nécessitent une reconception, donc un nouveau projet.

Les opérations de maintenance peuvent être effectuées en interne ou par un prestataire externe. Dans ce cas elles peuvent être facturées ponctuellement, à chaque intervention, ou être comprises dans un forfait correspondant à un contrat.

Les opérations de maintenance peuvent être effectuées en interne ou par un prestataire externe. Dans ce cas elles peuvent être facturées ponctuellement, à chaque intervention, ou être comprises dans un forfait correspondant à un contrat.

2 Tierce maintenance applicative

A. Objet

Le terme « tierce maintenance applicative » (TMA) désigne la situation dans laquelle une entreprise confie la maintenance d'un ou plusieurs logiciels à un prestataire externe, entreprise de services du numérique (ESN).

C'est une forme d'**infogérance** qui se traduit par un contrat reliant l'entreprise cliente et l'ESN dans un engagement de long terme. L'objet de cette prestation est de maintenir en conditions opérationnelles, caractérisées pas des indicateurs de performance définis, tout ou partie des ressources logicielles d'une entité.
Dans une grande entreprise, le parc applicatif peut être composé de plusieurs centaines d'applications. Le recours à la TMA peut concerner un nombre limité d'applications mais le plus souvent elle porte sur l'ensemble des applicatifs. Dans ce dernier cas, l'intérêt est d'éviter des conflits en cas de difficultés impliquant plusieurs applications. Le prestataire est responsable de la cohérence d'ensemble du parc applicatif.
La TMA correspond à la fourniture d'un service spécifique, c'est-à-dire que pour chaque client, l'entreprise prestataire met en place des moyens qui lui sont dédiés exclusivement. Le prestataire est en charge de la maintenance du (des) logiciel(s). Il est responsable de la disponibilité des applications sur lesquelles porte le contrat. Il n'est pas responsable de l'usage qui est fait des logiciels et des résultats obtenus.

B. Avantages et risques de la TMA

1. Avantages

Les avantages recherchés par une entreprise qui a recours à la TMA sont :
- **bénéficier** de l'expérience et de l'expertise du prestataire pour avoir un maintien du parc applicatif dans les meilleures conditions opérationnelles avec un niveau de service optimisé ; cet avantage est particulièrement sensible lorsque la maintenance concerne une application développée par le prestataire de TMA ou un progiciel d'un éditeur avec lequel le prestataire a un partenariat ;
- **optimiser** l'utilisation des outils grâce aux apports dont peut bénéficier l'entreprise à travers ses échanges avec des professionnels extérieurs ayant connaissance des meilleures pratiques et des évolutions technologiques.
- **maîtriser** et, si possible, **réduire** les coûts de maintenance car le prestataire peut mobiliser des ressources de façon plus flexible et optimiser ses services, ce qui permet de négocier les tarifs et, en tout cas, d'en avoir une vision précise dans le cadre de la négociation contractuelle ;

- **redéployer** le personnel interne sur des tâches à plus forte valeur ajoutée (conception, évolution du SI) ou se recentrer sur l'activité principale en transférant une partie du personnel de la DSI au prestataire de maintenance.

2. Risques

Les risques de la TMA sont principalement les suivants :

- **mauvaise qualité du service** en cas de mauvaise transmission des informations de la société cliente au prestataire ;
- **dépendance vis-à-vis du prestataire** qui peut pratiquer de son côté la rétention d'information pour se rendre indispensable et préserver son chiffre d'affaires futur ;
- **difficultés de communication** entre les services de l'entreprise cliente et le prestataire pour la transmission et le suivi des demandes de maintenance entraînant des coûts, des tensions, des dysfonctionnements ;
- **retards** dans les mises à jour et les interventions liés à l'organisation du prestataire qui peut vouloir centraliser les demandes pour limiter les coûts ;
- **perte de compétences**, voire de maîtrise du SI pour l'entreprise cliente ce qui crée la possibilité de comportements opportunistes de la part des prestataires ;
- **risques sur la confidentialité** du fait de l'accès donné à des personnes extérieures que l'entreprise contrôle moins bien et qui, n'étant pas attachées à l'entreprise, peuvent être moins fiables ; de plus, la TMA peut se faire en partie à distance ce qui entraîne des risques supplémentaires d'accès non autorisé et de piratage des données.

C. Conditions de réussite

Un point essentiel est la **qualité de la communication** entre les services de l'entreprise et le prestataire de TMA. Les informations transmises doivent être détaillées dans le contrat. Cela implique une rédaction rigoureuse du contrat avec des modalités détaillées assorties de sanctions.

La société qui a recours à la tierce maintenance doit conserver une certaine maîtrise des applications informatiques et avoir les compétences pour exercer un suivi permanent de l'exécution du contrat.

Il est nécessaire d'organiser de façon rationnelle la communication entre les services de l'entreprise et le prestataire. Des agents de liaison et un organe de suivi de la prestation doivent être mis en place pour superviser le bon déroulement du contrat. L'entreprise cliente, qui est maître d'ouvrage doit conserver un chef de projet interne qui sera l'intermédiaire avec le prestataire de TMA.

Il faut également assurer la sécurité de la transmission des informations pour éviter les fuites. Le contrat doit inclure les obligations et engagements du prestataire dans ce domaine.

D. Les grandes étapes

La négociation du contrat implique la fixation du niveau de service requis par l'entreprise cliente. Ce niveau de service dépend du contexte dans lequel s'inscrit le contrat de TMA. La mise en œuvre du contrat comporte plusieurs phases.

▸ Prise en charge

L'entreprise prestataire doit prendre connaissance de l'application et de l'environnement dans lequel elle est mise en œuvre. Cette étape conditionne la suite du projet. Elle donne lieu à la négociation du plan d'assurance qualité et à la définition des indicateurs de niveau de service. Cette étape se conclut par le transfert de la responsabilité de la maintenance au prestataire.

▸ Phase de maintenance

Cette phase correspond à l'exécution du contrat. Il revient à la société de TMA de déterminer et de mettre en œuvre les actions nécessaires. Il revient au client, maître d'ouvrage, d'assurer le suivi du contrat dans le cadre des règles convenues entre les parties et sur la base des indicateurs définis au contrat.

▸ Phase de réversibilité

Cette phase doit être prévue dans le contrat. Elle intervient en cas de rupture du contrat ou de non-renouvellement. Un contrat de maintenance est un contrat pluriannuel (*ex.* : trois ans) avec une échéance qui intervient à l'issue de la durée initialement fixée, prolongée éventuellement d'une période plus courte (*ex.* : deux ans) dans le cadre d'une clause de reconduction tacite. La maintenance peut ensuite être confiée à nouveau au même prestataire ou reprise par l'entreprise cliente ou confiée à un autre prestataire.
Dans le cadre de la réversibilité, le contrat prévoit les obligations du prestataire pour permettre la mise à disposition des connaissances et des outils nécessaires à la continuité de la maintenance.

Conditions de réussite d'un projet

Les différents aspects de la gestion de projet permettent de mettre en évidence les éléments les plus déterminants de la réussite d'un projet. Celle-ci n'est jamais assurée : différents types de risques doivent être pris en compte. Le pilotage d'un projet doit d'inscrire dans une démarche de qualité. De plus tout projet est porteur de changement. La conduite du changement, en particulier dans sa dimension humaine, est un facteur clé de la réussite d'un projet.

1 Les différentes dimensions de la conduite d'un projet

A. Dimension transversale de la conduite d'un projet

1. Les actions transversales

Un projet SI comporte les phases suivantes (voir mémo 7).

- Identification et faisabilité.
- Analyse des scénarios.
- Étude détaillée.
- Réalisation.
- Déploiement.
- Exploitation et maintenance.
- Évaluation.

Ces différentes **phases** ont leur spécificité, mais il faut aussi les voir comme un processus dont la cohérence d'ensemble et la réussite dépendent d'un certain nombre de responsabilités qui s'exercent de façon transversale.

Le tableau suivant présente les rôles transversaux de la maîtrise d'ouvrage (MOA) et de la maîtrise d'œuvre (MOE).

<table>
<tr><th></th><th>Identification et faisabilité</th><th>Analyse des scénarios</th><th>Étude détaillée</th><th>Réalisation</th><th>Déploiement</th><th>Exploitation - maintenance</th><th>Évaluation</th></tr>
<tr><td rowspan="4">MOA</td><td colspan="7">Pilotage stratégique (définition des objectifs, mise en place des ressources, évaluation)</td></tr>
<tr><td></td><td colspan="5">Conduite du changement</td><td></td></tr>
<tr><td></td><td></td><td colspan="4">Relations avec les parties prenantes</td><td></td></tr>
<tr><td></td><td></td><td colspan="4">Suivi du pilotage opérationnel du projet et post-projet</td><td></td></tr>
<tr><td rowspan="4">MOE</td><td></td><td></td><td colspan="3">Planification, reporting</td><td></td><td></td></tr>
<tr><td></td><td></td><td colspan="4">Assurance qualité</td><td></td></tr>
<tr><td></td><td></td><td colspan="4">Pilotage opérationnel : coordination, animation des équipes</td><td></td></tr>
<tr><td></td><td colspan="6">Participation à la gestion du changement</td></tr>
</table>

Toujours — Suivant cahier des charges et périmètre du projet

▲ Figure 1 : Les actions transversales

Actions transversales relevant de la maîtrise d'ouvrage

- **Pilotage stratégique** : le chef de projet MOA fixe les objectifs, décide de l'allocation des ressources, effectue un suivi en concertation avec la MOE, organise l'évaluation et le retour d'expérience.
- **Conduite du changement** : La conduite du changement doit intervenir dès le début du projet. Elle comporte une grande part de communication mais aussi implique d'associer les utilisateurs au projet à toutes les phases.
- **Relations avec les parties prenantes** : la MOA doit s'assurer des bonnes relations entre l'ensemble des acteurs du projet : équipes projet, salariés de la DSI, directions métiers, intervenants extérieurs salariés de l'entreprise et des entreprises extérieures... Ces relations font l'objet de contrats avec les partenaires mais aussi en interne même si dans ce dernier cas ce n'est pas une obligation (voir mémo 16).
- **Suivi du pilotage opérationnel du projet et post-projet** : la MOA effectue des tâches d'audit et de contrôle, reçoit les comptes rendus de la MOE, prend les décisions qui touchent aux enjeux fondamentaux du projet (modifications du budget, du planning...).

Actions transversales relevant de la maîtrise d'œuvre

- **Pilotage opérationnel** : la MOE est en charge des tâches d'exécution, d'animation, de contrôle en application du cahier des charges.
- **Accompagnement du changement** : la MOE contribue à la conduite du changement en appui de la MOA.
- **Planification, reporting** : la MOE traduit les objectifs définis par la MOA en plan de travail et rend compte de l'avancement du projet au fur et à mesure, dans les formes définies initialement.
- **Assurance qualité** : la maîtrise de la qualité implique la définition du **plan d'assurance qualité (PAQ)**, puis constitue une activité continue jusqu'à la fin du projet.

2. Assurance qualité

L'Afnor définit la qualité comme « l'ensemble des propriétés et caractéristiques d'un produit ou service, qui lui confèrent l'aptitude à satisfaire des besoins exprimés ou implicites ».

Le maître d'œuvre doit définir les dispositions qu'il envisage de prendre pour répondre aux exigences de qualité dans un **plan d'assurance qualité**. La démarche qualité doit accompagner tout le déroulement du projet.

Le PAQ définit l'ensemble des relations MOA-MOE concernant la surveillance des dispositions nécessaires à l'obtention de la qualité. Cela implique des réunions régulières pour faire le point sur l'avancement du projet.

Le PAQ est un document énonçant les modes opératoires, les ressources et la séquence des activités liées à la qualité. Il s'agit d'un outil de clarification entre la maîtrise d'œuvre et la maîtrise d'ouvrage. Le plan d'assurance qualité contient généralement :

- les conditions d'acceptation de chaque résultat ;
- les modalités de contrôle ;
- les éléments de planification ;
- l'organisation des équipes ;
- les éléments de relations entre acteurs (rôles, responsabilités...) ;
- les méthodes, normes et outils utilisés.

Pour assurer la qualité, les équipes projet s'appuient sur des référentiels de gestion de projet. Les plus utilisés pour gérer les projets système d'information sont CMMI (*Capability Maturity Model Integration*), PMI (*Project Management Institute*) et COBIT (*Control Objectives for Business and related Technology*).

Le système mis en place à l'issue de la phase de réalisation doit pouvoir évoluer. Il doit donc être compréhensible par ceux qui seront en charge de sa maintenance. Pour cela, il est indispensable de documenter et commenter les travaux effectués ainsi que les programmes mis en place.

La définition et le respect de règles, spécifiées par le plan d'assurance qualité, permettent d'assurer un cadre et des exigences minimales.

3. Un référentiel de bonnes pratiques pour les projets

CMMI (*Capability Maturity Model Integration* : modèle intégré du niveau de maturité), est un référentiel d'évaluation de la capacité à gérer et terminer un projet correctement, basé sur des bonnes pratiques liées à la gestion et au développement de projets. Ces bonnes pratiques sont regroupées en 24 processus, eux-mêmes regroupés en 4 types (*Process Management, Project Management, Engineering et Support*).

Le modèle CMMI définit cinq niveaux de maturité regroupant chacun un sous-ensemble de processus, ainsi que les indicateurs nécessaires pour évaluer les activités menées par une équipe. À ces processus, correspondent des meilleures pratiques que l'entreprise doit mettre en œuvre avec succès pour prétendre passer au niveau de maturité suivant.

Niveaux de maturité CMMI	
Niveaux	Description
Niveau 1 : Initial (*Initial*)	Au niveau le plus bas, l'organisation n'est pas prête, et le projet pas stable. L'aboutissement du projet dépend des capacités de quelques personnes. Il n'y a pas de surveillance, aucune évaluation de performance et la communication est absente. Il y a une forte probabilité de dépassement de budget et de non-respect des délais.

Niveaux	Description
Niveau 2 : Discipliné (*Managed*)	Une gestion de projet basique est mise en place qui se concrétise essentiellement par des plans (plan de développement, d'assurance qualité, de gestion de configuration, etc.). Le chef de projet a une forte responsabilité. D'un projet à l'autre, il capitalise et améliore ses pratiques. Le projet est géré selon les plans, avec étapes-clés et vérification des coûts et des fonctionnalités.
Niveau 3 : Ajusté (*Defined*)	L'amélioration se situe au niveau de l'ensemble de l'organisation, avec un référentiel interne, une standardisation des pratiques et une capitalisation des connaissances. Il existe des lignes directrices et une planification de l'amélioration de processus pour le futur, en ligne avec les objectifs stratégiques.
Niveau 4 : Maîtrisé (*Quantitatively managed*)	Les efforts de gestion permettent un contrôle des objectifs quantitatifs et qualitatifs, avec capacité d'ajuster et d'adapter le déroulement des projets. Les attentes du client sont prises en compte pour établir les objectifs du projet et le planifier en tenant compte des capacités de l'organisation.
Niveau 5 : en voie d'optimisation (*Optimizing*)	Les processus sont en optimisation constante afin d'anticiper les évolutions prévues (besoins clients, nouvelles technologies...). Les objectifs sont revus en permanence pour rester proches des besoins du marché. Les évolutions sont anticipées et gérées de bout en bout.

Idéalement, la gestion de projets au sein de l'organisation est censée monter de niveau au fur et à mesure du temps. Plus le niveau est grand, moins il y a de risques et meilleure est la performance des projets.

Pour réussir une **démarche d'amélioration**, il est essentiel notamment de passer par les étapes suivantes :

- l'appropriation, par l'équipe projet, du modèle d'architecture et des meilleures pratiques du référentiel CMMI ;
- l'adaptation ou la construction du référentiel CMMI de l'entreprise à partir de la déclinaison du référentiel CMMI, compte tenu des exigences propres de l'organisation et de ses meilleures pratiques ;
- la définition d'un plan de communication pour la mise en œuvre de ce référentiel ;
- la formation des équipes projets au référentiel ;
- le déploiement du référentiel CMMI de l'entreprise.

2 Conduite du changement

A. Le changement a plusieurs dimensions

Déployer un nouveau système de gestion implique le plus souvent une modification profonde des structures, procédures et relations entre les acteurs au sein d'une organisation, en vue d'améliorer durablement son fonctionnement. Ce nouveau système implique donc un changement.

Pour le réussir, il faut agir **conjointement à deux niveaux** :

- **les personnes** (information, motivation, formation, animation, suivi) ;
- **les structures** (organisation, procédures, documents, données, méthodes).

Ne prendre en compte que la dimension humaine est un frein à l'optimisation de l'utilisation des ressources. Agir au seul niveau de l'organisation ne permet pas **l'appropriation du changement** par la population concernée (**École sociotechnique**).

Les trois principaux facteurs qui vont permettre de mesurer l'aptitude de l'organisation à mener à bien le changement sont :

- la **volonté politique et stratégique** de l'équipe de direction ;
- un **environnement interne** propice à cette mutation ;
- une **gestion de projet** basée sur un processus de contrôle permanent.

B. Résistance au changement

Tout changement par rapport à une situation existante est perçu comme une perturbation puisqu'il remet en cause les modes de fonctionnement habituels. Cela a pour conséquence qu'il est difficile de faire évoluer une organisation car la mise en place de nouvelles règles est contrariée par le maintien des habitudes et il y a toujours de bonnes raisons pour justifier de ne pas changer.

Chaque changement est générateur de doutes et d'inquiétudes pour les personnes concernées : Quelle va être ma place dans la nouvelle organisation ? Comment mes compétences et mon travail seront-ils reconnus dans cette nouvelle structure ? De ce fait, l'inquiétude engendrée par la perspective d'un changement peut conduire à des phénomènes de rejet de la part de ceux qui craignent une perte de leur pouvoir ou qui se sentent menacés dans leur emploi qui pourrait disparaître ou devenir plus complexe.

Il faut une véritable opération de promotion du changement dont l'objectif est de convaincre le personnel des aspects bénéfiques de la mutation envisagée, et de lever les préventions.

Les attitudes face au changement peuvent être analysées suivant deux dimensions :

- l'énergie développée par rapport au projet ;
- l'attitude face au changement proposé.

	Très impliqués	Peu impliqués
Favorables au projet	Les engagés	Les suiveurs
Opposés au projet	Les opposants	Les passifs

La gestion du changement nécessite d'identifier les différents groupes d'acteurs et de communiquer de façon appropriée pour faire évoluer leur attitude positivement.

▸ Les engagés

Ils sont favorables au projet et se sentent concernés. Il s'agit de les encourager il s'agit de s'appuyer sur eux pour entraîner les autres. Ils peuvent être acteurs du projet (comité utilisateurs) et personnes-ressources dans la phase de mise en œuvre.

▸ Les opposants

Ils sont hostiles au changement proposé, soit par refus de tout changement, soit parce qu'ils adhèrent à un contreprojet. Il est essentiel d'établir un dialogue pour rechercher un accord et convaincre, ce qui peut conduire à faire évoluer le projet.

▸ Les suiveurs

Ils ne sentent pas vraiment concernés mais acceptent l'idée du changement. Il faut les motiver en leur donnant des raisons de s'impliquer. Il est important de s'occuper d'eux pour éviter qu'ils ne deviennent des opposants.

▸ Les passifs

Ils ne sont pas favorables au changement mais ne sont pas forcément prêts à s'engager pour s'y opposer. L'enjeu est de lever leurs préventions, donner du sens au changement pour limiter leur opposition, voire en faire des alliés.

Ainsi, une étape essentielle de la conduite du changement consiste à faire dès le départ une cartographie des attitudes des personnes concernées de façon à avoir une communication adaptée à chaque catégorie et un suivi de la répartition des acteurs entre ces différents groupes.

Pour réussir le changement, il est indispensable d'actionner trois leviers :

- La **communication** pour donner du sens et faire évoluer l'état d'esprit des utilisateurs afin qu'ils s'engagent dans le changement.
- La **formation** permet aux utilisateurs d'acquérir les compétences nécessaires au fonctionnement du nouveau système.
- L'**accompagnement** en s'appuyant sur des personnes-ressources (utilisateurs clés qui ont participé au projet), en mettant en place une plate-forme d'assistance dédiée, un centre d'expertise...

C. Le changement selon Lewin

Kurt Lewin (**École des relations humaines**) a mis en évidence **trois phases du changement**.

- **Dégel** ou **décristallisation** (*unfreezing*) : par une démarche de communication, faire prendre conscience à tous que la situation actuelle n'est pas satisfaisante.
- **Mouvement** ou **transition** (*moving*) : transformations et mise en place de nouveaux comportements. Au cours de cette phase, la direction doit veiller à la prise en compte des différents acteurs concernés.
- **Regel** ou **recristallisation** (*refreezing*) : il s'agit d'intégrer le changement et de l'ancrer définitivement par l'adoption de nouveaux comportements et attitudes.

L'accompagnement et la formation des utilisateurs facilitent l'appropriation de nouvelles pratiques.

Lewin souligne que la première phase de dégel et la troisième phase de stabilisation sont souvent négligées.

La démarche est la suivante :
- sensibiliser, montrer la nécessité du changement ;
- afficher des objectifs clairs, une date finale ;
- mettre en évidence les liens avec la stratégie de l'entreprise ;
- permettre à chacun de forger sa vision et son projet face au changement ;
- accompagner.

Cette démarche doit inclure des mesures visant à recueillir l'adhésion des salariés en termes de communication, mais aussi d'amélioration des conditions de travail, voire de perspectives de carrière et de rémunération.

La direction doit analyser les motifs de résistance au changement de manière à adapter sa communication. Le premier axe de communication concerne les arguments de légitimation du changement.

La réussite du changement nécessite que **plusieurs conditions** soient réunies :
- une situation difficile ressentie par tous qui légitime la recherche de solutions ;
- la possibilité de procéder à des changements : la légitimité et l'engagement de la direction sont des conditions nécessaires ;
- l'existence de solution(s) applicable(s) ou de modèles ayant déjà fait leurs preuves.

3 Gestion des risques

A. Analyse des risques

1. Définition

Le **risque** correspond à la possibilité de survenance d'un événement indésirable pouvant mettre en cause la réalisation du projet conformément aux objectifs. Contrairement à l'incertitude, le risque est modélisable. L'incertitude caractérise des événements non définis ou dont on ne peut pas mesurer la probabilité de survenance. On parle de risque lorsque l'on peut décrire différentes situations envisageables et leur associer une probabilité.

L'origine des risques peut être :
- extérieure à l'entreprise : risques exogènes, sur lesquels elle a peu de prise ;
- interne à l'entreprise : risques endogènes qui dépendent en partie d'elle.

Le **management du risque** conduit à l'examen critique de l'ensemble du projet dans le but de repérer et d'évaluer les évènements susceptibles de perturber le déroulement du projet.

2. Nature des risques

Risques endogènes

- Expression des besoins : le besoin à l'origine du projet a été mal défini.

- Spécifications : les solutions envisagées pour répondre au besoin ne sont pas appropriées ou irréalistes.
- Organisation équipes projet : l'équipe projet n'est pas adaptée en taille, niveau de compétence, expérience...
- Conduite du projet : la structuration de l'équipe projet, la définition des responsabilités, les modalités de pilotage ne sont pas appropriées.
- Relations fournisseurs : maîtrise insuffisante de l'intervention des fournisseurs.
- Rejet des utilisateurs : le projet n'est pas accepté.

Risques exogènes

Les risques exogènes trouvent leur origine dans l'**environnement** au sens large.

- Décisions politiques.
- Contexte socioéconomique.
- Changements technologiques.
- Aléas naturels.
- Modifications réglementaires.

3. Niveau de risque

Le niveau de risque dépend des **caractéristiques intrinsèques du projet** :

- Taille : plus le projet est important, plus il y a de risques.
- Degré d'intégration : correspond aux interactions entre le projet et les autres composantes du SI.
- Difficulté technique : accroît le risque de maîtrise insuffisante des technologies mises en œuvre.
- Durée : la durée du projet augmente l'exposition aux risques.
- Stabilité équipe projet : de trop nombreux changements de personnes perturbent la continuité de l'expérience ; ce facteur va de pair avec la taille et la durée du projet mais dépend aussi de la cohésion et de la motivation des équipes.

B. Gérer les risques

1. Criticité

Mesurer le risque

Évaluer ou quantifier un risque consiste, pour chaque risque, à :

- mesurer sa probabilité d'occurrence sur une échelle :
  1 : très peu probable
  2 : rare, peu probable
  3 : risque occasionnel, peut se réaliser
  4 : risque fréquent, a de fortes probabilités de se réaliser
- évaluer la gravité des conséquences en cas de survenance :
  1 : conséquences mineures, insignifiantes
  2 : conséquences sans gravité (courte durée, faible coût)
  3 : conséquences significatives (en coûts, délais...)
  4 : conséquences importantes, catastrophiques, qui peuvent mettre en question l'ensemble du projet

- évaluer la **déterminabilité**, qui dépend des possibilités de détection et d'évaluation :
1 : risque facilement détectable et identifiable avec précision
2 : risque détectable mais dont les conséquences sont en partie inévitables
3 : risque faiblement ou tardivement détectable
4 : risque dont la détection est très improbable

La **criticité** est calculée par le produit des trois facteurs : probabilité d'apparition (P) ; gravité (G) ; déterminabilité (D).

C = P × G × D

Interprétation : pour une criticité inférieure à 12, le risque est mineur ; pour une criticité supérieure ou égale à 12, le risque est fort...

En fonction de la criticité du risque et du coût associé, l'entreprise décide de l'attitude à adopter face au risque.

▸ Se positionner

Les **attitudes possibles** sont :
- **éviter** : décider de ne pas prendre le risque et renoncer ;
- **transférer** : faire supporter le risque par un tiers (fournisseur, client, assureur, etc.)
- **limiter** : prendre des mesures pour réduire la probabilité de survenance ou les conséquences ;
- **assumer** : supporter le risque ou le risque résiduel et se préparer à gérer les conséquences de sa survenance.

2. Prévention

Différents types de mesures de prévention sont susceptibles de limiter les risques.

▸ Planification

- **Méthodologie** : mise en œuvre d'une méthodologie rigoureuse de gestion de projet.
- **Fractionnement** : diviser le projet en sous-projets pour réduire la complexité et augmenter le degré de maîtrise.

▸ Structuration

- **Définition des rôles** : choix des personnes et attribution précise des responsabilités lors de la composition de l'équipe projet.
- **Réunions régulières** : mise en place d'une gouvernance du projet et de modalités de pilotage.

▸ Facteur humain

- **Motivation équipes projets** : le projet doit avoir du sens pour ceux qui y participent.
- **Prise en compte des utilisateurs** : le projet doit s'inscrire dans une vision orientée « client » en associant les utilisateurs.

▸ Contractualisation

- **Clients** : les engagements doivent être définis par contrat avec le client interne ou externe.
- **Fournisseurs** : la qualité de la relation avec les fournisseurs est indispensable.

MÉMO 10 Management des connaissances

Le fonctionnement des organisations génère des connaissances. Le SI est en lui-même objet et source de connaissances. Il est aussi le cadre dans lequel va s'organiser la gestion des connaissances pour développer l'apprentissage organisationnel. Le développement des technologies de l'information apporte de nouveaux outils pour améliorer l'efficacité des organisations dans ce domaine, même si la dimension humaine reste fondamentale.

1 Cadre conceptuel

A. Définition

La **connaissance** est le fait de connaître, savoir ce qui est, disposer d'informations sur la réalité qui nous entoure mais aussi maîtriser ces informations, les comprendre et les relier entre elles de façon cohérente.
Le **management des connaissances** (***knowledge management***) consiste à fournir la bonne information à la bonne personne au bon moment pour qu'elle puisse prendre la bonne décision.

Cette démarche implique une **capitalisation des connaissances** afin de les conserver dans la durée pour les faire fructifier. L'information résulte des observations enregistrées sous forme de données brutes et mises en perspective, organisées en lien avec l'expérience acquise. Il s'agit de mettre en place une **mémoire collective**, pour que ces connaissances soient à la disposition de tous en fonction des besoins (voir mémo 1).

B. Difficultés à surmonter

La difficulté est d'organiser cette démarche car la réalité oriente principalement les préoccupations vers l'immédiat. De plus, il y a souvent un cloisonnement des activités, voire des rivalités, qui sont un obstacle à la communication et au partage des connaissances.
Il existe au sein de toute organisation une concurrence entre individus, entre groupes, pour obtenir plus d'avantages. Celui qui détient une information, un savoir, peut avoir tendance à le conserver pour lui, en pratiquant la **rétention d'information**.
Comme l'ont montré **Crozier et Friedberg**, la maîtrise d'une zone d'incertitude est source de pouvoir. C'est pourquoi le partage des connaissances ne peut se réaliser que dans le cadre d'une démarche volontariste qui implique toute l'organisation.

C. Nature des connaissances

La connaissance peut prendre différentes formes.

- Les **savoirs** sont des connaissances formalisées, explicites par nature.
- Les **savoir-être** sont des comportements qui constituent une façon de réagir dans des situations données, ils sont difficiles à formaliser.
- Les **savoir-faire** sont la combinaison des deux, l'aptitude à mettre en œuvre les savoirs dans un contexte donné de façon appropriée.

La gestion des connaissances est l'ensemble des moyens et procédures permettant de créer, stocker, diffuser et appliquer les connaissances utiles dans une organisation. Celles-ci constituent un patrimoine immatériel qu'il faut entretenir et valoriser.

D. Savoirs tacites et savoirs explicites

Dans *The knowledge-Creating Company*, I. Nonaka et H. Takeuchi mettent en évidence que la connaissance se présente sous deux formes : une forme tacite et une forme explicite.
Les **connaissances explicites** sont inscrites sur un support externe (procédures, dossiers, comptes rendus, bases de données, systèmes experts). C'est la connaissance formalisée et transmissible. Elle est accessible à tous ceux à qui elle peut être utile, à condition de mettre en place les outils nécessaires.
Les **connaissances tacites** appartiennent aux individus. Ce sont des connaissances non formalisées et difficilement transmissibles. Ce sont les compétences, les expériences, le savoir-faire, qui se transmettent de personne à personne par une pratique commune. Les connaissances tacites sont liées à la personne qui les détient. Il y a un risque de perte si la personne s'en va.
Cette distinction permet d'analyser la transmission des connaissances suivant **quatre modalités**.

- **Socialisation** (tacite vers tacite) : transmission de connaissances tacites détenues par les individus directement par l'observation.
- **Externalisation** (tacite vers explicite) : les connaissances sont explicitées chaque fois que l'on prend le temps de les formaliser et de les inscrire sur un support extérieur.
- **Internalisation** (explicite vers tacite) : les connaissances deviennent tacites lorsqu'une personne se les approprie ce qui est indispensable pour les maîtriser.
- **Combinaison** (explicite vers explicite) : la combinaison est un processus dynamique de création de connaissances explicites à partir de la mise en relation et en perspective des connaissances collectées.

	Connaissance	
Savoirs	individuelle	collective
explicites	Externalisation : tacite vers explicite	Combinaison : explicite vers explicite
tacites	Socialisation : tacite vers tacite	Internalisation : explicite vers tacite

2 Méthodologie

A. Recueillir et stocker

Le management des connaissances implique un ensemble d'actions et de procédures destinées à amplifier l'accumulation de connaissances dans les organisations et à faciliter leur utilisation.
Capitaliser des connaissances consiste à les repérer, à savoir les identifier, les localiser et à les préserver c'est-à-dire les formaliser et les conserver.
L'accumulation des connaissances se joue d'abord au niveau des personnes en leur permettant d'acquérir de nouveaux savoir-faire et d'élever leur niveau de compétence. La **formation** joue ici un rôle important. Cela implique également la mise en place de conditions favorisant le partage des expériences, la discussion et l'échange. Ces conditions dépendent largement du type de management et de la **culture d'entreprise**.
La gestion des connaissances ne se joue pas seulement au niveau des individus, c'est un processus social qui nécessite une organisation adaptée, un management qui favorise les échanges. Il nécessite la participation de tous, soutenue par l'implication des responsables à tous les niveaux.

B. Accéder et exploiter

La démarche doit aussi permettre d'actualiser les connaissances, de les enrichir en permanence par de nouveaux apports ou en les recombinant. L'objectif est de les mettre au service d'une meilleure efficacité. Elles doivent donc être accessibles c'est-à-dire compréhensibles et disponibles facilement pour tous ceux qui en ont besoin.
Le management des connaissances s'appuie sur un système d'information performant et convivial qui donne à chaque acteur la possibilité d'accéder et de partager facilement et rapidement le plus d'informations possible.
L'évolution des technologies de l'information fait que celles-ci sont passées du stade d'outil permettant d'automatiser des tâches de gestion répétitives à faible valeur ajoutée à celui de systèmes de gestion et **systèmes interactifs d'aide à la décision** (SIAD, voir mémo 2). Parallèlement, ces technologies ne concernent plus seulement les opérationnels mais aussi les cadres de tous niveaux et les dirigeants.

C. Apport des TI

La dimension humaine est essentielle dans la gestion des connaissances. Cependant, des outils peuvent aider et les **technologies de l'information** en fournissent, qui sont de plus en plus performants.
Il existe de nombreuses solutions informatiques qui supportent le processus de gestion des connaissances. Ces technologies peuvent être divisées en deux catégories :
- les **outils collaboratifs**, qui permettent la création de nouvelles connaissances et leur partage : recueillir, partager ;

- les **outils de gestion** qui permettent de conserver, d'organiser et d'exploiter les connaissances existantes : organiser, exploiter.

Toute application qui permet de traiter des informations sous forme de données peut être considérée comme un outil de gestion des connaissances. De plus, il existe des outils plus spécifiquement dédiés à cet usage, dont le tableau suivant donne quelques exemples.

Démarche	Exemples
Recueillir	**Fiches de retour d'expérience** : conserver une trace de ce qui est fait **RSS** (*Really Simple Syndication*) : recevoir des flux de données provenant de sites web auxquels on s'abonne
Organiser	**Entrepôts de données et lacs de données** : stockage de grandes quantités de données peu structurées **FAQ** (*Frequently Asked Questions* ou foire aux questions) : informations organisées sous forme de questions-réponses **GED** (gestion électronique de documents) : outils de stockage de documents numériques permettant une recherche plus rapide et efficace **Annuaires électroniques** : identification des experts et personnes ressources au sein d'une organisation
Partager	**Forums** : outils d'échanges en ligne organisés par thèmes **Cartographie** (*mindmapping*, cartes perceptuelles) : méthode visuelle pour présenter et organiser des idées en les reliant entre elles **Wiki** : site web collaboratif auquel l'utilisateur peut apporter des modifications pour construire une base de connaissances structurée et partagée **RSE** (réseau social d'entreprise) : outil d'échange et de partage sur le modèle des réseaux sociaux, mais privé **TBI** (tableau blanc interactif) : écran tactile permettant de visualiser en groupe des documents et de les modifier en direct **MOOC** (*Massive Online Open Courses*) : cours en ligne massivement ouvert, cours interactif diffusé *via* Internet que l'on peut suivre à son rythme, offrant la possibilité de s'évaluer et pouvant déboucher sur une certification
Exploiter	**Systèmes experts** : programmes interactifs qui visent à reproduire le raisonnement d'un expert en s'appuyant sur une base de connaissances, composée de faits et de règles de raisonnement **Intelligence artificielle** (IA) **Outils d'extraction** : outils permettant la recherche d'informations dans des ensembles de données structurés ou non structurés ***Groupware*** (logiciel de groupe de travail) : logiciel permettant à un groupe d'utilisateurs de travailler en collaboration sur un même projet sans être nécessairement au même endroit **Moteur de recherche interne** : permet de mieux exploiter les ressources de l'Intranet et d'Internet, tout en distinguant l'un de l'autre

MÉMO 11 Enjeux de l'intégration

L'évolution des besoins des organisations pose le problème de l'intégration des applications. Les technologies se sont développées et ont atteint un niveau de maturité avancé. Cela a permis de mettre en œuvre une démarche d'intégration qui peut prendre différentes formes. Les PGI se sont imposés comme principale réponse à ce besoin d'intégration.

1 Caractéristiques des progiciels de gestion

A. Progiciels de comptabilité

Fonctionnalités

Le Système de Gestion comptable assure l'enregistrement des opérations et le suivi de la situation de l'entreprise à travers les différents comptes de bilan et les éléments du compte de résultat.
Chaque événement (achat, vente, règlement, etc.), est enregistré chronologiquement dans un journal et simultanément dans les comptes correspondants.
À la fin de chaque exercice, on établit les documents comptables de synthèse : le bilan, le compte de résultat et l'annexe.
Dans un premier temps, les progiciels comptables ont reproduit le déroulement des tâches du processus manuel en intégrant les trois approches : journal / Grand-livre / documents de synthèse.
Progressivement sont venus se greffer en amont des fonctions avancées de saisie et de génération automatique des écritures, et en aval le suivi et l'analyse des comptes, ainsi que l'établissement des déclarations fiscales et sociales, des outils de recherche, des tableaux de bord, etc.
Techniquement, le fonctionnement des progiciels a été amélioré avec le remplacement d'une multitude de fichiers par des bases de données relationnelles. Cela a permis d'accélérer les traitements et d'améliorer les temps de réaction.

B. Aspects réglementaires

1. Cadre général

Le plan comptable prend en compte la tenue de comptabilité sur informatique dans la description des règles à respecter pour satisfaire à l'obligation faite à tous les commerçants de tenir une comptabilité sincère et probante.
Le Livre des procédures fiscales du Code général des impôts a été modifié à plusieurs reprises pour prendre en compte l'évolution des technologies de l'information. L'administration fiscale a précisé les conditions que doit remplir une comptabilité informatisée pour être recevable lors d'un contrôle fiscal.
Une comptabilité informatisée, **sincère, régulière et probante**, doit présenter les caractéristiques suivantes :

- **intangibilité des écritures après validation** : la validation doit rendre impossible toute modification ou suppression d'une écriture comptable et conserver sa date

de validation, ainsi que la référence à la pièce justificative qui l'appuie ; le logiciel utilisé doit permettre la mise en œuvre d'une telle procédure de façon fiable ;
- **numérotation chronologique** : les documents justificatifs des écritures comptables, qui peuvent être sous forme numérique, doivent être identifiés, numérotés et datés dès leur établissement par des moyens offrant toutes garanties en matière de preuve ;
- **permanence du chemin de révision** : il doit être possible de reconstituer, à partir des pièces justificatives des données entrées, les éléments des comptes et états qui ont été impactés, ou, à partir de ces comptes et états, de retrouver ces données et les pièces justificatives.

2. Présentation des données comptables

Dès lors que la comptabilité a été établie grâce à un système informatique, elle doit être conservée et présentée aux agents de l'administration sur support informatique. Ces fichiers peuvent faire l'objet de tris, de classements ou de tous calculs à l'initiative de l'administration fiscale, sous réserve d'informer le redevable de la nature des investigations effectuées.

La procédure d'archivage, qui intervient lors de la clôture de l'exercice ou de la période comptable, doit être distinguée de la procédure de sauvegarde. En effet, la sauvegarde est réalisée dans le cadre de l'environnement informatique propre au système et selon un format spécifique qui peut être propriétaire. Une sauvegarde est donc réalisée dans le logiciel d'origine et ne peut être restaurée qu'à l'aide de ce dernier, alors qu'une procédure d'archivage doit générer des fichiers exploitables indépendamment du logiciel utilisé pour traiter les données. Cet objectif peut être atteint par l'utilisation de formats de fichiers standards (TXT, CSV, XML, etc.).

La procédure d'archivage doit donner date certaine aux documents et données pour une période. La date de création du fichier archive doit donc être enregistrée, de façon sûre et non modifiable, par un système d'horodatage associé à une signature électronique et validé par un tiers de confiance.

3. Le fichier des écritures comptables (FEC)

Les entreprises soumises à une obligation de tenue de comptabilité et qui le font sous forme informatisée doivent remettre, lors d'un contrôle, un **fichier des écritures comptables** (FEC) sous peine de sanctions. Le vérificateur peut ainsi soumettre l'ensemble des écritures à une analyse de cohérence à l'aide de logiciels d'analyse de données.

Le fichier doit respecter des règles précises en ce qui concerne son contenu et sa structure. Il comprend 18 à 22 champs dans un ordre défini. Il doit être dans un format standard, non spécifique à un progiciel particulier.

Il existe donc deux obligations distinctes :
- une obligation comptable édictée par le Code de commerce et par le plan comptable général. Il s'agit de l'archivage des fichiers issus de la comptabilité informatisée (journaux, grand livre, etc.) qui constituent l'original de la comptabilité ;

- une obligation fiscale de présentation du FEC en cas de contrôle fiscal. Ce fichier peut être créé à deux époques :
- systématiquement tous les ans, à un moment le plus près possible de la clôture fiscale de la comptabilité. Dans ce cas, il conviendra d'en organiser l'archivage ;
- ou à défaut, lors de la survenance du contrôle fiscal (génération des FEC de 3 ou 4 années simultanément).

Ce fichier contient l'ensemble des données comptables figurant dans le système informatisé de l'entreprise.

Le FEC peut aussi être un outil pour l'entreprise. En rapprochant le FEC d'autres fichiers, il est possible d'effectuer des contrôles. Cela permet d'améliorer la qualité des processus comptables et de renforcer le contrôle interne. Les logiciels d'analyse de données peuvent être utilisés pour effectuer des traitements plus complexes pour obtenir des informations ou détecter des anomalies.

C. Autres progiciels de gestion

Des progiciels spécialisés fournissent des solutions pour les autres systèmes de gestion, soit en couvrant la totalité du périmètre, soit en ne couvrant qu'une partie seulement :

- Gestion des achats : gestion des demandes d'achat, sélection des fournisseurs, etc.
- Gestion de la production : définition des produits, définition des gammes de fabrication, ordonnancement, lancement, gestion des stocks, etc.
- Gestion commerciale : prévisions commerciales, gestion du catalogue, support des actions de promotion, etc.
- Gestion logistique : gestion des expéditions, pilotage du transport, gestion des retours, etc.
- Gestion des ressources humaines : paie, dossiers individuels, recrutement, gestion prévisionnelle des emplois et des compétences (GPEC), etc.
- Gestion des actifs : inventaire des immobilisations, gestion du travail, gestion des services, gestion des contrats, gestion du matériel, etc.

L'ensemble de ces systèmes de gestion fait l'objet d'une intégration de plus en plus poussée aboutissant à la notion de système d'entreprise.

2 Caractéristiques et mise en œuvre de l'intégration

A. La démarche d'intégration

1. Les problèmes liés à l'hétérogénéité des SI

Le processus d'informatisation des systèmes de gestion qui composent le SI a d'abord conduit à la mise en place de logiciels conçus séparément par des développeurs différents (internes, ESN, éditeurs) à des époques différentes.

Il est arrivé un moment où les entreprises ont été confrontées à une grande hétérogénéité de leur SI. Pour certaines entreprises, cela peut représenter plusieurs dizaines ou plusieurs centaines d'applications.

L'hétérogénéité des SI pose de nombreux problèmes :

- Applications non interopérables : des saisies multiples des données sont nécessaires car les applications ne peuvent pas communiquer ; cela entraîne des pertes de temps et multiplie les risques d'erreurs.
- Absence de référentiel commun des données : redondances, incohérences.

ex : *Un même client peut être enregistré dans plusieurs bases de données, parfois sous différents noms : société Untel, Untel SA, SA Untel, etc.*

- Présentation différente des applications : difficultés pour passer d'une application à l'autre ; acquisition d'automatismes contrariée ; cela entraîne des ralentissements.
- Incohérence des données issues de différentes applications : nécessité d'expliquer les écarts.

ex : *Rapprocher les stocks issus des données de production avec les achats et les ventes enregistrés en comptabilité.*

- Faible productivité dans le traitement de l'information : les différentes étapes d'un processus sont dissociées.

ex : *Cela peut entraîner des délais d'enregistrement à certaines étapes, des retards de facturation.*

- Manque de disponibilité des données : les saisies multiples en temps différé impliquent que les données ne sont pas actualisées en temps réel.

2. Les solutions possibles

Le besoin d'échanges entre applications et de cohérence peut être satisfait par la construction d'interfaces mais cela a un coût et accroît la complexité du système.
Face à ces problèmes, deux types de démarches sont alors envisageables :

- La première consiste à réorganiser le système existant dans une démarche d'unification (*cf.* urbanisation, Mémo 4).
- La seconde consiste à mettre en place un système unique et intégré couvrant l'ensemble des besoins.

Cependant, ces deux démarches ne sont pas inconciliables. Un PGI ne couvre pas toujours l'ensemble du SI et son installation peut s'accompagner d'une démarche d'urbanisation.
Une autre solution serait d'aller vers une standardisation plus poussée des applications du marché pour les rendre interopérables. C'est peut-être vers cela que pourrait tendre à terme le développement de l'informatique en nuage (*cloud computing*) qui pousse à une plus grande standardisation des modes de fonctionnement des applications.

3. De MRP à ERP

La démarche progressive d'intégration a démarré autour du cycle d'exploitation. Il s'agit de coordonner la production avec les prévisions de ventes et de définir, au niveau des achats, les besoins en matières premières et composants.

Cette exigence de synchronisation a engendré le concept de *Material Requirements Planning* (**MRP**) ou **Planification des Besoins en Composants, puis de** *Manufacturing Resources Planning* (**MRP2**) ou **Planification des ressources de production**. Dans cette logique, le calcul des besoins est réalisé à partir des prévisions de production, elles-mêmes établies à partir de prévisions de ventes.

Cela s'avère d'autant plus nécessaire dans un contexte de flux tendus. Mais cela ne suffit pas car le besoin de coordination et d'unification des systèmes de gestion s'étend à tous les domaines.

En poussant la logique de l'intégration, on passe de MRP à l'*Enterprise Resource Planning* ; d'où le sigle **ERP** traduit en français par **Progiciel de Gestion Intégré (PGI)**.

L'ERP/PGI est l'aboutissement d'une double démarche d'intégration :

- Un premier niveau d'intégration est celui des processus dans chaque Système de Gestion.
- Un second niveau est celui de l'intégration des processus à l'échelle de l'entreprise, dans le cadre de *workflows* (flux de travaux) qui reproduisent les processus transversaux qui impactent les différents domaines de gestion.

B. Intégration horizontale/verticale

Pour toutes les entreprises il y a des points communs dans la façon d'aborder la gestion des ressources humaines, la comptabilité, la gestion de production ou la gestion des achats. C'est la logique de l'intégration des ERP/PGI autour de la gestion de production.

Cependant, chaque entreprise a aussi ses spécificités. Celles-ci peuvent être prises en compte à travers le paramétrage du progiciel. La démarche des éditeurs s'oriente alors dans deux directions :

- Intégration horizontale : progiciels généralistes, s'adressant à toutes sortes d'entreprises et paramétrables mais complexes à mettre en œuvre.
- Intégration verticale : progiciels « pré-paramétrés » pour prendre en compte l'essentiel des besoins propres à un métier et demandant un minimum d'adaptations lors de l'installation.

ex : *Le secteur du BTP a des problématiques spécifiques de gestion des chantiers ou de rémunération des salariés (intempéries). Un progiciel vertical, aussi appelé progiciel métier, dédié au BTP, intégrera ces différentes fonctionnalités.*

Le terme ERP, par son origine, correspond à la première catégorie de solutions. Cependant, il a pris un sens générique dans le langage courant.

Sur le marché des grandes entreprises, le principal éditeur à l'échelle mondiale est SAP, suivi par Oracle et Infor. Ce dernier est aussi très présent sur le marché des entreprises de plus petite taille, avec Microsoft Dynamics, Sage, etc. (source : Panorama consulting 2019).

Sur le marché français, les trois premiers éditeurs sont SAP, Sage, Cegid (source : IDC).

Les PGI ont d'abord concerné les grandes entreprises. Leur coût et leur complexité les mettaient hors de portée des PME/PMI.

Pour élargir le marché en dehors de celui, saturé, des grands comptes, il faut des offres qui ne nécessitent pas le réglage de centaines de paramètres. Avec le développement de solutions métiers verticalisées, le paramétrage devient plus facile du fait du verrouillage d'un grand nombre de paramètres et de la suppression de certains processus.
Sur cette base, de nouveaux acteurs sont apparus qui se sont orientés vers les petites entreprises, car les grandes entreprises commençaient à être largement équipées. L'annuaire du CXP (centre de conseil et d'analyse en solutions logicielles) recense plus de 1000 éditeurs de PGI, pour certains spécialisés sur un segment très étroit du marché.
Pour sa part, SAP, leader du marché, a fait évoluer son offre pour proposer des solutions adaptées à une clientèle plus large que son offre historique.

Solutions SAP par secteur d'activité		
Énergie et ressources naturelles > Produits de construction > Industrie chimique > Industries de transformation > Exploitation minière > Industrie des hydrocarbures > Eau et énergie	**Services financiers** > Banque > Assurance	**Secteur des biens de consommation** > Sociétés agroalimentaires > Biens de consommation > Mode > Sciences de la vie > Distribution de détail > Commerce de gros
Secteurs de production en discontinu > Aéronautique et défense > Industrie automobile > Hautes technologies > Équipement industriel	**Secteur tertiaire** > Transport aérien > Bâtiment et travaux publics > Médias > Services professionnels > Transport ferroviaire > Sports et loisirs > Télécommunications > Voyages et transport	**Services publics** > Défense et sécurité > Villes du futur > Santé > Enseignement supérieur et recherche > Secteur public

Cette démarche de verticalisation de l'offre s'inscrit dans un objectif de simplification qui rend le PGI plus abordable pour de petites structures. Elle est complétée par une réflexion sur la mise en œuvre du PGI, elle aussi simplifiée.

3 Extension des fonctionnalités

Le périmètre de l'intégration s'élargit vers des fonctionnalités auparavant traitées séparément telles que la gestion de la chaîne logistique ou la relation client qui prolongent la logique de l'intégration au-delà des frontières de l'entreprise.

A. Optimisation de la chaîne logistique

Dans le cadre de l'entreprise étendue, le concept de **gestion de la chaîne logistique** (SCM ou ***Supply Chain Management***) a pour objectif de développer les synergies tout au long de la chaîne, depuis les fournisseurs des fournisseurs jusqu'aux clients des clients, c'est-à-dire les consommateurs.

Le management de la chaîne logistique permet de construire une vision intégrée de la chaîne de valeur. Il intègre la gestion des commandes, des livraisons et des stocks en amont et en aval de l'entreprise en s'appuyant sur l'EDI (Échange de documents informatisé ou *Electronic Data Interchange*) ou sur un extranet.

Le SI de la chaîne logistique, en interaction avec ceux des acteurs impliqués, permet l'optimisation de la chaîne logistique complète, de la coordination avec les fournisseurs, de l'ordonnancement de la production et de la planification de la distribution. Aujourd'hui, les éditeurs de progiciels de gestion intègrent les fonctions supply chain dans leur offre.

Le schéma suivant montre l'intérêt de la notion de SCM. Grâce à la dématérialisation des échanges de données, il est possible de dissocier les flux physiques et les flux informationnels. Ces derniers peuvent être centralisés en temps réel, ce qui permet d'optimiser les flux physiques.

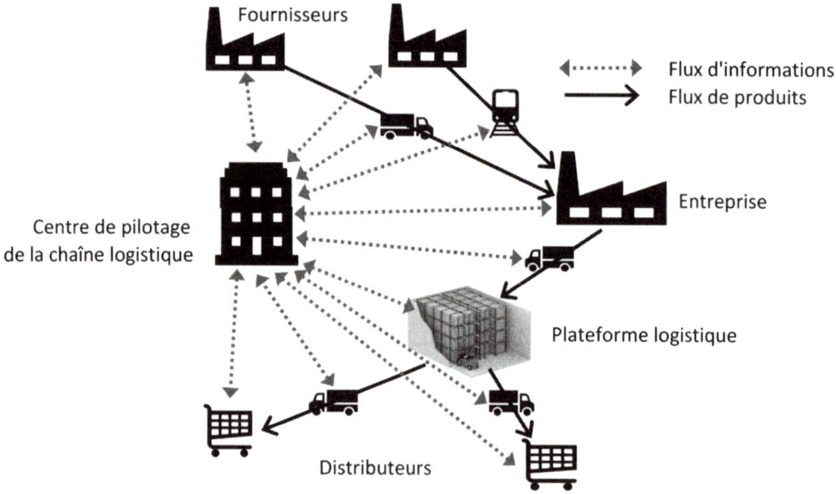

▲ Chaîne logistique

B. Relation Client

L'accumulation et l'archivage de multiples données sur les clients, qu'ils soient consommateurs ou distributeurs, constituent une masse d'informations sur laquelle il est possible de s'appuyer pour optimiser la relation client.

Ces données sont :
- **multidimensionnelles** (produit, catégorie produit, client, segment client, canal de distribution, zone de chalandise, etc.) ;
- **multisources** (interne, terrain, publiques, etc.) ;
- **multistatuts** (prévisions, objectifs, données réelles) ;
- **multicanaux** (échanges de courriers, fax, commandes, factures, relances, règlements, avoirs, contentieux, appels téléphoniques, mails, forum, navigation web, etc.) ;
- **multiformes** (quantitative et qualitative).

C'est l'enjeu de la **gestion de la relation client** (*Customer Relationship Management*) de collecter ces données, malgré la diversité des sources et des supports, de les réaffecter à un client donné et de fournir des outils d'analyse pour en tirer parti.

Le champ de la GRC recouvre :
- le marketing opérationnel (analyse des marchés et des comportements, clientèles, opérations ciblées) ;
- la gestion des forces de ventes (Gestion proactive des clients, réactivité et efficacité sur le terrain) ;
- la R&D et la production (recherche et fourniture de produits et services répondant aux attentes des clients) ;
- l'accompagnement avant-vente, le support et le service après-vente ;
- le suivi et l'anticipation par la mise en place d'indicateurs pertinents.

Cela nécessite la mise en œuvre de différents outils :
- outils de gestion des différents canaux de relation avec les clients : mise en valeur de l'offre, suivi des transactions...
- outils de gestion des ventes : planification des actions, analyses...
- outils de collecte de données : suivi des réseaux sociaux, enquêtes...
- outils d'exploration des données (*data mining*) : analyse multidimensionnelle, recherche de corrélations, de tendances...

La CRM peut être reliée à l'informatique décisionnelle car elle participe au recueil et à l'exploitation de données massives.

Comme pour la gestion de la chaîne logistique, les éditeurs de progiciels intègrent les fonctions GRC/CRM et les outils décisionnels dans leurs offres.

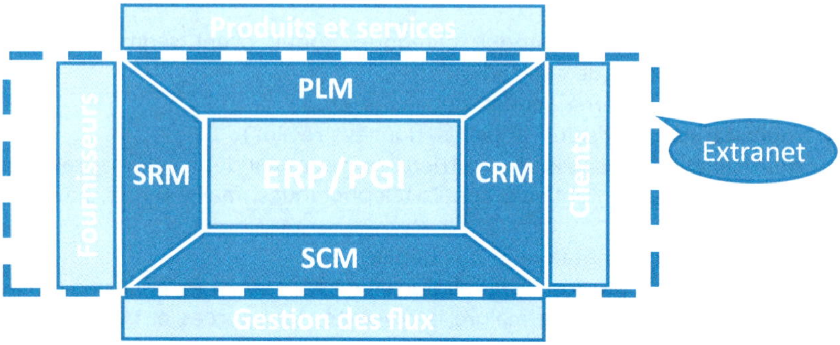

PLM = *product lifecycle management* (gestion du cycle de vie du produit) : gestion des différentes versions d'un produit en s'appuyant sur des modèles virtuels.
CRM = *customer relationship management* : voir ci-avant.
SCM = *supply chain management* : voir ci-avant.
SRM = *supplier relationship management* : gestion de la relation fournisseurs) dans la même logique que la relation clients.

▲ **Le SI étendu**

La vision traditionnelle du monde des affaires était fondée sur des entreprises concurrentes se battant pour conquérir des clients. Le développement des partenariats et l'intégration des chaînes de valeur fait que la compétitivité dépend beaucoup aujourd'hui de la capacité à gérer ces interactions. L'intégration des systèmes d'information y contribue.

Les relations entre fournisseurs, industriels et distributeurs évoluent. Elles peuvent passer d'un stade souvent conflictuel à un ensemble de liens étroits de collaboration. La logistique est définie comme l'ensemble des pratiques qui assurent la disponibilité du produit dans de bonnes conditions, au bon moment, au bon endroit, au bon client, au coût le plus juste. Sans coordination avec les activités de production, de marketing, de commerce et de finance, la logistique n'est qu'un ensemble d'activités fragmentées, disséminées entre plusieurs acteurs. Le management de la chaîne logistique vise à assurer cette coordination.

Avantages et difficultés de mise en œuvre des systèmes intégrés

La réponse du marché au besoin d'intégration a été le développement de solutions intégrées dont le périmètre va en s'élargissant. Leur mise en place permet d'améliorer la cohérence et l'efficience du SI. Mais elle présente aussi des difficultés et des risques au niveau du projet lui-même, d'une part, et au niveau de la mise en œuvre, d'autre part.

1 L'apport des PGI

A. Définition et caractéristiques

1. Définition

Un **progiciel de gestion intégré** (PGI) est une application :
- conçue et commercialisée par un éditeur, regroupant un ensemble de modules fonctionnels pour optimiser les processus de gestion d'une entité autour d'une base de données unique ;
- s'appuyant sur un référentiel commun et des règles de gestion standards.

Il est paramétrable et adaptable à l'organisation.

Il comporte un moteur de *workflow*, permettant de gérer de façon automatisée les processus qui structurent le fonctionnement de l'organisation.

Le moteur de *workflow* (flux de travaux) permet, lorsqu'une donnée est entrée dans le système d'information, de la propager dans tous les modules du système qui en ont besoin, suivant la façon dont les processus ont été définis.

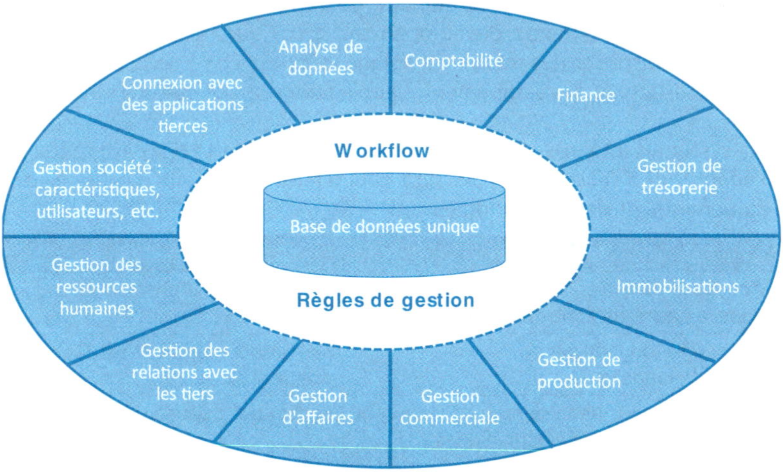

▲ Schéma PGI

2. Caractéristiques

Un PGI est :

- un **progiciel** : ensemble de programmes, mis sur le marché par un éditeur sous forme d'un produit complet (progiciel : **produit logiciel**), conçu pour répondre aux besoins d'un grand nombre d'entreprises ; il nécessite une adaptation, plus ou moins poussée, au contexte de son utilisation pour être opérationnel ;
- **modulaire** : c'est un ensemble de programmes ou modules autonomes correspondant aux différents processus de gestion (ventes, production, ressources humaines, comptabilité, etc.) ;
- **intégré** : couvre l'ensemble des processus d'une entreprise, en intégrant de façon transversale les tâches correspondant aux différentes fonctions ; les différents modules peuvent fonctionner indépendamment les uns des autres, mais ils partagent les mêmes données et les flux de données (workflow) passent d'un module à l'autre ;
- **paramétrable** : l'adaptation du progiciel aux besoins de l'entreprise se fait par un paramétrage qui consiste à définir les données et les règles de gestion, choisir les modalités de traitement et de validation aux différentes étapes des flux de données ;
- s'appuyant sur un **référentiel commun** : les données utilisées par les différents modules sont définies d'une manière standardisée (identique pour tous les modules), sont encadrées par des règles de gestion communes et sont enregistrées dans une base de données unique.

B. L'essor des PGI

L'utilisation de progiciels de toutes sortes s'est largement répandue car elle présente des avantages d'efficacité, de rapidité et de moindre coût de mise en œuvre par rapport aux solutions de développement spécifique. Avoir recours à un progiciel permet de disposer des meilleures solutions du marché à un coût moindre que celui que représente le développement d'applications spécifiques (en interne ou par une ESN).

Les systèmes intégrés s'inscrivent dans cette logique et ont permis aux entreprises d'adapter plus facilement leurs systèmes d'information aux évolutions du contexte économique et des technologies :

Évolutions	Conséquences
Accroissement des interactions externes dans le cadre de l'entreprise étendue	Besoin de synchronisation
Recherche de l'efficience organisationnelle	Besoin de supprimer les tâches sans valeur ajoutée
Développement de la dématérialisation et essor des échanges électroniques	Besoin de maîtrise des flux de données
Exigences de traçabilité	Besoin d'intégration des traitements et d'homogénéisation des données

Évolutions	Conséquences
Changements rapides de l'environnement	Besoin de maîtriser l'information
Nécessité de s'adapter aux attentes du marché	Besoin de coopération et de réactivité en interne
Mise en oeuvre d'outils d'analyse et de pilotage	Besoin de faciliter l'accès aux données actualisées en temps réel

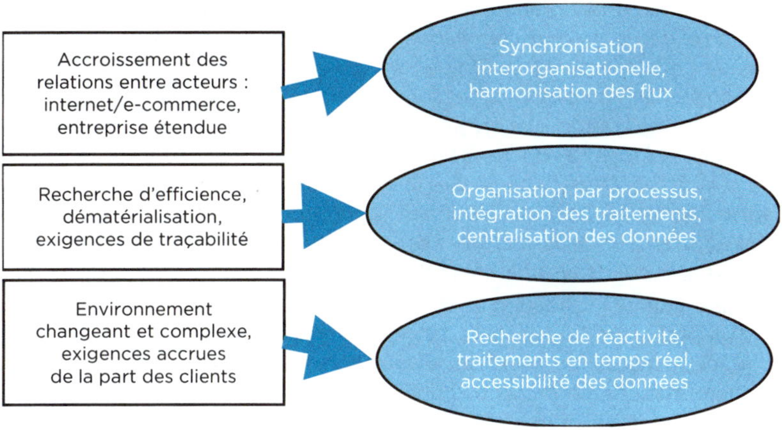

▲ **Facteurs de développement des PGI**

C. Avantages des PGI

1. Mise en place

La logique du PGI est de saisir les informations en temps réel, au moment où l'événement se produit, et de façon multidimensionnelle.

Il s'en suit de nombreux avantages :

- Existence d'un large choix sur le marché des PGI : différents éditeurs proposent un éventail de produits, des solutions les plus sophistiquées à des solutions plus simples et abordables, préconfigurées pour une activité précise.
- Moindre dépendance par rapport aux informaticiens internes : lors du développement de solutions spécifiques, les informaticiens des entreprises ont parfois tendance à imposer leurs choix ; cela a comme inconvénients qu'ils peuvent avoir une vision limitée et qu'il peut être difficile de conserver la maîtrise de l'application dans la durée ; le fait d'introduire un partenaire externe redistribue les pouvoirs.
- Réduction de la durée de mise en œuvre : bien que long à mettre en place, car il impacte l'ensemble de l'organisation, le PGI est plus rapide à installer que les solutions développées spécifiquement, en particulier lorsqu'il s'agit d'offres préconfigurées (solutions métiers).

- Maîtrise des coûts : bien que coûteuses (voir Mémo 13), ces solutions le sont moins que les développements spécifiques et les coûts sont mieux connus au départ et tout au long du projet.

2. Exploitation

Le principe du PGI est de regrouper différentes applications de manière modulaire tout en partageant une base de données unique et commune. Cela élimine les saisies multiples et évite les problèmes qui en découlent tels que redondance et incohérence.

ex : *Un commercial prend une commande auprès d'un client. Le système vérifie la disponibilité du produit commandé, déclenche si nécessaire la fabrication et commande simultanément (par EDI) les composants nécessaires auprès des fournisseurs. Il contrôle l'en-cours du client et son plafond de crédit. Il génère le bon de commande et planifie la livraison. Les prévisions des ventes et de production sont automatiquement mises à jour. Les données relatives au règlement du client sont enregistrées. Lors de la livraison, le système génère le bon de livraison à partir du bon de commande, après validation par une personne autorisée. La livraison déclenche l'édition et l'enregistrement de la facture. Les informations relatives à cette commande sont accessibles pour tout utilisateur disposant des droits d'accès correspondants.*

- **Saisie unique** : validation et comptabilisation automatique aux différentes étapes d'un processus (*ex.* : achats, fabrication, expéditions, facturation, paiement, etc.) grâce au moteur de workflow ; élimination des tâches sans valeur ajoutée (ressaisie d'informations, contrôles de cohérence entre les différents systèmes de gestion) ; réduction des erreurs de saisie et information plus fiable.
- **Enregistrements multidimensionnels** : prise en compte de tous les impacts dans les différents domaines du système d'information par une saisie unique des événements décrits dans toutes leurs dimensions (non-redondance des données) ; les opérations sont prises en compte simultanément du point de vue de la comptabilité générale et du contrôle de gestion.
- **Efficacité** : amélioration du système d'information comptable :
  - en termes de productivité : possibilité d'établir des états intermédiaires, clôture accélérée...
  - en termes de **réactivité** : suivi des comptes facilité tout au long de l'exercice (gestion des règlements, trésorerie, gestion des stocks, etc.).
- **Optimisation** : la conception par un éditeur permet de bénéficier de sa connaissance du marché ; il capte les meilleures pratiques (*best practices*) pour les intégrer dans ses solutions et en faire bénéficier l'ensemble de ses clients ; l'utilisation par de nombreuses organisations est une garantie de pérennité et d'amélioration permanente du produit ; possibilité de mise en commun des pratiques avec d'autres utilisateurs ;
- **Vision globale** de l'entité : le PGI regroupe l'ensemble des données de l'entreprise ; au-delà de la comptabilité, c'est une aide au pilotage et à la prise de décisions stratégiques, ainsi qu'un outil de contrôle de gestion ;

- **Ergonomie** : les différents modules présentent des interfaces homogènes présentant de façon analogue les fonctionnalités disponibles (menus, commandes, organisation des écrans, etc.) ce qui facilite la prise en mains par les utilisateurs et permet une meilleure efficacité et productivité ;
- **Groupes** : le PGI facilite la consolidation des données. Il veut être vu par les dirigeants comme un moyen d'harmoniser les méthodes de gestion et d'améliorer la circulation dc l'information ;
- Prise en charge de la **dimension internationale** : le PGI unifie le système d'information et renforce la cohésion dans les entreprises multinationales car il peut être multidevises, multilangues, prendre en compte plusieurs législations et plans de comptes...

2 Difficultés et limites des PGI

A. Difficultés d'installation

La mise en place d'un PGI est une **opération lourde et complexe, porteuse de risques**.

- Il peut être nécessaire d'adapter certains processus de l'organisation pour éviter un paramétrage trop complexe ou en raison du choix d'un progiciel offrant des possibilités de paramétrage limitées ; la logique est alors inversée : ce n'est pas le PGI qui s'adapte à l'organisation, mais, dans une certaine mesure, l'organisation qui s'adapte au PGI.
- Le PGI concerne la totalité ou une grande partie du système d'information ; sa mise en place constitue un choc important et impose de changer les habitudes ; cela peut provoquer des **résistances au changement** qu'il faut anticiper pour faciliter l'appropriation du PGI (voir mémo 9).
- La mise en place d'un PGI nécessite une bonne connaissance des processus de l'entreprise qui doivent être analysés par l'équipe projet, avec des représentants des différents acteurs du SI.
- Il peut y avoir des conflits liés à la définition des rôles lors du paramétrage du PGI et des **difficultés d'appropriation** par le personnel de l'entreprise lors du déploiement.
- L'installation nécessite des conseils externes, intégrateurs et consultants, ayant la connaissance du produit et l'expérience de sa mise en service ; cela peut être l'éditeur lui-même (dans 46 % des cas) ou des prestataires spécialisés, généralement partenaires de l'éditeur (dans 54 % des cas selon enquête CXP).
- Le recours à des prestataires externes pose le problème de la coopération entre les intervenants et les équipes internes ainsi que du transfert de compétences au sein de l'équipe projet.
- En choisissant d'avoir recours à des éditeurs et prestataires externes, l'entreprise renonce au savoir-faire correspondant mais doit disposer des compétences nécessaires pour gérer les relations avec ces prestataires.

- Les prestataires externes peuvent avoir des **comportements opportunistes** aussi bien en tant que conseils pour le choix d'une solution, qu'en tant qu'intervenants dans sa mise en place ou sa maintenance ; cela peut avoir pour conséquences un coût élevé ou des prestations sous-performantes.

B. Difficultés d'exploitation

Le PGI est aussi porteur de risques dans le cadre de son utilisation.

- La standardisation implique la disparition de solutions spécifiques qui pouvaient être sources d'avantages compétitifs ; avec des solutions standardisées, l'avantage compétitif ne peut venir que de la mise en œuvre et non de l'application elle-même, sauf personnalisation mais on s'éloigne des standards.
- Il peut y avoir des problèmes en cas d'insuffisance de formation et d'accompagnement des acteurs lors du déploiement : **risque de sous-utilisation** du PGI et de difficultés à obtenir les bénéfices attendus.
- L'automatisation et l'intégration des données accroissent les **risques de manipulation** ou d'accès frauduleux ; il est possible de modifier, supprimer, créer, sélectionner ou reconstituer un volume important d'informations, voire l'intégralité d'une comptabilité.
- En cas d'erreur, bien que l'automatisation en limite le risque, les conséquences peuvent être importantes car il y a un **risque de non-détection** (si les procédures automatisées ne comportent pas un contrôle approprié) et l'impact peut être démultiplié.
- **Risque de dépendance** vis-à-vis de l'éditeur : l'éditeur reste maître de l'évolution du PGI même s'il peut y avoir des interactions avec les clients (club d'utilisateurs) ; une fois que l'entreprise a intégré la solution choisie, un changement de PGI (par choix ou en cas de défaillance de l'éditeur) est une opération aussi lourde et complexe, voire plus, que l'implantation initiale.

C. Des arbitrages difficiles

Il est nécessaire d'arbitrer, dans le choix d'une solution intégrée, entre différents types de contraintes.

- Au **niveau technique**, il faut choisir entre plus de souplesse et de fonctionnalités avec un paramétrage plus complexe ou moins de complexité au risque d'une solution plus limitée et contraignante.
- Au **niveau organisationnel**, les choix peuvent avoir des conséquences sur les coûts, mais aussi un impact sur la gestion du changement et les apports du PGI en termes d'alignement stratégique.

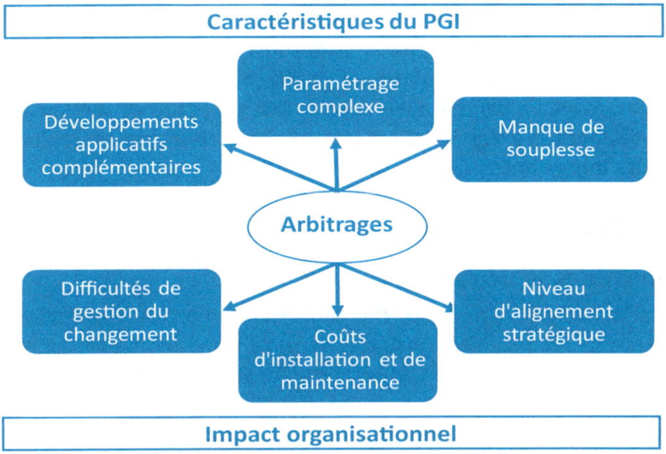

▲ **Contraintes à arbitrer**

Du fait des difficultés de personnalisation, beaucoup d'entreprises se contentent d'implémenter les processus standards fournis par l'éditeur.

Dans les groupes, certains installent le module comptabilité-finance d'un PGI dans l'ensemble de leurs filiales pour faciliter la consolidation mais ils font le choix de ne pas implémenter les modules correspondant aux autres processus de gestion. Les avantages du PGI n'existent pas dans ce cas. Il n'est utilisé que comme un progiciel comptable.

Certaines entreprises préfèrent conserver des applications spécifiques, développées en interne ou par des ESN, pour construire leur avantage compétitif. Cela concerne plus particulièrement les applications qui ont un caractère stratégique dans le sens où elles soutiennent les processus métiers de façon distinctive.

ex : *Dans les banques, le système d'information est aussi le système de production puisque l'activité consiste dans le traitement des données des clients et des données financières globales. La maîtrise et la spécificité de son système d'information est stratégique pour une banque. C'est principalement ce qui lui permet de se différencier de ses concurrents. C'est pourquoi le SI reste pour l'essentiel spécifique.*

MÉMO 13 Implantation des systèmes d'entreprise

La mise en place d'un système intégré s'inscrit dans une démarche de gestion de projet. Il existe différentes méthodes de déploiement au niveau des choix en matière d'infrastructure. La conduite d'un projet PGI nécessite généralement de faire appel à des prestataires externes. C'est un projet qui concerne toute l'organisation, avec des coûts importants.

1 Mise en place

A. Spécificités de la démarche

La mise en place d'un PGI n'est pas seulement un projet informatique. Au-delà de la dimension technique, c'est un projet de transformation de l'organisation concernée. Le choix d'un PGI présente une **importance stratégique** pour l'organisation dans la mesure où celui-ci :

- engage l'organisation sur le long terme ;
- concerne l'organisation dans son ensemble en impactant tous les services, tous les processus ;
- représente des coûts importants, directs et indirects, visibles ou cachés, qui concernent le projet lui-même, mais aussi toute la durée d'exploitation du PGI.

Pour mener à bien ce projet, il est nécessaire de :

- réaliser une analyse approfondie des processus de l'entreprise ;
- définir précisément les règles de gestion qui doivent être mises en place dans le PGI ce qui peut conduire à préciser ou à modifier certains processus et les rôles de certains salariés.

Cette étude permettra de préciser le paramétrage à mettre en place pour adapter le progiciel au contexte de l'entreprise. Les possibilités de paramétrage du progiciel déterminent l'ampleur de l'impact organisationnel du PGI.

L'installation d'un PGI peut donc s'accompagner d'une **réorganisation des processus** (***Business Process Reengineering*, BPR**). Le PGI s'adapte à l'organisation. Mais sa mise en place nécessite une analyse des processus existants qui entraîne des ajustements. Cela peut être vu comme une contrainte mais aussi comme une opportunité de faire évoluer l'organisation. Le projet PGI comporte une forte dimension de gestion du changement, comme tout projet important (voir mémo 9).

Un des aspects importants d'un projet PGI est la durée, qui peut aller de plusieurs semaines à plusieurs années suivant la complexité du projet et la taille de l'entreprise. Plus de la moitié des projets sont en dépassement des délais (58 %). Pour une durée prévue moyenne de 12,7 mois, la durée moyenne réelle atteint 14,1 mois (source : Panorama consulting 2019).

B. Méthodes de déploiement

Le mode d'installation traditionnel d'un PGI est sur site. Il s'agit d'installer le progiciel proprement dit et la base de données relationnelle, généralement sur deux serveurs distincts.

Dans le cadre d'une **architecture client-serveur**, l'installation se caractérise par le nombre de couches (*tiers* en anglais) :

- client-serveur = deux couches (2 *tiers*) ;
- client-serveur d'application-serveur de base de données = trois couches (3 *tiers*).

Les postes des utilisateurs (clients) accèdent aux modules du PGI, soit par une interface utilisateur spécifique, soit par un navigateur Web. Dans le premier cas, il s'agit d'un applicatif installé sur le poste (**client lourd**) ; dans le second cas, l'utilisation du navigateur dispense de toute application spécifique (**client léger**).

Avec un client lourd, une partie des traitements peuvent être effectués sur le poste mais la gestion des flux et la base de données sont centralisées.

Avec un client léger, le poste de travail sert uniquement d'interface pour interagir avec le serveur.

Le(s) serveur(s) peu(ven)t être installés sur le réseau local ou à distance via Internet.

Lors du choix du progiciel, il faut vérifier la compatibilité avec l'infrastructure en place. Il est parfois nécessaire de procéder à de nouveaux investissements, de mettre à niveau l'environnement logiciel ou encore d'optimiser le réseau.

Les PGI génèrent un important trafic sur le réseau et nécessitent des temps de réponse excellents pour garantir un confort d'utilisation.

> Le **mode cloud** (public, privé ou hybride) s'impose de plus en plus comme mode d'installation. Cependant, les installations sur site (*on premises*) représentent près de 40 % des installations nouvelles et une part beaucoup plus importante des installations existantes.

C. Les coûts

Le coût d'un PGI ne se limite pas au coût du progiciel proprement dit, payé à l'éditeur sous forme de droits d'utilisation. Il faut y ajouter l'éventuelle mise à niveau de l'infrastructure matérielle et de l'environnement logiciel, l'intervention des consultants externes, le paramétrage et la personnalisation du progiciel avec l'appui d'un intégrateur, la formation et l'accompagnement des utilisateurs ainsi que divers coûts induits.

Le projet de conception et de déploiement proprement dit, indépendamment des tâches d'exploitation et de maintenance, comporte les coûts suivants :

- Pilotage et gestion de projet : 10 %.
- Licences logicielles : 20 %.
- Adaptation infrastructure matérielle : 20 %.
- Paramétrage et mise en place fonctionnelle : 30 %.

- Formation, support et accompagnement des utilisateurs : 20 %.

Le coût des licences est de l'ordre de 5 à 10 k € par utilisateur simultané.

Généralement dans une PME d'environ 100 salariés, seulement 20 à 40 personnes sont concernées par la mise en place d'un PGI.

En mode *Cloud*, le coût est entre 60 et 140 € mensuels par utilisateur, auxquels s'ajoutent d'éventuels frais d'installation et de formation (source : Celge, Comparateur et Évaluateur de Logiciels de Gestion d'Entreprise).

Il est difficile de comparer, car en mode *Cloud* il s'agit d'un coût « tout compris » alors que sur site, il faut prendre en compte tous les coûts, induits et indirects.

Il en est des coûts comme des délais : les dépassements sont fréquents et importants. Selon l'enquête Panorama Consulting Solutions, 36 % des projets dépassent le budget de 0 à 25 % et 21 % de plus de 25 %. Les raisons sont une mauvaise estimation initiale de l'ampleur du projet, la survenance de difficultés techniques ou organisationnelles, une équipe projet sous-dimensionnée, le dérapage des coûts des intervenants externes lié au dépassement des délais...

Le PGI ne cesse pas d'être source de coût une fois le projet de déploiement terminé. Pendant la phase de maturité de son cycle de vie (exploitation et maintenance), il y a des coûts d'exploitation et les charges associées au contrat de maintenance qui représentent de l'ordre de 20 % du coût initial.

Selon l'enquête Panorama Consulting Solutions, 56 % des implantation ont un retour sur investissement en trois ans ou moins, 16 % en quatre ou cinq ans, les 26 % restants n'ont pas de retour sur investissement ou les répondants ne savent pas.

Les coûts véritablement informatiques sont aisés à comptabiliser. Les coûts liés au temps passé dans des réunions, à évangéliser et assister les utilisateurs sont plus difficiles à identifier. Un des intérêts de l'externalisation est de rendre ces coûts plus aisément discernables car ils s'inscrivent dans une relation client-fournisseur.

Remarque : Il existe des PGI qui sont des logiciels libres (Odoo, anciennement Open ERP), pour lesquels il n'y a pas de coût de licences. Il y a par contre des coûts de distribution et d'installation, des coûts de formation des utilisateurs. Ces coûts, ainsi que les coûts de maintenance corrective et évolutive (internes ou externes) peuvent être importants, voire effacer les gains liés à l'absence de droits d'utilisation. De plus, il n'y a pas derrière les logiciels libres la responsabilité d'un éditeur, ce qui explique que très peu d'entreprises ont recours à ces solutions pour un PGI.

2 Risques et facteurs clés de succès

A. Les risques

Les critères habituels d'appréciation d'un projet sont :

- la **taille** : très importante car le projet concerne l'entreprise dans son ensemble ;
- la **technologie** : le projet peut être plus ou moins complexe suivant le niveau de paramétrage ;
- le **degré d'intégration** : le projet impacte tous les processus de l'entreprise ;
- la **durée** : elle est importante, de plusieurs mois à plusieurs années, suivant la taille de l'entreprise ;
- la **stabilité de l'équipe projet** : la durée, le nombre d'intervenants internes et externes, la complexité du projet et les tensions qu'il peut générer rendent difficile le maintien de la cohésion des équipes et, donc, les apprentissages et le partage d'expérience nécessaires.

La mise en place d'un système intégré d'entreprise est un projet conséquent par son ampleur (concerne toute l'entreprise) et sa complexité. Cela implique une gestion du changement (voir mémo 9).

De nombreux projets n'atteignent que partiellement, voire pas du tout, les objectifs. Les délais sont souvent dépassés. De même, près de la moitié des organisations (45 %) constatent un dépassement du budget lors de l'implantation d'un système intégré. Ce dépassement est en moyenne de 25 % (Panorama consulting 2019).

Cela peut être dû à une mauvaise prévision des coûts, en particulier à une sous-estimation des coûts de gestion du projet : temps passé dans des réunions, formation et assistance aux utilisateurs... De plus, si les objectifs ne sont pas atteints, cela peut être parce qu'ils ont été définis de façon trop optimiste.

Les difficultés rencontrées sont donc souvent liées à une mauvaise anticipation et gestion du projet :

- mauvaise définition initiale des objectifs et des moyens à mettre en œuvre ;
- communication insuffisante sur le projet renforçant les résistances au changement ;
- sous-estimation de l'impact organisationnel du projet ;
- management des équipes projet défaillant ;
- manque de communication au sein de l'équipe projet / entre l'équipe projet et le reste de l'entreprise ;
- mauvaise communication entre les équipes internes et les intervenants extérieurs ;
- engagement insuffisant de la part des responsables de l'entreprise ;
- mesures d'accompagnement (formation, assistance...) insuffisantes.

Le projet à une dimension contractuelle car les parties (client, éditeur, intégrateur) sont liées par un ou plusieurs contrats. Il peut y avoir un contrat avec un prestataire intervenant en tant que conseil pour le choix du PGI, un contrat pour la mise en place et le déploiement de la solution avec l'intégrateur. Il peut aussi y avoir un contrat distinct pour des développements spécifiques.

Il y a donc aussi un risque contractuel qui doit être maîtrisé (voir mémo 16).

B. Les facteurs clés de succès

Les points clés de succès d'un projet de système intégré sont les facteurs clés de succès de tout projet (voir mémo 9), auxquels s'ajoutent quelques points plus spécifiques.

- La mise en place d'une telle solution n'est pas seulement un choix technologique, c'est une **décision stratégique** qui doit être prise en cohérence avec la stratégie de l'entreprise dans le cadre de l'alignement stratégique (voir mémo 3) ; la gestion du projet doit donc prendre en compte l'ensemble des impacts pour l'entreprise ;
- L'intégration des processus de l'entreprise nécessite une bonne connaissance préalable de ceux-ci ; cette connaissance nécessite parfois une mise à plat et une **réorganisation des processus** pour faciliter la mise en cohérence des processus organisationnels et des processus modélisés dans le progiciel ;
- **Choix de l'éditeur** : il existe de nombreuses solutions sur le marché ce qui nécessite une étude comparative pour rechercher une adéquation entre les besoins de l'entreprise et la solution choisie ; dans cette démarche, l'entreprise peut se faire accompagner par un conseil, indépendant des éditeurs ; l'expérience de l'éditeur, son implantation sur le marché sont une garantie de sa pérennité ;
- **Choix de l'intégrateur** : la mise en place d'une solution intégrée nécessite le plus souvent de faire appel à un prestataire spécialisé dont la compétence et l'expérience sont déterminantes ;
- **Communiquer** : la communication est essentielle pour accompagner les acteurs concernés et traduire l'implication du management et de la direction au plus haut niveau afin de veiller au bon déroulement du projet et d'assurer sa crédibilité ;
- **Limiter les développements spécifiques** : rester dans le cadre de la solution proposée par l'éditeur en évitant les adaptations autres que celles s'inscrivant dans les paramétrages prévus ; cela contribue à une meilleure maîtrise des délais et des coûts dans le déroulement du projet ; de plus cela évite des complications dans la gestion du progiciel dans la durée, car les mises à jour de l'éditeur ne prennent pas en compte les développements spécifiques ;
- **Effectuer des tests** sur des jeux d'essais pour valider le paramétrage ; éventuellement commencer par un déploiement partiel lorsque c'est possible, sur un processus ou sur une entité au sein d'un groupe.

▸ Accompagner le changement

Au moment du déploiement et dans la phase post-projet, les utilisateurs doivent avoir des interlocuteurs pour répondre à leurs interrogations et difficultés.
Un premier niveau d'assistance peut être apporté par les utilisateurs ayant participé au projet qui peuvent devenir des personnes ressources lors de la mise en œuvre.
Un deuxième niveau d'assistance peut être constitué par un **centre de support** ou plate-forme d'assistance qui détiendra et développera une expertise sur le sujet.
Il est indispensable de capitaliser les connaissances au sein d'un centre de compétences qui apporte son soutien aux utilisateurs.

La mise en place d'un PGI entraîne des changements organisationnels. Les utilisateurs doivent adopter des procédures de travail différentes. Les managers doivent modifier l'organisation des services. Cela peut susciter des résistances au changement qui peuvent compromettre ou ralentir l'atteinte d'un niveau maîtrisé des fonctionnalités du PGI.
L'impact du PGI sur la productivité se traduit généralement par une courbe en V.

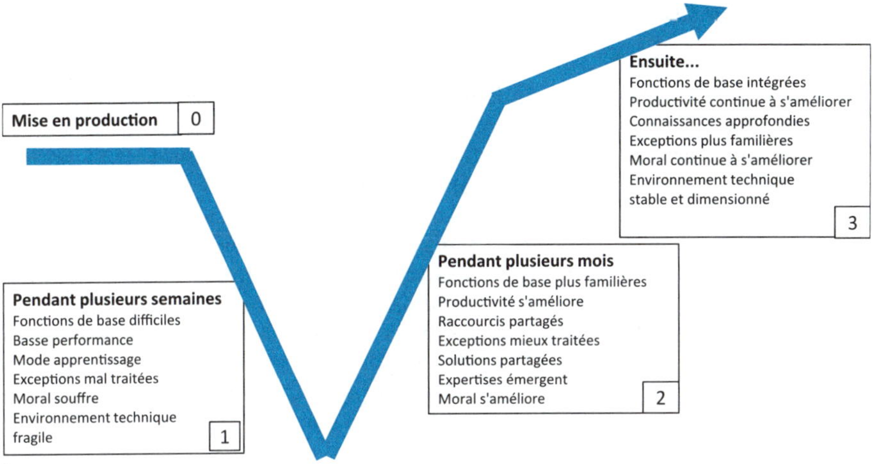

D'après Jean-Louis Tomas, *ERP et PGI*, Dunod

▲ **Courbe d'apprentissage après déploiement d'un PGI**

Le déploiement du PGI représente un choc pour l'organisation. Il va se traduire par une baisse de productivité qui peut durer plusieurs semaines. À l'issue de cette période, dont l'accompagnement du changement doit limiter l'ampleur et la durée, la productivité revient à un niveau normal et continue à progresser à mesure que les avantages du PGI se concrétisent. Cela suppose que les réticences soient surmontées et que les apprentissages se fassent.

MÉMO 14 Mesurer la performance du SI

Le SI mobilise des ressources importantes aussi bien de façon permanente que pour une durée plus ou moins longue sur des projets. Il est important de savoir dans quelle mesure ces dépenses sont pertinentes. Pour cela, il faut mettre en place différents types d'indicateurs qui constituent le tableau de bord de la DSI.

1 Différents types d'indicateurs

A. Que mesure-t-on ?

Il est possible de connaître des dépenses et des coûts avec différents niveaux de détail et de regroupement, par nature ou par finalité. Ces valeurs n'ont évidemment de sens que si elles sont mises en perspective par un suivi dans la durée et en les rapprochant d'autres valeurs par le calcul de ratios significatifs.
Cette approche quantitative peut être financière si elle s'exprime par des valeurs monétaires, ou non financière si elle s'appuie sur des éléments caractéristiques de l'activité autres que monétaires. Ces derniers peuvent être valorisés, transformés en valeurs monétaires, mais cela les rend plus difficiles à suivre.
Certaines informations ne sont pas disponibles sous forme chiffrée, monétaire ou non. Il en est ainsi de tout ce qui concerne la perception des acteurs concernés par le fonctionnement du SI. Ce type d'**indicateur** peut être établi à partir d'enquêtes dont les résultats peuvent s'exprimer sur des échelles de notation pour les rendre comparables.
Au-delà de la distinction suivant la nature des indicateurs, une autre distinction peut être établie suivant leur finalité. Certains indicateurs mesurent l'intensité des efforts fournis. D'autres mesurent le résultat de ces efforts, c'est-à-dire la contribution du SI au résultat de l'activité par la baisse des charges ou l'augmentation des produits.

B. Mesure des moyens mis en œuvre

1. Aspects financiers

Charges par nature

Toute une série de données permet de suivre les dépenses informatiques et leur évolution dans le temps : budget informatique, investissements dans le SI, coûts du personnel de la DSI, etc.
Pour permettre des comparaisons interentreprises, ces indicateurs doivent être mis en rapport avec d'autres dépenses :
- en % des dépenses globales, du CA, de l'EBE, de l'investissement total, de la masse salariale, etc. ;
- ou avec des caractéristiques de taille : sur effectif de la DSI, sur effectif global, etc.

Charges par finalité

Il ne s'agit pas seulement de mesurer des charges, mais de les exprimer par rapport aux services qu'elles contribuent à mettre en place. Cela suppose une analyse et un

regroupement avec ventilation et imputation de charges indirectes, celles de personnel entre autres.
On peut ainsi calculer les coûts des projets, le coût de revient du parc matériel, du parc applicatif, des postes de travail… suivre les coûts des prestataires externes.

2. Aspects non financiers

Internes à la DSI

De nombreuses mesures permettent de caractériser l'activité de la DSI. Ce sont des indicateurs de production qui correspondent à une approche technique interne à la DSI : nombre d'incidents, nombre de postes (total, par service, en fonction de l'effectif…), nombre de projets en cours, etc.
Ces indicateurs mesurent un volume d'activité, et non la qualité du service fourni. Ils sont utiles au suivi du fonctionnement de la DSI mais doivent être complétés par une approche qui se situe au niveau des utilisateurs.

Externes à la DSI

Les indicateurs internes mettent en évidence des actions effectuées. Ainsi, le nombre d'appels téléphoniques reçus chaque jour par une plate-forme d'assistance mesure l'activité de celle-ci. Mais son efficacité est mesurée par le nombre d'appels traités avec succès, par le délai moyen de résolution des incidents… Ce sont ces derniers qui caractérisent l'impact de l'activité de la DSI sur les utilisateurs.
D'autres indicateurs s'inscrivent dans cette perspective : temps de réponse des applications, taux de disponibilité des services aux utilisateurs, etc.
Ces indicateurs donnent une première approche du service rendu aux utilisateurs par la DSI. Cependant, cette approche reste limitée. Elle ne prend pas en compte l'impact sur l'activité de l'entreprise.

C. Mesure du service rendu

1. Gains

Baisses de charges

L'impact du SI sur la performance se traduit par une amélioration de l'efficacité organisationnelle qui entraîne une baisse des charges.

- L'automatisation des traitements est un gain de temps. De plus, elle limite les risques d'erreur et donc les délais de recherche et de correction des erreurs.
- La gestion de production est plus efficace : optimisation des stocks, des achats…
- La dématérialisation permet un accès rapide à l'information et réduit les coûts d'archivage.
- Les outils collaboratifs permettent de communiquer et de travailler en équipe.

Tous ces aspects se traduisent par des baisses de charges, en particulier de charges de personnel.

Produits

Le SI contribue d'autre part à l'augmentation des produits.

- L'amélioration de l'organisation de la production (réactivité, qualité) permet d'augmenter les ventes.
- Un meilleur suivi des clients permet d'améliorer le chiffre d'affaires en personnalisant la relation.
- Le SI peut être un support de l'activité (expertise, conseil) ou un vecteur de ventes (e-commerce).

Comme pour les baisses de charges, la difficulté est dans le chiffrage de ces apports.

Des gains de différente nature	
Nature des gains obtenus	**Exemples**
Augmentation des produits	• Conquête de nouveaux clients • Fidélisation des clients • Augmentation du nombre de ventes par client • Augmentation du panier moyen par client • ...
Baisse des charges	• Suppression de certaines tâches (saisie...) ou réduction du temps nécessaire (accès à l'information...) • Diminution du nombre d'erreurs et donc du temps passé à les corriger • Réduction des coûts logistiques par l'optimisation des flux • ...
Amélioration des processus	• Meilleure circulation et disponibilité de l'information • Réduction des stocks • Accélération du cycle de traitement d'une commande client • Réduction des délais de livraison • Accélération du règlement des factures • Amélioration de la gestion des flux de trésorerie • ...

2. Satisfaction des utilisateurs

Fonctionnement

Les **indicateurs de satisfaction** reposent sur les enquêtes effectuées auprès des utilisateurs finals.

Pour limiter la subjectivité inhérente à ce type d'enquête, les questions doivent être rédigées avec soin et les réponses bien cernées. Elles prennent généralement la forme d'échelles de satisfaction qui peuvent être combinées pour former un ou plusieurs indices : qualité du service, efficacité du service...

Cependant, les résultats d'une enquête ponctuelle n'ont pas une grande signification. Le suivi des résultats d'enquêtes effectuées régulièrement est plus important. Elles permettent d'observer des tendances.

Impact métier

La satisfaction des utilisateurs traduit une certaine qualité du système d'information. Elle signifie qu'il fonctionne de façon conviviale, avec un certain niveau de service. Mais cela ne mesure pas forcément la contribution au métier, c'est-à-dire dans quelle mesure le SI contribue à l'atteinte des objectifs métiers dans le cadre de la stratégie de l'entreprise.

Des enquêtes sont possibles mais la question de la mesure se pose encore davantage que pour la qualité du service. Car il ne s'agit pas de la performance du SI en soi, mais des interactions entre la performance du SI et la performance organisationnelle.

2 Performance SI et performance organisationnelle

A. Pertinence des indicateurs

Il est possible de distinguer différents types d'indicateurs :

- Selon leur nature : indicateurs quantitatifs (monétaires / non monétaires) ; indicateurs qualitatifs ;
- Selon leur signification :
- Indicateurs de ressources : mesurent les moyens mis en oeuvre en termes quantitatifs (nombre de personnes, nombre de machines, etc.) ;
- Indicateurs d'activités : caractérisent le fonctionnement du SI (débit, délais de connexion, etc.) ;
- Indicateurs d'efficacité : mesurent l'apport du SI aux métiers (délai de réponse à une demande, taux de satisfaction, etc.) ;
- Indicateurs financiers : traduisent les ressources mises en oeuvre et leur apport en termes financiers.

Un tableau de bord doit servir de support à des décisions concrètes, que ce soit à court terme pour améliorer la qualité ou à long terme pour anticiper les évolutions de l'activité. Il doit donc être de taille raisonnable. Il faut éviter de multiplier les indicateurs ; pour un suivi efficace, un nombre limité d'indicateurs (une dizaine) doit être privilégié ; de plus cela oblige à faire des choix en s'interrogeant sur la pertinence des indicateurs.

Le choix des indicateurs peut donner lieu à certains biais :

- Il ne faut pas se limiter à des indicateurs quantitatifs, même si ces derniers sont plus faciles à définir, à calculer et à interpréter.
- Il faut choisir des indicateurs qui ont du sens, c'est-à-dire qui permettent d'établir un lien non ambigu d'une part avec des facteurs clés de succès, d'autre part avec de possibles actions correctives.

Le ratio Coût du SI/Chiffre d'Affaires est souvent utilisé. Il présente l'intérêt de fournir un élément de comparaison au sein d'un secteur d'activité et peut être suivi dans la durée. Mais il peut aussi être trompeur. Quel est l'objectif ? Diminuer ce ratio car cela traduirait une meilleure efficience ou l'augmenter car cela traduirait une plus grande automatisation des processus ? Ce qui compte, ce n'est pas le poids de la dépense

en lui-même, mais ce que l'entreprise obtient en retour de cette dépense en termes d'efficacité, d'efficience, d'améliorations de toutes sortes...
Il est possible de comparer avec d'autres entreprises. Mais il faudrait pouvoir s'assurer que les situations sont comparables. Il est aussi envisageable de faire des comparaisons dans le temps, pour une même entreprise. Mais les évolutions technologiques et organisationnelles (cloud) sont telles que ce ratio global n'a pas forcément la même signification à quelques années d'intervalle.
Mesurer le temps de réponse d'un serveur peut montrer que 90 % des réponses se font en moins d'une seconde. Mais cette performance technique ne garantit pas un fonctionnement satisfaisant du système en termes de réponses aux besoins des utilisateurs. Le fonctionnement du système dépend aussi de la qualité du réseau, de la configuration des postes, de la pertinence des applications, de la formation des utilisateurs...

B. La performance est systémique

Un ordinateur puissant et bien équipé, doté d'une connexion Internet à haut débit, n'a pas le même impact sur la performance globale selon qu'il est mis à disposition d'un employé du service comptable ou d'un cadre commercial.
Le système d'information est performant lorsqu'il contribue à la performance d'ensemble de l'entreprise au niveau des métiers et de sa stratégie globale.
La performance repose sur trois piliers : objectifs, moyens, résultats.

- Les moyens et les objectifs doivent être appropriés : c'est la pertinence.
- Les résultats doivent être conformes aux objectifs : c'est l'efficacité.
- Ils doivent être atteints avec une économie de moyens : c'est l'efficience.

La DSI est continuellement à la recherche de la performance, en interne, à travers la réduction de ses coûts, et en externe à travers la qualité de ses livrables vis-à-vis des directions métiers. L'objectif de la DSI est d'être performante dans son domaine SI, d'être un support pour les activités de l'entreprise et de proposer des nouveaux services.
Pour que le SI puisse contribuer à la performance globale de l'entreprise, plusieurs conditions doivent être réunies :

- Une gouvernance du système d'information qui s'appuie sur l'anticipation et le dialogue entre direction générale, directions métiers et DSI.
- Dans le cadre de la stratégie d'ensemble, choisir des solutions informatiques qui répondent aux besoins des utilisateurs finaux.
- Accompagner les utilisateurs finaux dans la prise en mains et l'utilisation des solutions mises en place.
- Assurer un suivi par des indicateurs appropriés pouvant servir de base au dialogue entre les informaticiens et les parties prenantes pour améliorer le système.
- Mettre en place des méthodes et des outils de gestion au sein de la DSI.

Faire ou faire faire

La gestion du SI implique des choix entre solutions internes et recours à des prestataires externes. L'externalisation joue un rôle important en matière de systèmes d'information. Les avantages et difficultés sont dans une certaine mesure les mêmes que dans d'autres contextes, mais avec des spécificités.

1 Le choix de l'externalisation

A. Caractéristiques

1. Définition

L'**externalisation** (en anglais ***outsourcing***) est une démarche consistant à confier à un tiers tout ou partie d'une activité qui jusqu'alors était réalisée en interne.

Il s'agit d'une décision stratégique, qui se rencontre sur de nombreux autres domaines. Cependant, elle connaît un succès important dans le domaine des services informatiques.

L'infogérance est le terme généralement employé pour désigner l'externalisation appliquée au domaine des systèmes d'information. Le terme officiellement recommandé est « gérance de l'informatique ». En anglais, l'externalisation des services informatiques entre dans le cadre plus large des ***facilities management***.

Selon la définition de l'Agence française de normalisation (AFNOR Z 67 801-1) :

> L'**infogérance** est un service défini comme le résultat d'une intégration d'un ensemble de services élémentaires, visant à confier à un prestataire informatique tout ou partie du système d'information d'un client, dans le cadre d'un contrat pluriannuel, à base forfaitaire, avec un niveau de services et une durée définis.

Les entreprises dont l'activité consiste à offrir des services et prestations informatiques à d'autres entreprises sont généralement désignées sous le nom de **sociétés de services et d'ingénierie informatique** (**SS2I**). Cependant, depuis 2013, le Syntec Numérique, syndicat professionnel, préconise l'emploi de l'expression « **entreprises de services du numérique** (**ESN**) ».

2. Modalités

Les tâches externalisées peuvent être réalisées dans les locaux du prestataire, lorsque le système du client y est hébergé par exemple, ou au moyen d'une liaison permettant d'intervenir à distance sur le système du client. Elles peuvent également être réalisées dans les locaux du client par des équipes du prestataire en charge de ces travaux.

Il faut distinguer externalisation et **délocalisation**. La délocalisation correspond au fait de déplacer géographiquement une activité pour bénéficier d'avantages liés à la localisation (fiscalité, coût salariaux, proximité des clients ou des fournisseurs), souvent, mais pas toujours, à l'étranger. En informatique, le terme d'*offshoring* est souvent

employé pour désigner la délocalisation vers des pays qui disposent d'une main d'œuvre qualifiée avec des rémunérations relativement faibles.
Externalisation et délocalisation

	Sans délocalisation	Avec délocalisation
Sans externalisation	L'entreprise met en place et gère elle-même, en interne et sur place, ses ressources informatiques.	La délocalisation peut être le fait d'une entreprise en interne : implantation d'un centre de services partagés dans un pays offrant des avantages sans qu'il y ait nécessairement externalisation.
Avec externalisation	L'entreprise a recours à un prestataire externe (SSII/ESN) dont l'activité est située dans la même zone géographique.	Il peut y avoir externalisation et délocalisation lorsque le prestataire a recours à des équipes implantées dans une autre zone géographique. Les SSII/ESN internationales ont une grande partie de leur personnel en Inde.

B. Périmètre

1. Activités

Dans le domaine des systèmes d'information, l'externalisation recouvre un large spectre de prestations. Cela va de la conception d'applications spécifiques à la prise en charge complète du SI, en passant par des prestations d'audit et de conseil :
- gestion d'infrastructures : gestion et maintenance du matériel informatique, hébergement et/ou administration de serveurs, des réseaux, d'espaces de stockage, etc. ;
- gestion des applications : hébergement ou mise à disposition en mode locatif de progiciels (conçus par des éditeurs) ; **tierce maintenance applicative** (**TMA**) qui consiste à prendre en charge tout ou partie de la maintenance des applications en définissant des niveaux de disponibilité, de délais et de qualité ;
- conception/développement d'applications nouvelles, spécifiquement pour l'entreprise, et intégration au SI existant ;
- intégration au SI existant de nouveaux éléments, matériels ou applications, qu'il s'agisse d'applications développées sur mesure ou de progiciels ;
- assistance aux utilisateurs : **numéro d'urgence** (***hot line***), **centre d'assistance** (***help desk***).

2. Étendue

Certaines entreprises, en particulier les plus petites, ont recours à un prestataire externe pour la gestion globale de leur informatique. Les entreprises plus importantes combinent des ressources et services internes avec le recours à l'externalisation de certaines parties de leur SI.

Certaines des fonctions requérant des spécialistes en TIC sont plus souvent confiées à un prestataire que d'autres : développement et mise en œuvre (logiciels, sites Web, bases de données, administration de réseaux, support technique et aide) sont souvent externalisés, tandis que le management lié aux TIC (conseil et stratégie, plan directeur) l'est rarement. Cela traduit une volonté des entreprises de conserver la maîtrise de leur système d'information.

Les comportements de sous-traitance diffèrent selon le secteur d'activité : les entreprises financières sous-traitent plus spécifiquement les tâches de développement et de management liées aux TIC, mais moins souvent les opérations courantes. Les entreprises du commerce et des services aux entreprises recourent davantage à la sous-traitance du management des TIC.

L'infogérance implique souvent la mise en place de liaisons permettant d'intervenir à distance pour éviter le déplacement d'un ou plusieurs techniciens afin de réduire les coûts et les délais d'intervention.

C. Cadre contractuel

L'externalisation repose sur un **cahier des charges**, document contractuel où est exposé le transfert des ressources humaines, de biens matériels ou immatériels. La prestation attendue doit être bien définie. L'engagement doit reposer sur des responsabilités mutuelles définies et mesurables par des indicateurs (*cf.* Mémo 16).

Un contrat d'infogérance ou de TMA porte sur une période limitée, généralement de 3 à 5 ans. Pour développer une relation stable entre les deux parties, il faut au préalable communiquer les bonnes données et avertir de tout changement.

D'autres formes d'externalisation portent sur un projet et sont définies par rapport à un objectif.

Les ressources utilisées :

1. peuvent rester la propriété de l'entreprise et être situées dans ses locaux, le prestataire assurant simplement l'exploitation ;
2. peuvent rester la propriété de l'entreprise, mais être implantées dans les locaux du prestataire ;
3. peuvent être fournies par le prestataire et mutualisées entre plusieurs clients.

Le ***cloud computing*** (**informatique en nuage**) correspond au développement de cette dernière situation avec une dématérialisation des ressources qui échappent totalement au contrôle de l'utilisateur, sont accessibles via Internet et facturées en fonction de leur utilisation.

2 Facteurs influençant l'arbitrage

A. Les objectifs de l'externalisation

1. Bénéficier des compétences du prestataire

L'intérêt pour l'entité qui externalise est de bénéficier de l'expertise du prestataire basée sur l'expérience acquise auprès de ses différents clients. Ces compétences mobilisées dans le cadre d'engagements contractuels garantissent au client un niveau de qualité.

Le prestataire est un spécialiste et dispose des compétences les plus avancées et actualisées en permanence qui peuvent bénéficier à son client en fonction de ses besoins, alors que ce dernier n'aurait pas la possibilité d'avoir en interne une telle étendue de compétences.

2. Maîtriser les coûts

Il y a **mutualisation des coûts** : le prestataire réalise des économies d'échelle sur les ressources qu'il met à disposition de ses différents clients. De ce fait, il y a généralement un impact à la baisse sur le coût des prestations par rapport à des solutions internes.

Le fait d'avoir recours à un prestataire externe entraîne une facturation de ses services, ce qui permet une connaissance précise du coût.

Le recours à l'externalisation entraîne aussi une **variabilisation des charges** : l'externalisation peut permettre de réduire les coûts fixes (moins d'investissements) ou semi-fixes (moins de personnel interne).

3. Adapter l'informatique aux besoins

Le prestataire peut adapter les ressources humaines en fonction des besoins car celles-ci peuvent être redéployées entre ses différents clients. Cela permet de moduler la prestation, donc d'en adapter le coût dans une certaine mesure et de mobiliser, si nécessaire, des ressources importantes.

La continuité du service est assurée en cas de départ de salariés. L'entreprise est moins dépendante qu'avec du personnel interne.

L'externalisation est parfois vue comme un rééquilibrage des pouvoirs entre direction générale, directions métiers et DSI. Le recours à un prestataire externe limite le risque d'une DSI repliée sur elle-même.

4. Accompagner le développement de l'entreprise

La croissance de l'entreprise fait apparaître de nouveaux besoins d'un point de vue quantitatif, mais surtout qualitatif. Le recours à un prestataire externe permet de gérer ces besoins sans à-coups liés à des problèmes de dimensionnement : retards pour embaucher ou investir, ou au contraire surdimensionnement.

L'entreprise libère des capitaux et des ressources humaines qui peuvent être mobilisés sur ses activités prioritaires.

L'internationalisation de l'entreprise peut être un facteur d'externalisation. Un prestataire informatique présent dans les différents pays d'implantation de l'entreprise sera en mesure d'accompagner cette internationalisation tout en préservant la cohérence du SI. L'entreprise ne sera pas confrontée aux difficultés de l'expatriation ou du recrutement d'équipes locales.

B. Les limites

1. Risque de perte de maîtrise du SI

Comme pour toute externalisation, il y a un risque de perte de compétences. De plus, dans le cas du SI, il n'est pas facile d'évaluer la qualité de la prestation sans disposer de compétences spécifiques.

Il y a une grande différence entre externaliser le nettoyage des locaux ou l'entretien d'un parc automobile, et l'externalisation d'éléments sur lesquels repose le SI. Celui-ci impacte fortement le développement de l'organisation. Sa maîtrise est donc un enjeu stratégique.

Il faut établir une distinction selon que l'externalisation porte sur des tâches courantes (maintenance de matériel, d'applications, etc.) ou a pour effet de confier au prestataire des responsabilités essentielles (conception, évolution du SI, etc.).

De plus, les personnes extérieures qui interviennent sur le système d'information peuvent avoir accès à des données sensibles. Cela nécessite de mettre en place des règles de sécurité spécifiques.

2. Pouvoirs du prestataire

Du fait des enjeux stratégiques liés au système d'information, le client risque de se trouver en situation de dépendance par rapport au prestataire.

Avant d'externaliser, une organisation doit définir les compétences qu'elle va conserver en interne. Il faut pouvoir suivre et maîtriser la relation avec le(s) prestataire(s) externe(s).

Le contrat ne peut jamais prévoir toutes les situations possibles. Cela peut laisser au prestataire la possibilité de faire des choix en privilégiant ses intérêts (comportements opportunistes). Il peut être difficile pour le client d'évaluer la qualité réelle et le juste prix des services rendus. La prestataire peut être tenté de limiter ses efforts et/ou de facturer des montants excessifs.

3. Des coûts qui peuvent être excessifs

Le facteur coût peut être une des raisons qui poussent à l'externalisation. Mais la comparaison entre le coût de la prestation réalisée en interne et le devis d'un prestataire externe est parfois incertaine du fait de la relativité des méthodes de calcul de coût et de la difficulté d'évaluation du contenu de l'offre externe. Il y a pour l'entité qui a recours à l'impartition un risque lié à l'asymétrie d'information sur le coût réel de l'opération et sur la qualité. Cela peut se traduire par un coût excessif par rapport à la réalité de la prestation et par des coûts cachés.

4. Risque de dépendance

Il y a un risque de dépendance vis-à-vis du prestataire non seulement en cas de disparition de celui-ci, mais aussi pour sortir de la relation contractuelle. Une fin de contrat, en cas de non-reconduction ou de rupture, peut s'avérer délicate même s'il est prévu une clause de réversibilité. Se pose alors le problème du transfert de compétences entre l'infogérant et un nouveau prestataire ou avec les équipes internes.

Même si les contrats d'infogérance prévoient généralement la reprise des salariés concernés, l'externalisation peut aussi être mal perçue par les salariés de l'entité qui externalise et générer un conflit social.

Par ailleurs, du point de vue social, il peut être délicat de gérer des salariés qui travaillent ensemble ou les uns à côté des autres avec des statuts différents.

C. Facteurs de réussite

Pour limiter les risques, la gestion de la relation entre l'entreprise et son prestataire doit être maîtrisée. Cela implique que l'entreprise dispose en interne des compétences nécessaires.

Les principaux points sont les suivants :

1. Conduire une réflexion stratégique préalable pour bien identifier les compétences clés et les activités potentiellement externalisables.
2. Évaluer la qualité, l'efficience et le coût des solutions existantes en interne.
3. Définir les prestations à fournir, les critères d'évaluation utilisés et rédiger un appel d'offres pour diffusion aux partenaires éventuels.
4. Vérifier et comparer les réponses à l'appel d'offres, négocier avec le prestataire retenu les termes du contrat (prestations à fournir qui peuvent être ajustées par rapport à l'appel d'offres, indicateurs de niveau de service et modalités de suivi, prix avec clause d'évolution, conditions de renouvellement et de fin du contrat).
5. Organiser la phase de transition (information des utilisateurs, transfert des actifs).
6. Suivre l'exécution du contrat : évaluer les performances, effectuer les adaptations nécessaires (changements technologiques et changements dans les processus métiers de l'entreprise).
7. Préparer la fin du contrat en examinant les différentes options qui sont :

- poursuite voire extension du contrat avec le même partenaire ;
- changement de partenaire ;
- réinternalisation (*backsourcing*) des activités concernées.

Les contrats doivent être préparés avec soin et suivis avec attention, d'autant plus que chaque contrat est spécifique par son objet et par le contexte dans lequel il est exécuté et que le prestataire dispose de compétences avancées. C'est l'une des raisons du contrat. Mais cela accroît le risque qu'il agisse en privilégiant ses intérêts au détriment de ceux du client.

Contrats et niveaux de service

Toute démarche d'externalisation implique un contrat dont les termes doivent être soigneusement définis. Il faut expliciter les engagements du prestataire en lien avec les attentes du client. Cette démarche contractuelle s'élargit aux solutions internes avec des contrats de service entre la DSI et ses « clients » internes. Cela nécessite de définir précisément les niveaux de service attendus, en s'appuyant sur les meilleures pratiques du secteur.

1 Particularités des contrats de services informatiques

A. Définition

Le contrat de prestation de service informatique ne fait pas l'objet d'une réglementation particulière. Comme tout contrat, il doit comporter certaines mentions :
- les parties au contrat ;
- l'objet du contrat ;
- les prix des prestations de services ;
- les modalités d'exécution des prestations ;
- la durée du contrat ;
- les obligations des parties ;
- les modalités d'évaluation de la prestation et les sanctions ;
- les modalités de renouvellement et de résiliation ;
- le règlement des litiges (clause d'arbitrage, juridiction compétente, etc.).

Certaines clauses sont plus spécifiques aux contrats informatiques ou présentent des particularités.

- La **sécurité des données** : il s'agit d'exploiter les données tout en garantissant leur intégrité, leur confidentialité et leur pérennité.
- Les **modalités de fin de contrat** : le contrat se termine à son échéance, en cas de non renouvellement, ou par rupture dans les conditions prévues au contrat. Dans tous les cas, il doit être prévu les conditions de transfert entre l'ancien et le nouveau prestataire ou bien l'entreprise elle-même en cas de reprise en interne ; il faut définir ce qui doit être restitué ou conservé par le prestataire.
- La **fixation du prix** et les **modalités de révision** : Pour un contrat dont l'exécution s'inscrit dans la durée, il faut non seulement se mettre d'accord sur un prix, mais aussi sur les conditions de son évolution au cours de son exécution. Cela peut être un pourcentage fixe mais il est plus courant de prévoir une indexation du prix en fonction d'un **indice de référence**. En matière informatique l'indice de référence est l'indice Syntec qui mesure l'évolution du coût de la main d'œuvre (comme pour tout contrat, il est interdit de fixer une clause d'indexation fondée sur le niveau général des prix ou des salaires, ou sur le prix de biens, produits ou services n'ayant pas de relation directe avec l'objet du contrat).

B. Modes de facturation

1. Contrat au forfait

La facturation varie suivant le type de contrat : au **forfait** ou en **régie**.
Dans un contrat au forfait, le montant facturé est défini à l'avance.
Le prix forfaitaire intègre le coût des fournitures, les salaires et les frais généraux.
Le montant du forfait se calcule sur le projet et non sur le temps passé réellement.
Le coût final peut donc être parfois plus élevé pour le client ou pour le prestataire qu'avec une facturation au temps passé.
L'avantage du forfait est qu'il est ferme et définitif (dans le cadre du périmètre défini et sous réserve des clauses de révision), mais sa fixation est délicate.
Le forfait est fixé après un appel d'offres qui met en concurrence les prestataires potentiels. Cela peut conduire ces derniers à sous-estimer la charge en nombre de jours de travail. Il y a alors un risque que la prestation ne soit pas à la hauteur car le prestataire après avoir tiré sur le prix voudra tout de même préserver sa marge en limitant ses coûts. Pour le client comme pour le prestataire, l'essentiel se joue lors de la négociation du contrat.

2. Contrat en régie

Dans un contrat en régie, la facturation est effectuée en fonction des moyens humains (et matériels s'il y a lieu) mis à la disposition du client.
Ce sont les tâches effectivement réalisées par le prestataire (majorées d'un coefficient de frais généraux) qui sont facturées au fur et à mesure. Ainsi, tous les aléas qu'il peut rencontrer dans son travail sont pris en compte.
Cela revient à une mise à disposition temporaire d'informaticiens par la société de service à la société cliente. Cependant les salariés restent sous l'autorité du prestataire sous peine d'être en infraction avec la législation du travail.
La régie présente des avantages :
- pour la société de service, qui limite ses risques ;
- pour la société cliente, qui peut faire effectuer un travail sans en définir par avance la durée et sans avoir à embaucher de salariés.

La difficulté pour le client est qu'il ne connaît pas le coût par avance et que c'est le prestataire qui maîtrise la durée.
Le contrat de régie exige que le prestataire de services et son client aient établi une relation de confiance. Dans ce cadre, un contrôle strict des horaires de travail et des avancées du projet est indispensable.

3. Contrats mixtes

Le contrat au forfait est une sécurité pour le client qui sait par avance ce qu'il va payer. Il peut être risqué pour le prestataire s'il mesure mal l'ampleur du travail.
Dans le cadre d'un projet susceptible d'évoluer au fur et à mesure de son avancée, le développement au forfait n'est pas adapté. Le contrat en régie sera privilégié.

Dans les faits, beaucoup de contrats sont un mélange des deux pratiques car il est rare qu'au démarrage d'un projet, même de maintenance, on sache effectivement et exactement ce qu'il y a à faire, que ce soit au niveau de ce qui est à accomplir ou des moyens à mettre en œuvre.
Cela peut conduire à une combinaison des deux modes de facturation : une facturation au forfait dans la limite d'un périmètre défini et une facturation en régie pour des travaux complémentaires qui apparaîtraient nécessaires.

C. Facturation interne

La facturation des services informatiques et les niveaux de services ne concernent pas seulement les relations entre les prestataires de services et leurs clients.
Il est fréquent de mettre en place un système de **facturation interne** des services offerts par la DSI aux directions métiers.
Cela permet tout d'abord de créer les conditions d'une négociation entre les parties. Le client interne va « payer » pour des services dont le prix doit être négocié avec la DSI. Le prix de cession interne prélevé sur le budget de la direction concernée constitue une « recette » pour la DSI. Celle-ci devient ainsi un centre de profit qui doit justifier la création de valeur pour ses clients afin de couvrir ses coûts.
La négociation d'un contrat de service permet de cadrer la relation entre la DSI et les utilisateurs et de limiter les risques de conflits.

2 Mise en place d'une relation de service

A. Niveaux de service et responsabilités

1. Définition des niveaux de service

Un accord de niveau de service (*Service Level Agreement*, SLA) définit le niveau et la qualité d'une prestation.
Un **contrat de service** entre un prestataire externe ou interne avec son client ou ses utilisateurs formalise des engagements. Il doit s'inscrire dans une démarche de qualité. Il implique une définition claire du niveau des prestations qui font l'objet du contrat.
Au-delà des généralités, un contrat de service doit préciser de manière détaillée les obligations de chacune des parties.
Les services à livrer doivent être décrits de façon précise. Cela implique de définir des indicateurs à mettre en place pour permettre le suivi des engagements tels que :
- temps de réponse des serveurs ;
- délais de traitement ;
- taux de disponibilité du réseau ;
- délais de reprise d'activité en cas de panne ;
- niveaux de satisfaction...

2. Responsabilités du client

Le client s'engage à fournir au prestataire toutes les informations nécessaires à la bonne réalisation de la prestation, aussi bien lors de la conclusion du contrat que tout au long de sa durée.
Le contrat précise les modalités de fourniture d'un reporting et la mise en place d'une structure de gouvernance de la prestation pour en assurer le suivi.
L'étendue de la responsabilité du prestataire est définie par le contrat. Cependant, elle peut être appréciée différemment selon qu'il s'agit d'un contrat au forfait ou en régie. De plus elle peut être dégagée en cas de manquement du client à ses obligations.

B. Le référentiel Itil

1. Démarche

ITIL (*IT Infrastructure Library*, bibliothèque de l'infrastructure des technologies de l'information) est un cadre de référence rassemblant, dans un ensemble de guides, les meilleures pratiques en matière de management des services informatiques.
L'objectif est de doter les DSI d'outils et de documents leur permettant d'améliorer la qualité du service rendu dans le cadre des objectifs stratégiques de l'organisation. Le service informatique est vu comme un ensemble de processus étroitement liés. Itil est une référence dans les appels d'offres et les prestataires certifient leurs consultants. Ils définissent leurs offres de services en s'appuyant sur les processus décrits par le référentiel. ITIL propose un vocabulaire et une définition des processus visant à donner un langage commun à tous les informaticiens.
La démarche ITIL consiste à transformer l'informatique de **centre de coût** en **centre de services**.

<table>
<tr><td rowspan="2">Centre de coût</td><td>Pompier</td><td colspan="2">• Résolution d'incident</td></tr>
<tr><td>Réactif</td><td colspan="2">• Prise d'appels
• Résolution d'incident
• Gestion de parc</td></tr>
<tr><td rowspan="2">Centre de services</td><td>Proactif</td><td colspan="2">Réactif et • Traitement des demandes
• Gestion des incidents
• Gestion des problèmes
• Bases de connaissance</td></tr>
<tr><td>Prédictif</td><td></td><td>Proactif et • Gestion des changements
• Gestion des configurations
• Gestion des niveaux de service
• Service à distance
• Performances
• Démarche qualité
• Communication</td></tr>
</table>

▲ **Centre de services**

Le support et la fourniture des services sont les domaines clés de la méthode ITIL et placent le client interne ou externe au cœur du système.

2. Service support

Le domaine Service Support (soutien des services) concerne le fonctionnement et le support de l'infrastructure technologique. Il est décomposé en six processus :
ITIL : les processus du Service Support

Processus	Objectifs
Service Desk : Centre de services	L'interface unique entre les utilisateurs et le service informatique ; il est à l'écoute du client interne ou externe pour apporter des solutions immédiates mais aussi recueillir les informations qui permettent d'améliorer le service dans la durée.
Incident Management : Gestion des incidents	Un incident est un événement qui entraîne l'interruption ou la dégradation du service. Gérer les incidents consiste à rétablir le fonctionnement du service dans les meilleurs délais, en tenant compte de leur degré de criticité.
Problem Management : Gestion des problèmes	La gestion des problèmes consiste à rechercher les causes des incidents qui se produisent de manière récurrente de manière à mettre en place des mesures préventives.
Change Management : Gestion des changements	Le système informatique est en perpétuelle évolution. Mettre en œuvre des démarches de conduite du changement permet de faire en sorte que ces évolutions se déroulent sans perturber le fonctionnement de l'entreprise, en particulier au plan humain.
Release Management : Gestion des mises en production	Le système évolue par la mise en production de versions successives des logiciels et des configurations. Ce processus doit être sécurisé de manière à éviter les interruptions du service ou la perte de certaines fonctionnalités.
Configuration Management : Gestion des configurations	Suivi et gestion des configurations (composants matériels et logiciels) pour en assurer la cohérence, gestion du référentiel de configurations (Configuration Management DataBase).

3. La mise en place des services

Le domaine ***Service Delivery*** (fourniture des services) concerne le fonctionnement et le support de l'infrastructure technologique. Il est décomposé en cinq processus :

ITIL : les processus du Service Delivery	
Processus	**Objectifs**
Availability Management : Gestion de la disponibilité	Assurer la disponibilité du service avec une anticipation des incidents.
IT Continuity Management : Gestion de la continuité des services IT	Définir et mettre en œuvre des délais contractuels pour la reprise après incident.
Service Level Management : Gestion des niveaux de service	Identification et suivi des niveaux de services grâce à des contrats de service renégociés périodiquement.
Capacity Management : Gestion des capacités	Vérifier l'adéquation des capacités et performances avec les exigences actuelles et à venir.
IT Financial Management : Gestion financière des services IT	Suivi des coûts des services informatiques, gestion des budgets.

4. Bénéfices de la démarche ITIL

ITIL propose un référentiel des meilleures pratiques. Cela permet aux responsables informatiques et aux prestataires de services de mettre en commun leurs expériences et de mettre en œuvre les méthodes les plus efficaces dans une démarche de ***benchmarking*** (**étalonnage**) pour :

- améliorer la satisfaction des utilisateurs (internes et externes) ;
- assurer la disponibilité et la fiabilité du système ;
- mieux définir les rôles ;
- renforcer la communication entre le service informatique et les métiers ;
- mettre sous contrôle des processus et évaluer les services avec des indicateurs pertinents et mesurables ;
- organiser la capitalisation de l'expérience et le partage des connaissances.

Nature et évolution des coûts du SI

Les coûts du SI comprennent les coûts du matériel, les coûts de développement, de production et de maintenance ainsi que les coûts de gestion et de formation. La part respective de ces différents coûts évolue avec les technologies. Le coût de possession du poste de travail (TCO) est un indicateur qui atteint ses limites avec les nouveaux modes d'utilisation de l'informatique.

1 Nature des coûts

A. Composants

1. Les coûts de la DSI

Les dépenses mondiales en technologies de l'information représentent près de 4 000 milliards de $, soit environ 5 % du PIB mondial. En progression : le logiciel, les centres de stockage de données (*datacenters*) et les services TI. En revanche, les investissements en interne baissent fortement.

La gestion d'une DSI implique de s'assurer que les moyens mis en œuvre sont utilisés de façon efficiente pour atteindre les objectifs fixés (performances techniques, maîtrise des coûts, respect des délais impartis, niveau de qualité requis, fiabilité et sécurité des systèmes, etc.).

Il convient de distinguer coûts de développement et de maintenance (qui sont complémentaires) d'une part et coûts de production d'autre part. Ces coûts se décomposent par ailleurs en coûts directs et indirects.

Enfin, le fonctionnement même de la DSI génère des coûts de personnel et administratifs.

2. Les coûts des infrastructures

Les coûts des infrastructures correspondent à différents éléments :

- ordinateurs (serveurs et postes de travail) ;
- périphériques (imprimantes, stockage des données, etc.) ;
- réseaux (câblage et éléments d'interconnexion).

Ces coûts ont tendance à diminuer, principalement ceux relatifs aux serveurs et au stockage des données, du fait de nouveaux modes d'accès aux ressources (*cloud*).

De plus les postes de travail sont moins coûteux et moins soumis à obsolescence que dans le passé car ils servent principalement à accéder aux ressources du réseau.

3. Les coûts de développement et de maintenance

Les coûts de développement représentent les dépenses affectées aux tâches de conception, d'écriture, de test et de documentation **au début du cycle de vie** d'une application.

Les coûts de maintenance représentent les dépenses **pendant les autres étapes du cycle de vie** (correction des bugs ou bogues, adaptations nécessaires du fait de l'évolution des règles de gestion et du changement de l'environnement technique).

Ces prestations sont de plus en plus souvent externalisées car les entreprises ont majoritairement cessé de développer leurs propres logiciels pour s'adresser au marché et acquérir des progiciels.
La problématique du développement est donc remplacée par une problématique d'achat et d'intégration, la mise en place de progiciels nécessitant une adaptation parfois longue et coûteuse.
La tendance à l'externalisation concerne aussi la maintenance des applications, dans le cadre de la de la Tierce Maintenance Applicative (TMA).
Le concept de **logiciels libres** peut sembler apporter une solution pour réduire les coûts d'obtention d'un système informatique. Cependant, il ne faut pas confondre logiciels libres et logiciels gratuits. Libre signifie avant tout *open source*, c'est-à-dire que le code source (le programme) est accessible et modifiable. Cela va parfois de pair avec la gratuité, mais pas forcément.
De plus, les logiciels libres nécessitent une installation et des adaptations qui impliquent un investissement en compétences et en temps.
Si beaucoup d'entreprises utilisent Linux sur leurs serveurs alors qu'elles utilisent Windows sur les postes de travail, c'est principalement pour avoir une meilleure maîtrise du réseau, Linux laissant plus de latitude aux informaticiens pour définir les services.

4. Les coûts de production

Les coûts de production représentent les dépenses affectées à des tâches moins connues que celles du développement mais fondamentales pour la bonne marche de l'entreprise : Recette et mise en exploitation des applications, définition des contrats de services, fonctionnement du système, assistance aux utilisateurs, gestion et sauvegarde du patrimoine des données, administration du réseau, gestion des incidents / gestion des problèmes (cf. Mémo 16), suivi des performances, gestion des configurations.
Ici aussi on enregistre une forte tendance à l'automatisation, à l'industrialisation des processus et au recours à l'externalisation.

5. Coûts directs et indirects

La maîtrise des coûts informatiques, qui sont de plus en plus élevés, est un enjeu important pour les entreprises. La première condition est d'en avoir une bonne connaissance. Certains de ces coûts sont directs et facilement mesurables, mais se pose néanmoins la question de leur imputation par composants du SI, par projets... De plus, les coûts indirects et induits sont importants et leur prise en compte est plus délicate.

→ **coûts directs**

- coûts d'obtention des différents éléments des configurations matérielles et logicielles ;
- coûts d'obtention des services associés, notamment des consultants chargés de l'intégration et des prestations de formation ;
- coûts de maintenance des éléments de la configuration.

→ **coûts indirects**

- coûts induits par la consommation de temps des personnels impliqués dans le projet en tant que maîtrise d'ouvrage ;
- coûts liés à la perte de productivité du travail des utilisateurs, qui doivent, d'une part, effectuer un travail en double pendant la période de transition d'un système à un autre et d'autre part acquérir une nouvelle courbe d'expérience dans le cadre du nouveau système.

D'après le **livre blanc pwc : comment mieux piloter la performance économique de sa DSI ?** les dépenses des DSI des entreprises ayant participé à l'étude vont de 0,5 à 5,4 % du chiffre d'affaires, avec une grande diversité suivant la taille et le secteur d'activité et une incertitude sur la façon dont sont pris en compte les coûts informatiques de l'entreprise.

La répartition de ces coûts est analysée suivant plusieurs critères :

- par nature des coûts

Logiciels : 9 %	Matériels : 19 %	Prestations externalisées : 47 %	Masse salariale : 25 %

- par activités

Support : 10 %	Applicatifs : 54 %	Infrastructure : 36 %

- par type de dépenses

- Capex (*capital expenditure*, dépenses d'investissement) : 26 % ;
- Opex (*operational expenditure*, charges d'exploitation) : 74 %.

B. Méthodes d'analyse

1. Analyse par nature

L'analyse par nature (personnel, matériel, logiciel, etc.) s'apparente à la comptabilité générale classique. Elle découle de l'imputation des dépenses dans les comptes de charges. Elle donne des informations globales.

2. Analyse par activité

Il s'agit de décomposer les différents coûts du Système d'Information par activité, puis de déterminer les règles d'affectation des activités aux prestations fournies par la DSI afin de leur attribuer un coût.

L'**analyse par activité** vise à obtenir des coûts élémentaires pour chaque activité de la DSI. Elle permet d'affecter à chaque activité (Maîtrise d'œuvre, développement, déploiement, production, administration système, administration réseau, support utilisateur en bureautique, etc.) l'ensemble des ressources consommées (ressources humaines, matérielles, logicielles, etc.).

3. Analyse par prestation

L'**analyse par prestation** consiste à identifier les services rendus aux clients (par exemple la mise à disposition de postes de travail) et à évaluer ces prestations. Cette démarche permet la refacturation des prestations aux directions métiers.
Cette démarche nécessite d'associer au montant de la prestation une nature et un niveau de services précisément définis.

ex : *La mise à disposition d'un poste de travail implique de recenser tous les coûts s'y rapportant (voir ci-après) et de préciser le niveau de service (garantie de disponibilité en % du temps, délais d'intervention...).*

4. Analyse par projet

L'**analyse par projet** est une approche indépendante de l'analyse par activité et par prestation. La redistribution sur un projet des coûts de la DSI n'est pas simple car le projet a son propre cycle de vie qui ne correspond pas à l'exercice comptable.

2 Le coût de possession du poste de travail (TCO)

A. Définition

La maîtrise des coûts de l'informatique nécessite d'en avoir une bonne connaissance. Mais il est parfois difficile de regrouper différents éléments de coût pour leur donner du sens en les reliant à des prestations clairement identifiées du point de vue de l'utilisateur.
Dans cette optique, le cabinet de conseil Gartner a proposé le concept de **TCO (*Total Cost of Ownership*)**, **coût total de possession**. Cette notion a été popularisée par les cabinets de conseil et ESN comme élément de comparaison inter-entreprises et de maîtrise des coûts informatiques dans la durée (suivi de leur évolution pour une même entreprise).
L'objectif du TCO est de prendre en compte l'ensemble des coûts liés au fait de disposer d'un poste de travail informatique. Il prend en compte :

- l'ensemble des coûts visibles (coûts d'achat, coûts de fonctionnement, coûts de formation...) ;
- les coûts cachés (temps improductif perdu par l'utilisateur du fait de pannes ou de difficultés d'apprentissage des produits).

L'intérêt du TCO est qu'il apporte au dirigeant un indicateur mesurable, exprimé en unités monétaires, dont la signification est facilement compréhensible.

B. Composants

Cet indicateur regroupe les coûts liés à l'acquisition et à l'utilisation d'un poste de travail pendant sa durée de vie :

- matériels (postes de travail, imprimantes, périphériques, serveurs, composants du réseau, etc.) sous forme de dotations aux amortissements ou loyers ;
- logiciels (système d'exploitation et applications) ;

- coût d'installation de l'équipement et des logiciels (paramétrage de progiciels...)
- gestion (prévision, acquisition, test, déploiement, sauvegarde, maintenance) ;
- coût des équipes d'exploitation (gestion technique...) ;
- coût du support technique, de l'assistance, etc.
- formation (interne, externe) ;
- coûts de développement ;
- coûts des réseaux ;
- autres coûts directs (consommables, documentation, énergie, locaux, etc.) ;
- coûts liés à l'utilisateur final (recherche de solutions personnelles, recours aux collègues, etc.) ;
- coûts liés à fa perte de productivité si des interruptions de service (prévues ou non) bloquent la production et les tâches utilisateur.

L'application de cette méthode conduit à évaluer le coût annuel d'un poste de travail connecté, régulièrement mis à jour, à 5 à 10 fois son coût d'achat.

C. Les limites du concept de TCO

Certains coûts sont difficiles à isoler : il y a des coûts (matériels, logiciels) facilement imputables au seul SI, mais d'autres posent de réels problèmes de répartition, par exemple les coûts de personnel :

- Pour le personnel de la DSI, il peut être difficile de ventiler le coût entre les différentes activités.
- Pour le personnel hors DSI, la difficulté est de mesurer le temps passé lié au SI.

Les dépenses liées à des investissements (matériels ou logiciels) peuvent être prises en compte par amortissement ou en flux. Dans le premier cas, cela revient à intégrer des charges calculées, et non des dépenses, et cela pose le problème du choix du mode de calcul. Dans le second cas, cela pose le problème de la cohérence entre les dépenses prises en compte et la période sur laquelle le calcul est effectué. De plus, il faut s'interroger sur la valeur résiduelle ou le coût de mise au rebut en fin de période.

Les comparaisons d'une entreprise à l'autre ne sont pas forcément pertinentes : les périmètres définis et la mesure des coûts peuvent varier. Au sein d'une même entreprise, d'une période à l'autre, la nature et le volume des besoins, les niveaux de service peuvent différer. Le fait d'effectuer un calcul par utilisateur, ou par poste de travail permet de limiter les effets de volume, mais ne prend pas en compte le niveau d'intensité de l'informatique au sein de l'activité, ni l'efficience de son utilisation. Les résultats obtenus sont à relativiser en fonction du stade de développement des technologies de l'information atteint par l'entreprise.

Avec la dématérialisation de l'informatique (développement du *cloud computing*, informatique en nuage) le concept de TCO semble de moins en moins opérationnel.

Enfin, le TCO est une approche en termes de coûts. Il ne prend pas en compte les gains générés par le SI. Mesurer le coût du SI ne suffit évidemment pas à l'évaluer. Il faut mettre les coûts en perspective par rapport aux services rendus (nature et niveau de service). (voir mémo 14)

MÉMO 18 Évaluation des projets informatiques

Pour évaluer ce que rapporte telle ou telle composante du SI, tel ou tel projet, à l'organisation concernée, il faut mettre en relation les coûts engagés et les gains financiers, directs ou indirects, ainsi que les réductions de coûts. Diverses méthodes d'évaluation peuvent être utilisées. L'impact en termes de création de valeur doit aussi être pris en compte.

1 L'impact économique du SI

A. Impact des projets SI

1. Impact au niveau du compte de résultat

Sur les charges :

- les coûts liés à la consommation d'énergie ;
- les redevances pour les services externalisés ;
- les coûts de formation ;
- impact à la hausse ou à la baisse sur les salaires et charges sociales ;
- impact sur les frais financiers en cas d'endettement pour financer les projets mais aussi par la baisse du besoin en fonds de roulement liée à une meilleure maîtrise des stocks et encaissements ;
- les amortissement générés par les investissements ;
- ...

Sur les produits :

- les gains engendrés par le SI en termes d'augmentation du CA.

L'analyse d'un projet SI nécessite tout d'abord de recenser les coûts directs et induits. Ceux-ci sont généralement chiffrés. Il s'agit ensuite de mettre ces coûts en relation avec les gains attendus. Cela permet une première approche qui mesure la rentabilité de l'investissement dans le SI en termes de **retour sur investissement**. Cependant cette approche ne rend en compte que l'impact sur le résultat.

Pour aller plus loin, il faut constater que les modifications de la structure organisationnelle ont aussi un impact sur la structure du bilan et donc la structure de financement qui impacte la création de valeur par l'entreprise.

2. Impact au niveau du bilan

Sur l'actif :

- augmentation ou diminution des immobilisations ;
- réduction des stocks et des en-cours clients ;
- modification de la trésorerie ;
- ...

Sur le passif :

- augmentation des ressources stables (capitaux propres, emprunts) du fait des immobilisations ou diminution en cas de passage à un mode locatif ou à la demande ;

- modification du passif circulant liée à une meilleure gestion des flux physiques et informationnels ;
- ...

La notion de création de valeur met en relation le résultat dégagé par l'entreprise, la rémunération des capitaux investis et l'évolution de la valeur de l'entreprise.

B. Évaluer les gains

Les gains peuvent prendre différentes formes (*cf.* Mémo 14) et être classés en trois catégories :

1. Les gains mesurables en unités monétaires : recettes supplémentaires et réductions de charges ;
2. Les gains mesurables en unités non monétaires : nombre de visites sur un site de vente en ligne, taux de transformation des visites en commandes, etc.
3. Les gains intangibles : augmentation de la satisfaction des clients, plus grande réactivité, etc.

ex : *Dans le cas d'un système de gestion des ventes, les gains identifiables par le déploiement d'un projet SI peuvent être :*

1. Gains mesurables en unités monétaires

- *Augmentation du montant moyen des commandes clients ;*
- *Réduction du coût de possession du stock de produits finis ;*
- *Réduction des coûts logistiques.*

2. Gains mesurables en unités non monétaires

- *Augmentation du nombre de commandes clients ;*
- *Réduction des stocks de produits finis en volume ;*
- *Accélération du règlement des factures.*

3. Gains intangibles

- *Amélioration de la fiabilité des prévisions des ventes ;*
- *Accélération du cycle de traitement d'une commande client ;*
- *Avantages liés à la simplification des tâches d'administration des ventes pour permettre aux commerciaux de se consacrer à la relation clients ;*
- *Augmentation du nombre de clients en ouvrant un nouveau canal de distribution,*
- *Réduction des délais de livraison.*

Les différentes formes d'évaluation financière nécessitent de transformer l'ensemble des gains en unités monétaires avant de pouvoir les mettre en relation avec les coûts. Les gains de la 2e catégorie et, *a fortiori*, de la 3e doivent faire l'objet d'un traitement qui est source d'approximation, voire de biais. Les résultats obtenus doivent donc être relativisés. La précision des chiffres ne doit pas faire oublier l'imprécision des étapes préalables.

2 Différentes approches

A. Démarche

Les choix en matière de système d'information doivent être étudiés du point de vue du **retour sur investissement** (**ROI, *return on investment***) même si cette approche peut être réductrice car certains avantages, en particulier stratégiques, sont difficiles à chiffrer.
Cette analyse consiste à mettre en balance le coût d'un projet ou d'une composante du SI et les gains attendus.
Le terme investissement doit être pris au sens large de toute dépense immédiate destinée à produire des effets dans le futur et non au sens strict, comptable ou fiscal.
Les gains attendus sont évalués en unités monétaires pour chacune des années concernées et diminués des coûts récurrents de fonctionnement et d'entretien. L'incidence fiscale peut être prise en compte ou négligée dans un souci de simplification.

B. Méthodes d'évaluation

1. Délai de récupération

Une première approche consiste à rapprocher la somme des gains du coût du projet. Il suffit d'évaluer les bénéfices attendus année par année et de déduire le coût annuel de fonctionnement.
Le **délai de récupération** (***pay back***) est alors le délai, en années et fractions d'années au bout duquel le cumul des gains compense la dépense initiale.

ex : *Un projet dont le coût initial est de 5 000 rapporte 1 260 la première année et 1 425 les années suivantes.*

Années	1	2	3	4	5
Gains	1 260	1 425	1 425	1 425	1 425
Cumul	1 260	2 685	4 110	5 535	6 960

Le montant initial est récupéré au cours de la 4e année.
Le complément des trois premières années est 5000 - 4110 = 890.
*Le délai de récupération est de 4 + (890 / 1 425) = 4,625, soit 4 ans 7 mois et 15 jours car 0,625 * 12 = 7,5 mois.*

Cette méthode est souvent utilisée car elle est simple à appliquer et donne un résultat compréhensible par toute personne.
Elle est critiquable car elle consiste à additionner des flux financiers qui interviennent à des dates différentes.
Des méthodes plus sophistiquées intègrent la notion d'actualisation.

2. Valeur Actuelle Nette

En anglais : *Net Present Value* (NPV).

Cette méthode consiste à actualiser tous les flux pour les ramener à une date de référence unique. Cela implique de définir un taux d'actualisation.

ex : *En reprenant l'exemple précédent avec un taux d'actualisation de 5 % on obtient :*

Années	0	1	2	3	4	5
Flux	**- 5 000**	1 260	1 425	1 425	1 425	1 425
Flux actualisés	**- 5 000**	1 200	1 293	1 231	1 172	1 117
Cumul des gains actualisés		1 200	2 493	3 723	4 896	6 012

*La **Valeur Actuelle Nette (VAN)** est de 6 012 - 5 000 = **1 012 sur 5 ans**.*

*Elle est négative **sur trois ans** : 3 723 - 5 000 = **- 1 277**.*

On pourrait dire ici que le délai de récupération est de 4 ans (4 956 à la fin de la 4e année) mais cela n'a pas de sens de combiner la notion de délai de récupération et celle d'actualisation qui consiste à ramener toutes les sommes à la date initiale.

La Valeur Actuelle Nette est une méthode plus rigoureuse d'un point de vue financier. Elle est plus compliquée à calculer et surtout à expliquer à des non-initiés.

Elle présente deux difficultés : le choix du taux d'actualisation et le choix de l'horizon temporel. Or il suffit de modifier l'un de ces deux paramètres pour que le résultat soit différent.

Le choix du taux dépend de l'environnement économique (par référence avec l'inflation) mais aussi d'une rentabilité attendue.

Dans l'exemple précédent, la VAN sur 3 ans est négative.

La VAN sur 5 ans est égale à - 11 pour un taux de 12 %. Cela signifie que si l'on considère 12 % comme la rémunération normale des capitaux investis, le projet ne crée pas de valeur. Et si le taux attendu est de 15 %, il en détruit.

3. Taux de Rentabilité Interne

Aussi appelé **Taux Interne de Rentabilité (TIR)**.

En anglais, *Internal Rate of Return* (IRR).

C'est le taux d'actualisation pour lequel la VAN est nulle.

L'avantage de cette méthode est de ne pas avoir à choisir un taux d'intérêt. Le **taux de rentabilité interne (TRI)** est une caractéristique du projet.

Si le TIR est supérieur au taux de rentabilité attendu des capitaux, le projet est considéré comme rentable. S'il est inférieur, le projet n'est pas suffisamment rentable.

ex : *En reprenant l'exemple précédent, il apparaît que la VAN est nulle sur 5 ans pour un taux de 11,917 %. C'est donc le TIR du projet.*

Sur 3 ans le TIR est de 9,03 %.

La limite de ce critère est que sa signification est abstraite. Il donne un taux qui ne correspond à aucune réalité économique et dont l'interprétation est difficile. De plus,

lors de la comparaison entre plusieurs projets, celui qui a le TRI le plus élevé n'est pas forcément celui qui a la VAN la plus élevée.
Enfin, comme pour la VAN le calcul du TRI nécessite le choix d'un horizon temporel.

4. Limites de ces méthodes

Quelle que soit la technique employée, ces méthodes ont en commun de s'inscrire dans une approche financière. Certains éléments non financiers peuvent être intégrés en leur attribuant des valeurs. Cependant les enjeux stratégiques, organisationnels et humains risquent d'être sous-estimés malgré un impact important, dans un sens ou dans l'autre, sur la performance et la pertinence du SI.

ex : *Il est difficile d'évaluer sur des critères financiers un projet visant à améliorer la sécurité du SI ou à le mettre à niveau pour tenir compte des évolutions réglementaires (Bâle pour les banques, DSN, IFRS, etc.).*

C. SI et création de valeur

Les différentes méthodes abordées ci-avant ne tiennent pas compte de l'impact du projet sur les actifs, les fonds propres ou l'endettement de l'entreprise. Pour dépasser ces limites, il faut une approche en termes de création de valeur qui intègre le financement du projet et son rendement économique global.
Le calcul en termes de création de valeur tient compte de la rentabilité opérationnelle des projets, mais aussi des impacts en termes de valeur patrimoniale et de la rémunération des ressources mobilisées. Ces ressources peuvent être des emprunts dont la rémunération apparaît dans les charges financières, mais aussi des capitaux propres non rémunérés mais dont on considère qu'ils ont un coût d'opportunité évalué par référence à la rémunération des capitaux sur les marchés financiers.
Un projet SI qui met en oeuvre une stratégie de réduction des coûts ou de développement du chiffre d'affaires est créateur de valeur car il agit sur le résultat opérationnel, mais cela doit être mis en perspective avec son impact sur la structure financière de l'entreprise.

ex : *Est créateur de valeur un projet SI qui :*

- *améliore l'intensité capitalistique en maintenant le chiffre d'affaires tout en immobilisant moins de capitaux investis ;*
- *améliore le* ***Besoin en Fonds de Roulement (BFR) :*** *flux tendus, chaîne logistique...*

Dans la logique de l'EVA (*economic value added*, valeur ajoutée économique) la valeur créée correspond à la différence entre la valeur globale de l'entreprise à un moment donné et sa valeur globale au bout d'une certaine période. Il ne s'agit plus de calculer un résultat induit par le projet, mais un ratio de Rentabilité des Capitaux Investis (RCI). Celui-ci prend en compte l'impact du projet en termes de résultat mais aussi de bilan. Il doit être supérieur au coût du capital investi (rémunération des capitaux sur le marché financier) pour qu'il y ait création de valeur. Cependant dans une approche élargie de la création de valeur, celle-ci peut être abordée du point de vue de l'ensemble des parties prenantes et pas seulement de celui des actionnaires.

Architecture technique

Une architecture informatique comporte des éléments matériels et logiciels. Ces éléments sont connectés entre eux pour former le réseau local, lui-même connecté à Internet. Les évolutions technologiques et les nouveaux usages autour des données transforment les architectures d'entreprise.

1 Infrastructure technologique

A. Composants matériels d'une architecture

1. Évolution

L'infrastructure technologique comprend un ensemble d'éléments matériels sur lesquels s'appuie le système d'information. Cela correspond aux ordinateurs, serveurs, périphériques ainsi qu'aux réseaux qui mettent en relation tous ces éléments. Ces éléments peuvent aussi être vus comme une plateforme regroupant des ressources permettant d'offrir un ensemble de services.
La plateforme technologique permet de :
- Transmettre des données y compris sur de longues distances
- Stocker de grandes quantités de données
- Traiter ces données à l'aide de logiciels

Début	Phase	Caractéristiques
Années 1970	Ordinateurs centraux	Des opérateurs humains utilisent un grand nombre de terminaux pour accéder à des ressources uniques, dépendantes du même fournisseur (matériel et logiciel) et constituées d'applications dédiées à des fonctionnalités limitées.
Années 1980	Ordinateurs personnels	La multiplication des outils personnels, d'abord l'ordinateur, puis les tablettes, ordiphones (smartphones), etc. va de pair avec la multiplication des solutions applicatives et permet le développement de la productivité personnelle.
Fin années 1980	Architectures client-serveur	Les ressources sont réparties entre le poste client, point d'entrée de l'utilisateur, et le(s) serveur(s) qui ser(ven)t à stocker et traiter les données partagées, ce qui permet de concilier autonomie et partage de ressources.

Début	Phase	Caractéristiques
Années 2000	Architectures cloud	Le développement d'Internet avec une bande passante de plus en plus importante permet de transporter des quantités de données augmentant de façon exponentielle. Cela pousse la logique client-serveur jusqu'à réduire le poste client au rôle d'outil de connexion à des ressources multiples et variées avec des capacités quasiment illimitées.

2. Un modèle multicouche

Dans une architecture client-serveur, il peut y avoir 2 ou plusieurs niveaux (n-tiers). Le développement d'Internet a permis l'intégration des réseaux locaux dans des architectures multiserveurs.

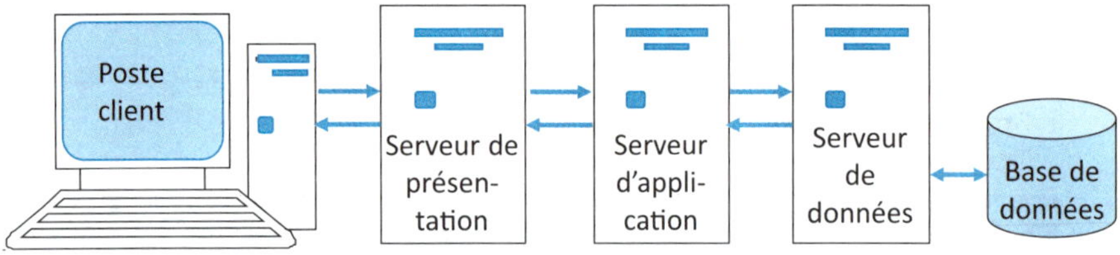

▲ Schéma : architecture 4-tiers

Dans une architecture n-tiers, le poste client joue un rôle d'interface permettant à l'utilisateur d'accéder aux ressources. Celles-ci sont fournies par un ou plusieurs serveurs qui ont des rôles différents.

Sur le schéma ci-dessus, on distingue :

- Un poste client ;
- Un serveur de présentation qui reçoit les demandes transmises via le réseau local ou Internet par le poste client, les transmet au serveur d'application et enverra en retour les données sous une forme exploitable par le poste client ;
- Un serveur sur lequel est installée l'application (ERP, CRM...) et qui va interagir avec le serveur qui gère la base de données ;
- Un serveur sur lequel est installé le moteur de base de données ; la base de données peut être sur le serveur de données ou sur un espace de stockage distinct tel qu'un NAS (*network attached storage*, unité de stockage en réseau : mémoire de masse autonome accessible par l'intermédiaire d'un réseau local).

Les fonctionnalités assurées par ces différents serveurs peuvent être regroupées sur un seul et même serveur.

En mode *cloud*, les serveurs sont virtualisés.

3. Déterminants technologiques de l'évolution des infrastructures

L'architecture matérielle d'un ordinateur est basée sur le modèle de Von Neumann qui en définit les fonctions essentielles : la collecte, le stockage, le traitement et la diffusion d'informations. Cela implique 4 composantes :

- dispositif d'**entrée-sortie** pour interagir avec l'utilisateur : périphériques transformant les informations d'entrée en données binaires, ou inversement ;
- **mémoire** pour le stockage des données ;
- **UAL** : unité arithmétique et logique ou unité de traitement (ALU : *Arithmetical and Logical Unit*) pour effectuer le traitement des données ;
- **UC** : unité de contrôle pour organiser les flux de données et vérifier l'ordonnancement des traitements.

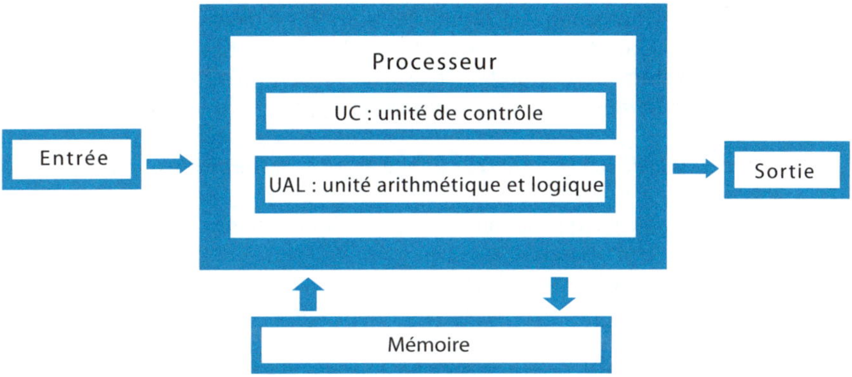

▲ **Architecture Von Neumann**

La montée en puissance de l'informatique est marquée par des évolutions de grande ampleur :

- **capacités de traitement** : sur plusieurs décennies, le nombre de transistors sur une puce de silicium, et donc la capacité de traitement, a doublé environ tous les 18 mois (Loi de Moore) ;
- **capacités de stockage** : la capacité des disques durs a doublé tous les treize mois, le coût étant dans le même temps divisé par deux (Loi de Kryder) ;
- **débit des réseaux** : le débit de la connexion de données de l'utilisateur augmente de 50 % tous les ans, soit un doublement tous les 21 mois (loi de Nielsen) ;
- **développement des réseaux** : l'intérêt d'un réseau est proportionnel au carré du nombre de ses utilisateurs (Loi de Metcalfe).

B. Aspects logiciels

1. Principe

Le principe de base de l'informatique, conceptualisé par Turing, est l'exécution automatique d'une suite d'instructions appelée programme. Tous les ordinateurs, postes de travail individuels, serveurs, outils individuels d'accès aux réseaux (tablettes, ordiphones...) sont des machines conçues pour exécuter des programmes. Un logiciel est un ensemble cohérent de programmes destiné à remplir une fonction précise.

ex : *Un logiciel de comptabilité permet de gérer les données comptables et de produire des documents déclaratifs, des analyses, des états de synthèse...*

Les instructions constituant un programme ainsi que les données se présentent, une fois codées en **langage machine**, sous la forme de bits (contraction de *binary digit*, chiffre binaire), suite de 0 et de 1. C'est ce qui permet de faire de l'ordinateur un outil universel ayant la capacité de traiter toutes sortes d'informations.

2. Typologies

Plusieurs distinctions peuvent être faites entre les logiciels :

- Suivant le **niveau d'interaction** avec le matériel et l'utilisateur :
  - **logiciels systèmes** : permettent d'assurer le bon fonctionnement des différents éléments matériels d'une configuration et de les mettre à disposition des applications ;
  - pilotes : logiciels qui servent d'interface entre le système d'exploitation et certains matériels ;
  - utilitaires : logiciels qui servent à assurer le bon fonctionnement et la sécurité de l'ensemble des matériels et logiciels ;
  - **logiciels applicatifs** : permettent d'automatiser des tâches et des activités, sur un périmètre plus ou moins large, pour améliorer l'efficacité et l'efficience des utilisateurs ;
  - **logiciels médiateurs** (*middleware*) ou interstitiels : permettent le fonctionnement de plusieurs ordinateurs de façon coordonnée, en attribuant à chacun une tâche spécifique, comme les échanges avec les utilisateurs, l'accès aux bases de données ou aux réseaux indépendamment des caractéristiques matérielles et logicielles des réseaux informatiques et des systèmes d'exploitation impliqués ; permettent également de coordonner le fonctionnement de plusieurs logiciels au sein d'un même ordinateur.

ex : *Le logiciel médiateur ODBC (Open DataBase Connectivity) est un élément défini par Microsoft pour les systèmes d'exploitation Windows, permettant la communication entre des bases de données fonctionnant sous différents systèmes de gestion de bases de données (SGBD). Il est ainsi possible d'interfacer une application avec n'importe quel serveur de bases de données, possédant un driver ODBC ce qui est le cas de tous les principaux SGBD du marché.*

- Suivant le **degré de standardisation** :
  - logiciel **standard** : logiciel conçu pour un grand nombre d'utilisateurs sur la base de besoins communs identifiés et modélisés de façon impersonnelle ;

- logiciel **spécifique** : répond à la demande d'un client identifié, correspond à un développement « sur mesure » en interne (de moins en moins) ou par une ESN (le plus souvent) ;
- logiciels **paramétrables** : développés comme des logiciels standards, mais incluant des possibilités plus ou moins importantes de personnalisation lors de l'installation.

• Suivant le **type de contrat** de licence :

- Logiciel **propriétaire** : logiciel dont l'auteur définit les conditions dans lesquelles ce programme peut être utilisé, diffusé ou modifié par des tiers ; il conserve ses droits patrimoniaux mais permet simplement l'utilisation de son logiciel dans les conditions prévues par la licence qui peut être octroyée à titre gratuit ou, le plus souvent, onéreux ;
- Logiciel **libre** (*open source*) : logiciel distribué avec l'ensemble de ses **programmes sources** dont l'utilisation, l'étude, la modification, la duplication et la diffusion sont autorisées afin que les utilisateurs puissent l'enrichir et partager les améliorations.

N.B. : Il ne faut pas confondre **logiciel libre** avec **gratuiciel** (*freeware*) qui est un logiciel propriétaire distribué à titre gratuit, **partagiciel** (*shareware*) qui est un logiciel propriétaire gratuit pendant la période d'essai et **gratuit-payant** (*freemium*) qui est un modèle commercial proposant le choix, pour un produit donné, entre une version de base gratuite et une ou plusieurs versions payantes offrant des fonctions supplémentaires ou dépourvues de publicité.

2 Optimisation des infrastructures physiques

A. L'explosion des données

1. Informatique décisionnelle

Un système décisionnel (informatique décisionnelle, *business intelligence*) est conçu pour effectuer des tâches d'analyse et non des tâches opérationnelles. Il vise à reproduire le raisonnement d'un expert humain pour assister les dirigeants dans la prise de décision.

Le principe est d'agréger une quantité importante de données générées par les applications transactionnelles (collecte et traitement des informations relatives aux activités opérationnelles) afin d'effectuer des analyses pour en tirer des informations stratégiques utiles aux décideurs.

Les bases de données orientées vers les applications décisionnelles sont constituées sous la forme d'**entrepôts de données** (*datawarehouses*) qui regroupent les informations issues de multiples sources hétérogènes : bases de données, feuilles de calcul, fichiers divers, etc.

Les données sont extraites de différentes sources par un applicatif appelé **ETL** (Extract - Tranform - Load) ou en français **ETC** (Extraction - Transformation - Chargement).

Un entrepôt de données peut être organisé en **magasins de données** (**datamarts**) qui constituent des sous-ensembles plus ciblés à l'intention d'un métier spécifique tel que contrôle de gestion, etc.

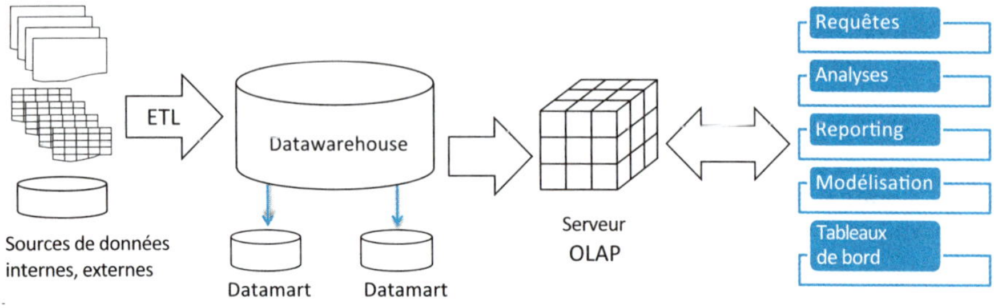

▲ **Architecture d'un système décisionnel**

Les entrepôts de données nécessitent la mise en œuvre d'outils spécifiques, regroupés sous le terme de ***data mining*** signifiant **forage de données** (fouille de données).
Le *data mining* permet de découvrir des corrélations, des règles de comportement, des modèles difficiles à distinguer car :
- le volume de données est conséquent ;
- le nombre de variables est important.

Il convient de distinguer le *data mining* d'une approche partant d'hypothèses initiales que l'on cherche à confirmer par les données. Le *data mining* fait apparaître une règle à partir des données sans a priori. Il ne s'agit pas de créer des modèles explicatifs, mais de rapprocher des faits pour faire des constats et en tirer des conséquences.
L'analyse des données utilise des méthodes telles que **OLAP**, *OnLine Analytical Processing*, basée sur une **modélisation multidimensionnelle** (hypercubes). Cela permet de croiser les données suivant plusieurs axes (virtuellement en nombre illimité) pour détecter des liens et des tendances.
L'**informatique décisionnelle** regroupe différentes catégories de logiciels :
- **Logiciels de reporting** : générer des rapports sur les systèmes assurant le fonctionnement quotidien de l'entreprise (applications fonctionnelles) ;
- **Logiciels d'interrogation et d'analyse** : accès autonome et interactif aux informations ;
- **Tableaux de bord** (*dashboards*) : indicateurs de performance avec différents niveaux d'analyse, du plus global au plus détaillé, pour faciliter le suivi de la réalisation des objectifs et l'analyse des écarts.

2. Big data et intelligence artificielle

Le terme ***big data*** (en français, mégadonnées ou données massives) désigne un ensemble de technologies, d'outils et de procédures permettant de collecter et traiter en temps réel des données à la fois très nombreuses et très hétérogènes.
Il s'agit d'exploiter des **données non structurées** issues de multiples sources internes et externes aux entreprises.

Évolution de l'informatique décisionnelle permise par l'accroissement des capacités de stockage et de traitement, le *big data* est caractérisé par quatre éléments, **les 4 V** : volume, vitesse, variété, valeur (voir mémo 5).
La valeur d'une donnée dépend de l'utilisation qui en est faite. L'intérêt est surtout de croiser des données hétérogènes (réseaux sociaux, géolocalisation, trafic automobile...) pour en tirer des services inédits.
Les flots de données à analyser ne cessent de croître avec l'**Internet des objets** (IoT, *Internet of Things*), qui connecte les appareils que tout le monde utilise : voiture, réfrigérateur, plaques de cuisson...
Ces grandes quantités de données sont stockées dans leur format d'origine dans des *data lakes* (en français, **lacs de données**). Un ***data lake*** permet de disposer d'une étendue de données plus vaste qu'un *datawarehouse* en volume, mais surtout en diversité car le stockage dans un data lake ne nécessite pas de structurer les données. Cette approche est différente de celle du *datawarehouse* car il s'agit de charger les données dans un état quasiment brut et de les transformer ensuite pour les rendre exploitables. Cette démarche est qualifiée d'**ELT** (Extract-Load-Transform) plutôt que d'**ETL** (Extract-Transform-Load) qui caractérise le *datawarehouse*. Alors que la logique de l'informatique décisionnelle consiste à pousser les données de leurs origines vers leurs utilisateurs selon un chemin relativement défini, le *data lake* offre une plus grande flexibilité : chaque utilisateur doit définir son besoin pour extraire les données sources nécessaires et les combiner pour qu'elles prennent du sens.
L'**intelligence artificielle** (*machine learning*, etc.) est généralement associée aux notions de *big data* et *data lake*. (voir Mémo 5)

B. Virtualisation

La **virtualisation** est une technique logicielle permettant de simuler une fonctionnalité matérielle. Un système informatique virtuel offre les mêmes services que son équivalent physique. Cela permet de faire tourner plusieurs systèmes virtuels (et plusieurs systèmes d'exploitation et applications) sur un seul et même appareil ou de regrouper plusieurs appareils pour créer un système virtuel de plus grande capacité. Cela se traduit par des économies d'échelle et des gains d'efficacité.
Une **machine virtuelle** (*virtual machine* ou VM) est autonome et entièrement indépendante. L'installation de plusieurs VM sur un ordinateur permet d'exécuter différents systèmes d'exploitation et applications sur un seul et même serveur physique, ou « **hôte** ».
La virtualisation permet de dissocier les ressources matérielles des fonctionnalités qu'elles offrent, ce qui permet plus de souplesse et une réduction des coûts.
Optimisation des performances et disponibilité des ressources sont les principaux avantages de la virtualisation. De plus une machine virtuelle peut être facilement dupliquée sur un support distant et restaurée en cas de problème.

Une couche logicielle, appelée **hyperviseur**, est interposée entre les machines virtuelles et l'hôte. Son rôle est d'allouer, en fonction des besoins, des ressources informatiques à chaque machine virtuelle.
La virtualisation a permis le développement du *Cloud computing* qui offre des ressources informatiques à la demande sous forme de service (voir Mémo 4) ce qui implique que ces ressources soient dissociées de leur support matériel pour pouvoir être mutualisées et facilement déployées.

C. Interconnexion des réseaux

Le premier niveau de connexion est le **réseau local** (LAN, *local area network*). Lorsque plusieurs réseaux locaux géographiquement distants sont interconnectés il s'agit d'un **réseau étendu** (WAN, *Wide Area Network*). Le terme (MAN, *Metropolitan Area Network*) est parfois employé lorsque les réseaux interconnectés sont à l'échelle d'une agglomération.
L'interconnexion des composants d'un réseau local est réalisée à l'aide de **commutateurs** (*switches*). Pour relier des réseaux entre eux, il faut des **routeurs**.
Internet (*INTERconnected NETworks*) est un ensemble de protocoles qui permettent de faire communiquer entre eux des réseaux interconnectés indépendamment de la façon dont ils ont été conçus.
Un **Intranet** est un réseau privé utilisant les technologies, infrastructures et protocoles d'Internet pour fournir des services à l'ensemble des établissements d'une entreprise, indépendamment de leur localisation géographique. Il permet le transport et le traitement des flux d'informations internes à l'entreprise de façon sécurisée tout en utilisant des réseaux publics.
Un **Extranet** est un Intranet dont une partie est interconnectée avec les réseaux de partenaires de l'entreprise. L'extranet est l'architecture informatique la plus adaptée à l'entreprise étendue.

D. Notion de portail

Internet offre un certain nombre de services dont le plus connu et le plus utilisé est le web qui regroupe un ensemble de sites reliés par des hyperliens.
Un **portail** se présente comme une page web conçue pour être un point d'entrée sur internet et proposer aux utilisateurs l'accès à différentes ressources. Ces ressources peuvent soit provenir de liens vers des sites tiers de référence, des forums de discussion... soit être constituées de contenus propres au portail. L'identification de l'internaute peut permettre d'accéder à des ressources supplémentaires et/ou personnalisées.
Un fournisseur d'accès à Internet (FAI) possède généralement son propre portail Web généraliste, s'adressant à un large public. Il existe aussi des portails thématiques.
En entreprise, on retrouve la notion de portail sur Intranet ou Extranet. C'est une interface qui donne accès aux ressources mises à disposition des salariés de l'entreprise ou d'entreprises partenaires.

Surveillance et prévention

L'importance prise par le SI dans toutes les organisations nécessite une attention renforcée aux questions de sécurité. Il faut identifier les risques et prendre des mesures pour les anticiper ainsi que pour y faire face s'ils surviennent. Cela passe par la mise en place d'une fonction en charge de la sécurité informatique et par une sensibilisation de l'ensemble des acteurs. Des mesures doivent être prises et des plans préparés pour faire face à toute éventualité en assurant la continuité de l'exploitation.

1 Enjeux d'une politique de sécurité

A. Les objectifs en matière de sécurité

La place des systèmes d'information dans les organisations fait que leur fonctionnement est aujourd'hui vital. La sécurité des systèmes d'information devient ainsi un enjeu stratégique pour les entreprises.
La sécurité des systèmes d'information vise généralement cinq objectifs.

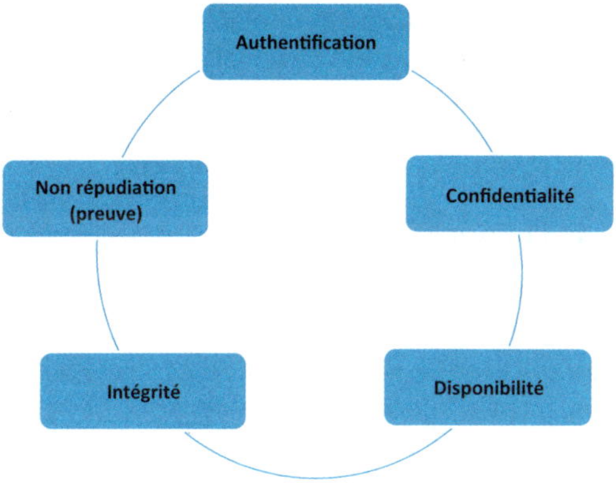

- la **confidentialité** garantit que les données sont consultées seulement par les personnes autorisées ; cela nécessite de préciser, pour chaque type de donnée, qui peut y avoir accès ;
- l'**authentification** a pour but de vérifier qu'une personne est bien celle qu'elle prétend être : cela comprend le fait de fournir un identifiant et le fait de le valider (mot de passe, empreinte digitale, etc.) ;
- l'**intégrité** implique que les fonctions et données ne sont pas altérées, qu'elles ne sont ni supprimées (totalement ou partiellement), ni modifiées, sauf par les personnes autorisées à le faire ;
- la **disponibilité** implique que les données et les ressources soient accessibles au moment où elles sont nécessaires et que ces dernières soient en état de remplir les fonctions attendues ;

- la **non-répudiation** désigne la capacité d'un système à garantir qu'une entité a bien pris part à une action (traçabilité) et ne pourra pas le contester par la suite (valeur probante).

B. Aspects matériels et immatériels

Le système d'information de l'organisation est composé d'éléments matériels et immatériels.
Dans le cas des éléments matériels, le vol, la disparition ou le dommage à un quelconque de ces actifs devront être évités par des mesures préventives. Ils peuvent de plus faire l'objet de polices d'assurance.
Les biens immatériels composant le système d'information sont des logiciels et des données :

- Les logiciels, qu'ils soient ou non inscrits à l'actif, doivent être identifiés. Il faut que les codes sources (si disponibles), supports originaux des éditeurs, licences d'utilisation, contrats de cessions de droits ou de maintenance soient conservés de façon sécurisée.
- Les contenus des bases de données ou des fichiers représentent souvent des valeurs importantes qui peuvent être réalisées dans certaines occasions (cession ou fusion d'entreprise, par exemple), mais surtout sont indispensables au fonctionnement de l'entité : les données concernant les clients, les contrats, les réponses aux appels d'offres, représentent, en tant que composants du capital immatériel, une part significative de la valeur des entreprises.

C. La sensibilité de l'information

1. Des données à protéger

L'information peut être la cible d'attaques, qu'il s'agisse de la manipuler ou de la détruire, de l'extraire ou d'en restreindre l'accès, voire de la rendre inaccessible. La sécurité des systèmes d'information a donc pour objet de mettre en place des solutions organisationnelles et/ou techniques susceptibles de protéger les informations les plus sensibles en priorité mais également les autres.
Les informations qui doivent demeurer confidentielles, celles qui doivent absolument être disponibles ou celles qui peuvent représenter un attrait pour une tierce partie, sont appelées sensibles.
L'AFNOR distingue trois types d'informations :

- « L'information aisément et licitement accessible » que certains appellent « l'information blanche » est ouverte à tous. Elle se trouve dans la presse, Internet…
- L'information licitement accessible mais caractérisée par des difficultés dans la connaissance de son existence et de son accès : « information grise ». Pour la trouver, il faut savoir la chercher dans une démarche d'intelligence économique qui se rapproche du renseignement.

- « L'information à diffusion restreinte et dont l'accès et l'usage sont expressément protégés ». Il s'agit ici de « l'information noire » qui est protégée par un contrat ou une loi. Un nombre restreint de personnes est autorisé à y accéder.

Il est recommandé que les informations relevant de cette dernière catégorie reçoivent une mention rappelant leur sensibilité en considération de la gravité des conséquences qu'aurait leur divulgation, leur altération, leur indisponibilité ou leur destruction.

2. RGPD

La **Réglementation européenne sur la protection des données** à caractère personnel (**RGPD** ou **GDPR**, *General Data Protection Regulation*) définit les règles à appliquer pour la collecte et l'usage des données personnelles, la sécurité, le droit à l'oubli et la portabilité des données.

Certains volets sont du ressort de l'information des entreprises envers leurs clients ou utilisateurs autour notamment de la transparence sur la finalité de l'utilisation de la donnée, ou du renforcement des conditions de consentement de l'utilisation des données à caractère personnel.

D'autres volets impactent l'organisation et le système d'information de l'entreprise. Ainsi, plusieurs articles contraignent les entreprises à indiquer la façon dont elles exploitent et stockent les données.

Le concept de ***privacy by design*** (**respect de la vie privée dès la conception**) exprime le fait que le respect de la vie privée des utilisateurs du système d'information doit être intégré dans la conception des traitements, d'une base de données, d'une application.

Les données personnelles ne sont pas seulement celles qui « identifient une personne ». Il s'agit en fait des données « se rapportant à une personne physique identifiée ou identifiable », ce qui est bien plus large.

ex : *Le simple fait de créer un compte sur un site Internet fournit des données personnelles.*

Le fait de naviguer sur le site en étant identifié génère des données relatives à une personne identifiée.

La personne concernée par un traitement de données à caractère personnel est celle à laquelle se rapportent les données. C'est elle qui bénéficie des protections prévues par les textes, et notamment des droits d'information, d'accès, de rectification, et éventuellement d'opposition. C'est son **consentement** qu'il convient de recueillir si nécessaire.

Le consentement doit être complet, éclairé et non équivoque.

Le RGPD, s'applique non seulement aux fichiers mais aussi aux traitements de données à caractère personnel. Les textes actuels (loi informatique et libertés et RGPD) ont un champ d'application étendu à tous les « traitements » et pas seulement à la conservation des données.

ex : *Les données personnelles qui circulent sur Internet et qui sont manipulées par différents acteurs ne sont pas forcément enregistrées dans des fichiers car elles sont traitées en temps réel et leur conservation n'a pas forcément d'intérêt.*

Chaque entreprise doit tenir un **registre de traitements des données**.

Le responsable d'un traitement de données est celui qui définit les fins et les moyens. C'est à lui qu'incombent les devoirs et obligations. C'est lui qui devra assurer les démarches prévues et qui encourt les éventuelles sanctions.

Le **délégué à la protection des données** (DPO, *Data Protection Officer*) institué par le RGPD est en charge d'assurer la sécurité des données personnelles. Son rôle est de s'assurer que son entreprise respecte bien la législation en matière de données personnelles.

Sa désignation, recommandée dans tous les cas, est obligatoire pour les autorités ou organismes publics, ainsi que pour les organismes dont les activités de base les amènent à traiter de grandes quantités de données personnelles.

D. Les risques

1. Identifier les risques

L'importance prise par les technologies de l'information et les transferts de données via les réseaux multiplient les **sources de risques**. Les failles de sécurité sont souvent liées à des erreurs humaines, c'est pourquoi les mesures et outils techniques de prévention doivent être complétés par une politique de sécurité qui implique l'ensemble des acteurs du SI.

Les failles suivantes sont parmi les plus fréquentes :

- des systèmes de protection défaillants (pare-feu, contrôle d'accès...) et des applications qui ne sont pas mises à jour (les mises à jour incluent le plus souvent des correctifs de sécurité),
- une mauvaise politique de gestion des mots de passe (mots de passe partagés par toute l'entreprise, ou mots de passe faciles à deviner tels que : date anniversaire, 12345678, azerty... mots de passe trop simples et non renouvelés régulièrement), conservation des mots de passe en clair sur le poste, enregistrement des mots de passe dans le navigateur...
- une absence de sensibilisation, formation et information du personnel,
- etc.

2. Les différents types de menaces

Type de menace	Mode d'action	Exemples
Programmes malveillants	**agissant de façon directe**	Virus - Vers Déni de service - *Ransomware*
	agissant de façon masquée	Cheval de Troie - *Spyware* *Keylogger* - *Rootkit*

Messages indésirables et/ou nuisibles	**avec action du destinataire**	*Hoax - Phishing*
	sans action du destinataire	*Spam - Adware*

Exemples de menaces par nature ou potentielles

Un **virus** informatique est un logiciel malveillant véhiculé par un logiciel légitime qui s'implante et se reproduit sur l'ordinateur infecté. Un **ver** informatique se propage à travers les réseaux en utilisant la messagerie par exemple pour toucher tous les contacts existant dans une boîte mail infectée.

Une attaque par **déni de service** (DDos, *Distributed denial of service*) consiste à envoyer de multiples demandes en même temps vers une cible afin de saturer le système. Ces attaques donnent lieu à des demandes de rançon ou sont destinées à en masquer d'autres. Elles s'appuient sur des réseaux de milliers d'ordinateurs ou équipements, qui ont été infectés ou détournés par des pirates qui en ont pris le contrôle à distance, à l'insu de leur propriétaire. Ces réseaux sont appelés ***botnets*** ou réseaux de machines zombies.

Un ***ransomware*** (rançongiciel) chiffre les documents stockés dans l'ordinateur, ce qui les rend illisibles et inexploitables, et une rançon est demandée pour obtenir le code de déchiffrement.

Un **cheval de Troie** (*Trojan*) est un programme introduit dans un ordinateur pour que son auteur puisse y accéder à sa guise, avec des intentions malveillantes.

Un ***spyware*** (logiciel espion) est spécifiquement dédié à la récupération de données, en se faisant le plus discret possible.

Un ***keylogger*** (enregistreur de frappe) permet de récupérer ce qui est saisi sur le clavier d'un ordinateur.

Les ***rootkits*** (dissimulateurs d'activité) permettent de masquer d'autres logiciels indésirables en contrôlant le système à la racine (*root*) donc en amont des protections classiques. Ils sont utilisés, entre autres, pour construire des réseaux d'ordinateurs qui peuvent être utilisés à l'insu de leur propriétaire (*botnets*) pour mener des actions nécessitant des ressources importantes (attaques par déni de service).

Les **manœuvres d'ingénierie sociale** jouent sur la confiance (ou la crédulité) des victimes : ***phishing*** (hameçonnage) qui consiste à demander des informations personnelles en envoyant des e-mails semblant provenir d'organisations légitimes (service des impôts, banque...) ; ***hoax*** (canular), faux appel à la solidarité sous des prétextes divers...

Les **messages indésirables** (*spam*, pourriel ; *adware,* publiciel) ne sont pas en eux-mêmes des menaces, mais ils peuvent être utilisés comme vecteurs de virus, chevaux de Troie, etc.

3. Des systèmes ouverts

Le système d'information de l'entreprise est désormais déployé dans un contexte d'entreprise étendue permettant un travail en réseau avec ses clients ou usagers, ses fournisseurs, ses donneurs d'ordre, ses partenaires ou les représentants de l'administration.

Ces échanges génèrent des vulnérabilités vis-à-vis d'attaques potentielles contre lesquelles l'entreprise doit se protéger.

Les risques sont amplifiés par l'interconnexion des réseaux qui fait que :

- la vitesse de transfert d'informations sur les liaisons informatiques peut être exploitée par les utilisateurs malveillants ;
- des informations sensibles (codes d'accès...) circulent sur les réseaux et peuvent être captées.

En outre, la généralisation des outils nomades (téléphones mobiles, PDA, ordinateurs portables...) et le passage au tout numérique gomment la frontière entre espace professionnel et espace privé, accentuant très significativement les risques.

La facilité d'accès aux ressources de n'importe où par différents moyens (AWATADAC, *any where, any time, any device, any content* : n'importe où, n'importe quand, n'importe quel outil, n'importe quel contenu) a pour revers une exposition accrue aux risques.

D'autre part, le recours fréquent à l'externalisation accentue la vulnérabilité. Les organisations concernées doivent assurer l'accessibilité de l'ensemble des données de leur système d'information à des personnes extérieures, dans un cadre contractuel pour lequel il n'existe aucune contrainte réglementaire spécifique. L'organisation doit donc, lors de la négociation, élargir à ceux de l'organisme tiers les précautions prises pour ses propres salariés.

Le développement du *cloud computing* accentue les risques liés à l'utilisation des réseaux et à l'externalisation.

4. Des conséquences lourdes

Les attaques sont aujourd'hui de plus en plus fréquentes, elles peuvent engendrer des pertes financières importantes par l'interruption de service de façon directe ou indirecte et porter fortement atteinte à l'image de l'entreprise. Les incidences sur les entreprises peuvent comporter de lourdes conséquences :

- en termes de préjudices financiers,
- du fait de procédures juridiques longues et coûteuses,
- par la perte de confiance des parties prenantes,
- au niveau du personnel (risque de démotivation).

2 Limiter les risques

A. Mesures techniques

Il s'agit de mettre en œuvre les techniques relatives à la protection des réseaux, des serveurs, des postes de travail et à la sauvegarde des données.

Les réseaux de télécommunication constituant les points privilégiés d'accès aux données par des utilisateurs dispersés géographiquement, l'accent doit être mis sur la sécurisation de ces réseaux et sur l'authentification de ceux qui s'y connectent.
Parmi les moyens de défense :

- Installer des **pare-feux** (***firewall***) pour créer une zone tampon (**DMZ** ou **zone démilitarisée**) jouant le rôle de sas entre la zone publique et la zone privée pour accueillir les serveurs accessibles depuis Internet en les isolant du réseau local ;
- Déployer des solutions de protection intégrées (antivirus, protection contre les sites frauduleux, sécurité des transactions, etc.) ;
- Sécuriser les transferts de données en mettant en place des **VPN** (*virtual private network*, réseau privé virtuel) utilisant des méthodes d'authentification et de chiffrement (voir Mémo 21).

B. Aspects organisationnels

1. Responsable de la sécurité des systèmes d'information

Pour assurer la sécurité, les entreprises mettent en place un responsable de la sécurité des systèmes d'information (RSSI) généralement indépendant de la DSI et rattaché directement à la direction générale (ou à la direction des risques).
Sa mission « est de définir la politique de sécurité du SI et de l'information (prévention, protection, défense, résilience/remédiation) et de veiller à son application.
Le RSSI assure un rôle de conseil, d'assistance, d'information, de formation et d'alerte, en particulier auprès des directeurs métiers, DG et/ou COMEX (comité exécutif) le cas échéant. Il préconise, voire prend, toute décision d'intervention sur les systèmes d'information et télécoms de son périmètre, en cas d'attaques potentielles ou avérées » (selon CIGREF, nomenclature des métiers).
Le RSSI doit donc garantir que le système d'information permet bien d'assurer ses quatre grands objectifs ; disponibilité, confidentialité, intégrité et non répudiation.
Il doit analyser les risques et définir la politique de sécurité à mettre en œuvre. Il doit aussi sensibiliser l'ensemble du personnel et des cadres dirigeants aux enjeux de la sécurité puis mener des actions de formation.
Le RSSI doit avoir une vision globale des risques encourus et pour cela, doit mener une veille technologique.
Il doit donc étudier les moyens d'action à mettre en place, élaborer des règles de sécurité et définir des normes et standards à appliquer.
Le RSSI doit pouvoir traiter les incidents lorsqu'ils se produisent, élaborer puis mettre en place différents plans (PSI ou PRA, PCA, ou gestion de crise) pour prévenir les incidents et y remédier le cas échéant.

2. Responsabiliser les utilisateurs

L'entreprise doit avoir une démarche d'information des salariés sur les risques et sur les pratiques à adopter. Cette démarche se concrétise dans un document, appelé **charte informatique**, remis à chaque salarié lors de son entrée dans l'entreprise.

Ce document définit clairement les modalités et les limites de l'utilisation des moyens informatiques mis à disposition des salariés, précise les règles à respecter (interdiction de télécharger certains types de fichiers, de s'inscrire à des forums de discussion sans autorisation préalable...), les moyens de contrôle mis en place et les sanctions possibles en cas de manquement.
La charte de sécurité peut être complétée par des opérations de sensibilisation des collaborateurs aux bonnes pratiques de sécurité (journées de formation, publication d'articles sur l'Intranet ou le journal interne, etc.).
Cette charte de sécurité contient aussi les règles d'utilisation des moyens informatiques et du réseau dans le but de limiter cette utilisation aux besoins de l'activité professionnelle.
Dans certaines entreprises une charte est également mise en place à l'intention des fournisseurs et prestataires.

3 Garantir la continuité de l'activité

A. Les plans de secours

Le **Plan de Secours Informatique** (***Disaster Recovery Plan***) permet de restaurer une situation satisfaisante après un incident.
Il n'est pas indispensable de revenir directement à un niveau de disponibilité maximal. Une restauration séquencée dans le temps peut s'avérer plus efficace et plus économique.
C'est ici qu'intervient le concept de **Plan de Continuité des Activités** (***Business Continuity Plan***), processus anticipatif d'analyse des fonctions critiques de l'entreprise, d'identification des risques majeurs et d'évaluation de l'impact d'un incident éventuel.
La continuité des activités s'inscrit dans une démarche de pérennité de l'entreprise. Elle consiste à mettre en place des procédures visant à assurer le fonctionnement de ses activités critiques, ainsi que la disponibilité des ressources indispensables au déroulement de celles-ci.
La première étape de réalisation d'un tel plan est d'identifier les processus majeurs de l'entreprise et de déterminer ceux à restaurer en priorité. Il est important d'identifier les interrelations des processus pertinents. La hiérarchisation des processus permettra de déterminer la sensibilité aux temps d'arrêt : les systèmes de saisie de commande sont essentiels et devront être remis en place rapidement sous peine de perdre des commandes ; par contre, l'interruption momentanée de la facturation n'entravera pas le fonctionnement de l'entreprise.

B. Capacités de réaction

Lors d'un incident de sécurité, une certaine tension s'installe et l'administrateur réseau de l'entreprise est contraint de résoudre le problème au plus vite. L'expérience montre

que la qualité des réactions dépend d'une bonne planification et de l'entraînement des intervenants.
Il est impératif de disposer de procédures clairement établies concernant la diffusion d'informations sur les incidents.
La priorité absolue est de stopper l'attaque, puis de procéder à une restauration rapidement. Dans le cas d'une infection par un virus, il faut procéder à un nettoyage avant toute restauration.
Le succès de ce type d'opérations dépend souvent de sa vitesse d'exécution. Ceci implique que le responsable sécurité travaille vite et bien. L'expérience acquise au cours d'exercices d'entraînement peut faire toute la différence.
La reprise des opérations, dans le cadre du plan de continuité d'activité, consiste en des mesures de réparation ou de reconstruction à partir de sauvegardes et de sites de secours. Cela permet rarement un retour à une situation normale. La plupart du temps, c'est un mode de fonctionnement dégradé mais suffisant pour permettre le retour à un niveau de service minimum.
La reprise des opérations doit également intervenir dans un **délai d'indisponibilité maximale admissible** (**DIMA**), qui correspond, pour une activité ou un processus donné, au délai admissible d'interruption avant qu'il y ait un impact grave et au-delà duquel la reprise est nécessaire (deux heures, une demi-journée, un jour ouvrable, etc.).
De plus, la reprise devra respecter une **perte de données maximale admissible** (**PDMA**) ; par exemple, après la défaillance, les données reprises devront au plus dater de la veille au soir.

MÉMO 21 Mettre en place une architecture de confiance

Les échanges effectués entre différentes entités éloignées géographiquement impliquent généralement de passer par les réseaux publics aussi bien dans le cas des échanges de données entre organisations (EDI) que dans le cas des échanges de données avec des particuliers (e-commerce). Cela nécessite la mise en place d'architectures de confiance reposant sur les notions de chiffrement et de signature électronique.

1 Méthodes de chiffrement

A. Principe

Le **chiffrement** ou **cryptographie** (du grec *kruptos* (caché) et *graphein* (écrire)) consiste à écrire un message crypté ou chiffré (car une technique consiste à remplacer les lettres formant le message par des chiffres).

NB : ne pas confondre **cryptage** et **codage**. Le codage binaire utilise des 0 et des 1 pour transmettre et stocker des données sur des supports informatiques. À la différence du chiffrement, le codage n'a pas le secret pour objectif.

Un message chiffré doit être déchiffré par son destinataire : c'est le **déchiffrement**. Il faut pour cela disposer d'une clé.

Celui qui ne dispose pas de la clé peut tenter d'accéder tout de même au contenu du message. Il s'agit alors de **décryptage**.

Un système de chiffrement assure trois missions de sécurité :

- **confidentialité** : assurance qu'un intrus n'est pas en mesure d'interpréter les messages interceptés ;
- **authentification** : assurance que l'expéditeur d'un message est bien la personne qu'il prétend être ;
- **intégrité** : assurance que les messages reçus n'ont pas été altérés en cours de transport.

Les logiciels de chiffrement ont pour vocation de rendre illisible le contenu de documents confidentiels pour tous ceux qui ne possèdent pas la clé de déchiffrement.

On distingue deux types de chiffrement : le chiffrement à clé privée et le chiffrement à clé publique.

B. Chiffrement à clé symétrique

Les algorithmes à clé privée sont aussi appelés algorithmes symétriques. En effet, lorsque l'on chiffre une information à l'aide d'un algorithme symétrique avec une clé secrète, le destinataire utilisera la même clé secrète pour déchiffrer. Il est donc nécessaire que les deux interlocuteurs se soient mis d'accord sur une clé privée auparavant, par courrier, par téléphone ou lors d'un entretien privé. Les deux utilisateurs utilisent cette même clé pour chiffrer et déchiffrer un message.

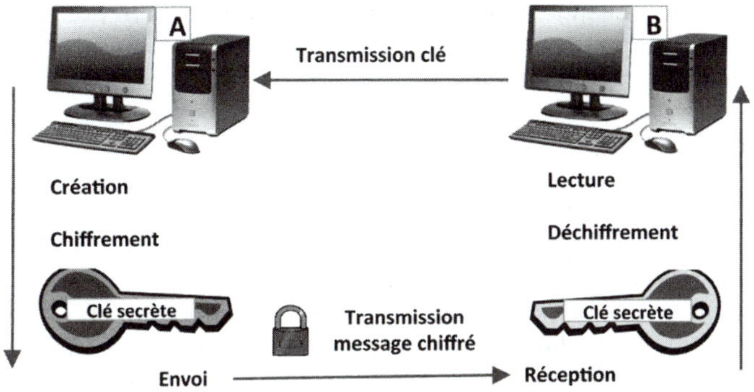

▲ Chiffrement symétrique

La difficulté est la transmission de la clé sans qu'elle risque d'être divulguée ou interceptée par des tiers.

C. Chiffrement à clé publique

La cryptographie à clé publique a été mise au point pour éviter ce problème d'échange préalable de clé secrète. Les algorithmes à clé publique, appelés algorithmes asymétriques, utilisent la clé publique (connue de tous) du destinataire, qui sera a priori le seul à pouvoir déchiffrer le message à l'aide de sa clé privée (connue de lui seul).

Une fois un message envoyé chiffré avec la clé publique du destinataire, nul autre que lui ne peut le déchiffrer, pas même l'expéditeur.

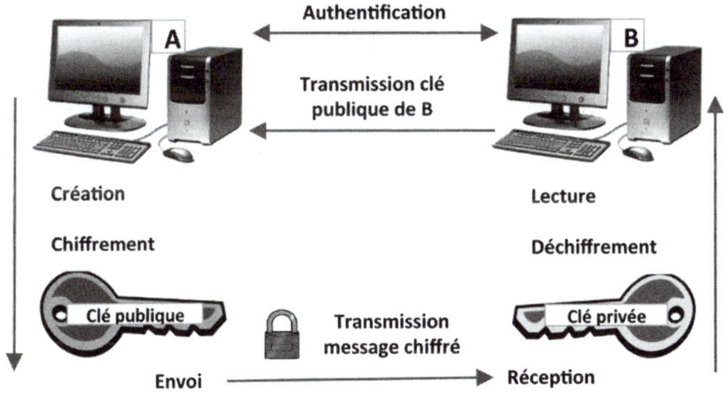

▲ Chiffrement asymétrique

Au début de l'échange, une authentification est nécessaire pour s'assurer que :
- la clé publique provient bien de B ;
- le message provient bien de A.

2 Authentification

A. Certificat électronique

Le chiffrement permet de rendre incompréhensible (sans la clé) le contenu du message mais aussi de vérifier l'identité de l'expéditeur.

On appelle **prouveur** l'interlocuteur essayant de démontrer son identité, l'interlocuteur responsable de la procédure d'authentification étant le **vérificateur**. Dans une communication bilatérale, chaque partie assume à son tour le rôle de prouveur et de vérificateur.

Le décret n° 2001-272 du 30 mars 2001 relatif à la signature électronique définit les notions de :

- **certificat électronique** : document sous forme électronique attestant du lien entre les données de vérification de signature électronique et un signataire ;
- données de vérification de signature électronique : éléments, tels que des clés cryptographiques publiques, utilisés pour vérifier la signature électronique.

On le voit dans ces définitions, le certificat électronique est l'instrument qui remplit un double rôle : permettre le chiffrement avec des clés et attester l'identité du signataire.

Un autre point à noter est l'indication de « clés cryptographiques publiques », ce qui veut dire que le système de chiffrement doit être asymétrique.

Le certificat électronique et le chiffrement permettent :

- l'**authentification** de l'émetteur : l'émetteur est bien celui qu'il prétend être ;
- l'**intégrité** des données transmises : les données sont bien celles envoyées, sans altération ;
- la **non-répudiation** des messages : assurance que ni la transaction elle-même, ni les informations transmises lors de cette transaction ne pourront être contestées ultérieurement par l'émetteur ;
- la **confidentialité** des échanges.

Lors d'une authentification à clé publique, chaque participant doit connaître la clé publique de son interlocuteur. Il doit pouvoir en vérifier la validité auprès d'un tiers de confiance, dans la mesure où une usurpation d'identité serait possible. Pour cela il faut pouvoir s'adresser à une autorité de certification, une instance fiable et indépendante chargée de gérer les clés publiques.

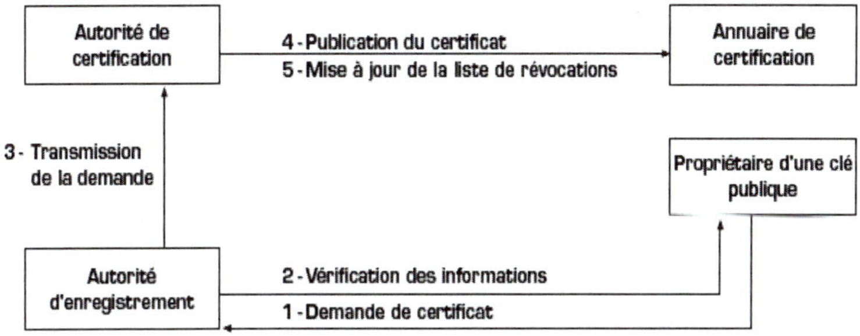

▲ Autorité de certification

1 - L'organisme qui souhaite utiliser un couple de clés, ce qui implique une clé publique, s'adresse à une autorité d'enregistrement. Celle-ci représente le point de contact entre l'organisme et l'autorité de certification.
2 - L'enregistrement d'un utilisateur n'a lieu qu'après la vérification d'informations propres au demandeur de certificat. Ces informations peuvent être la preuve de l'identité du demandeur, la preuve de possession de la clé privée correspondant à la clé publique à certifier, une autorisation de demande de certificat, une preuve de la fonction occupée par le demandeur, etc.
3 - Une fois ces informations vérifiées, l'enregistrement est effectué et seules les informations nécessaires à la certification sont communiquées à l'autorité de certification.
4 - L'autorité de certification signe, avec sa propre clé privée, un message contenant l'identité du propriétaire de la clé, la clé publique, l'usage possible de la clé, etc. Ce message normalisé est appelé certificat de clé publique. Il garantit l'intégrité du certificat, ainsi que la véracité des informations contenues. Un service de publication met à la disposition des utilisateurs les certificats de clés publiques délivrés.
5 - Dans le cas où un utilisateur perd ou divulgue sa clé privée ou bien si les informations contenues dans un certificat sont ou deviennent fausses (falsification de l'identité, perte d'intégrité de la clé publique contenue dans le certificat), l'autorité de certification révoque le certificat et transmet l'information au service de publication. Il appartient à l'utilisateur d'un certificat de vérifier qu'un certificat qu'il s'apprête à utiliser n'a pas été révoqué.

B. Hachage

Le **hachage** donne un condensé ou haché d'un message de façon unique de sorte que le même algorithme appliqué au même message donnera toujours le même résultat et un résultat différent si le message a été modifié.

La version condensée ne permet pas de retrouver le message original. Ce n'est pas le but. Le but est d'avoir l'assurance que le message reçu est bien celui qui a été expédié, qu'il n'a pas été modifié lors d'une éventuelle interception.
La génération de la signature numérique d'un document consiste à calculer le haché du document et à chiffrer le haché en utilisant une clé privée. Le résultat obtenu est appelé signature numérique et peut être adjoint au document à signer.
Un utilisateur signe un document numériquement pour permettre à ses destinataires d'y détecter une perte d'intégrité et d'en authentifier l'origine.
La vérification de la signature d'un document consiste à « déchiffrer » la signature à l'aide de la clé publique de l'expéditeur ; puis, à comparer le résultat obtenu avec le haché calculé à partir du message effectivement reçu. Si les deux hachés sont identiques, alors la signature est valide.
La vérification d'une signature assure la détection de la perte d'intégrité du message ainsi que l'authentification de l'origine du message.
La vérification ne garantit l'authentification que si l'auteur est bien le seul détenteur du secret qu'est la clé privée de signature.

C. Infrastructures à clés publiques

Le chiffrement des données est complexe à mettre en œuvre. Il nécessite des boîtiers spécialisés et/ou des logiciels de chiffrement à toutes les extrémités du réseau, ainsi que des échanges de clés. Ces échanges reposent sur une infrastructure technique et des procédures d'exploitation et d'administration qui permettent de délivrer et de stocker des certificats numériques de manière sécurisée (**Infrastructure à clé publique, ICP** ou **PKI**, ***Public Key Infrastructure***). Ces certificats permettent d'accéder aux clés publiques.
Voici les principales composantes de la structure d'un certificat :
- version ;
- numéro de série ;
- algorithme de signature ;
- émetteur ;
- début de la validation ;
- expiration de la validation ;
- objet.

Les infrastructures à clés publiques (ICP ou PKI) assurent une prise en charge intégrale de la gestion des clés.

Rôle d'une infrastructure à clés publiques	
Étapes	**Explications**
1	L'émetteur A demande la clé publique du destinataire B.
2	B demande un certificat numérique à l'autorité de certification AC.
3	AC émet un certificat numérique que B transmet à A.

Étapes	Explications
4	Après vérification du certificat, A utilise la fonction de hachage qui va générer une empreinte unique du message associée à la signature de A.
5	Avec la clé publique de B, A crypte le message et envoie l'ensemble des données chiffrées à B.
6	Avec sa clé privée, B déchiffre le message. En comparant le message et le haché, il vérifie que le message n'a pas été modifié (il utilise la fonction de hachage, qui est publique).

Ainsi, l'authentification est assurée par la signature électronique de l'émetteur. L'intégrité est garantie par le fait que les hachés sont identiques. La confidentialité découle du fait que le message circule crypté.

En matière de preuve, l'identité de l'émetteur, l'existence et la date du message sont garanties par l'autorité de certification (signature et horodatage).

Les certificats numériques sont utilisés par les deux principales méthodes de sécurisation des transactions sur Internet :

- Protocole **TLS** (***Transport Layer Security***), anciennement **SSL** (***Security Socket Layer***) pour le chiffrement et le déchiffrement en cours de communication pendant une session sécurisée.
- Protocole **s-http** (***Secure Hypertext Transfer Protocol***), intégré au navigateur Internet et matérialisé par un cadenas dans la barre d'adresse, pour la transmission de données dans une session web.

Le protocole s-http est une version sécurisée du protocole http dont l'utilisation est limitée aux échanges sur le web alors que le protocole TLS/SSL peut être utilisé pour tout transfert de données entre un poste client et un serveur.

MÉMO 22 Audit du système d'information

Il est nécessaire d'évaluer périodiquement le système d'information. Pour être pertinente, cette analyse doit être effectuée par des personnes compétentes et extérieures. Ces missions d'audit présentent les caractéristiques générales de l'audit, mais aussi des spécificités liées à la nature des SI.

1 Démarche

A. Objectifs

L'**audit**, conduit par un auditeur, est un processus systématique, indépendant et documenté permettant de recueillir des données exhaustives et objectives pour évaluer comment l'entité auditée satisfait aux exigences des référentiels du domaine concerné. Il a pour objectif de détecter les anomalies et les risques dans les organisations et secteurs d'activité examinés.

La notion d'audit est reliée à celle de système d'information de deux façons :

- **audit par le SI** : utiliser les éléments du SI pour un audit de l'entreprise (voir mémo 23) ;
- **audit du SI** : le SI fait l'objet de l'audit.

La prise en compte de l'informatique par le commissaire aux comptes dans le cadre de sa démarche d'audit légal ne doit pas être confondue avec l'audit du système d'information qui est à l'initiative de l'entreprise.

L'**audit des systèmes d'information** comprend l'examen et l'évaluation des processus, des systèmes de traitement automatisé de l'information et des interfaces qui les relient, ainsi que des procédures connexes non automatisées. Il prend en compte l'ensemble des règles en vigueur (fiscales, juridiques, techniques, etc.). Il vise à mettre en évidence les risques relatifs aux processus supportés par le système d'information et ceux liés à l'infrastructure technique (adéquation de l'infrastructure avec les besoins de l'entité, sécurité des éléments matériels, des applicatifs et des données, etc.).

Selon les objectifs, l'audit du SI peut être effectué par différents acteurs :

- **audit interne** : audit effectué par le département d'audit de l'entreprise ou du groupe. Il s'agit d'effectuer une analyse de l'existant dans le but de fournir des conseils, recommandations et préconisations pour améliorer l'efficience du SI et sa sécurité. Il s'inscrit dans une logique de contrôle interne et permet de s'assurer que le SI est en mesure de répondre au mieux aux attentes de l'entreprise, compte tenu de l'état de l'art ;
- **audit externe** du SI : il est mené par un auditeur juridiquement indépendant. Il peut être demandé par l'entreprise elle-même ou par un acteur avec qui elle est en relations (client, fournisseur, banque...) pour des raisons de compatibilité ou de sécurité. L'audit externe du SI peut être réalisé dans le cadre de l'audit légal du commissaire aux comptes qui doit vérifier que le SI ne comporte pas de failles remettant en cause la conformité des comptes et des documents présentés (voir mémo 23).

B. Périmètre

L'audit des systèmes d'information couvre un périmètre plus large que l'informatique dans la mesure où il s'intéresse aux **aspects organisationnels et fonctionnels liés au SI**, en plus des aspects purement techniques. Il peut être demandé par la direction générale ou par la DSI elle-même. Il couvre l'ensemble des processus ou seulement certaines fonctions (SI comptable, SIRH, etc.). Il peut aller de l'opérationnel au management de la fonction : gestion des projets, fiabilité des processus informatiques (pilotage, développement, maintenance, exploitation, sécurité du SI), relations avec les prestataires externes, etc. Il peut aussi avoir pour objectif de vérifier l'alignement stratégique et la pertinence du schéma directeur du SI.

L'audit des systèmes d'information peut être décomposé en deux approches :

- l'**évaluation de la fonction informatique**, pour laquelle l'auditeur s'appuie principalement sur les méthodes et référentiels existants dans ce domaine ;
- l'**évaluation de la composante système d'information des processus opérationnels** : elle vise l'appréciation des risques généraux portant sur le processus considéré et dépend du degré d'informatisation du processus et du type d'outil informatique utilisé.

Pour tout domaine ou processus couvert, l'audit prend en compte la validation des données, la fiabilité et la réactivité des traitements ou encore la conformité réglementaire.

C. Étapes

La démarche d'audit retenue par le *guide d'audit des systèmes d'information* de l'**AFAI** (**Association française de l'audit et du conseil informatiques**) s'appuie sur trois phases, planification, cadrage et exécution.

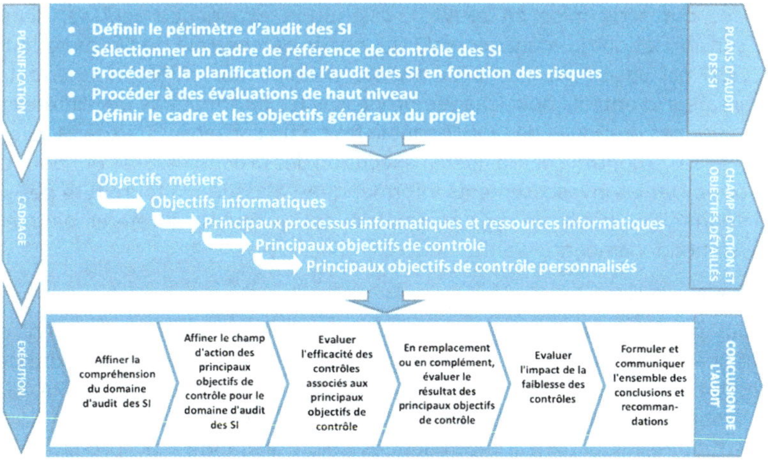

Source : www.afai.fr

▲ **Figure 1 – Démarche d'audit**

L'auditeur planifie, dans un premier temps, les différents aspects de la mission. Ces objectifs sont ensuite détaillés dans la phase de cadrage. Puis la phase d'exécution de l'audit aboutit à la formulation de conclusions et de recommandations consignées dans un rapport d'audit.

2 Référentiels

A. Le référentiel COBIT

1. Présentation

La démarche d'audit du système d'information s'appuie sur le référentiel **COBIT** (*Control Objectives for Information and related Technology* : Objectifs de contrôle de l'information et des technologies associées).

COBIT est un cadre de référence international fondé sur les meilleures pratiques en audit de SI. Il a été créé par l'**ISACA** *(Information Systems Audit and Control Association)*. L'**AFAI** en est le chapitre français.

Les composants de COBIT sont :

- des **concepts et principes clés**, fondés sur une approche structurée de la fonction informatique ;
- un **cadre de référence** : besoins de l'entreprise, ressources informatiques, processus informatiques ;
- des **objectifs de contrôle** : efficacité, efficience, confidentialité, intégrité, disponibilité, conformité, fiabilité ;
- un **guide d'audit** fondé sur 4 principes : acquisition, évaluation, vérification, justification ; avec un ensemble de propositions pour des actions correctives ;
- un **guide de management** : valeur, équilibre risques / bénéfices, indicateurs clefs ;
- des **outils de mise en œuvre** : restitution expérience acquise, diagnostic de sensibilisation du management, diagnostic de contrôle de l'informatique.

COBIT est une approche multidimensionnelle et multicritère, qui permet à chaque utilisateur d'obtenir pour chaque processus les informations qui l'intéressent.

Les bonnes pratiques de COBIT sont le fruit d'un consensus d'experts. Elles sont très axées sur le contrôle et moins sur l'exécution des processus. Elles ont pour but d'aider à optimiser les investissements informatiques, à assurer la fourniture des services et à fournir des outils de mesure (métriques) auxquels se référer pour évaluer les dysfonctionnements.

2. Mise en œuvre

Pour que l'informatique réponde correctement aux attentes de l'entreprise, les dirigeants doivent mettre en place un système de contrôle ou un cadre de contrôle interne. Pour répondre à ce besoin, le cadre de référence de contrôle de COBIT :

- établit un lien avec les exigences métiers de l'entreprise ;
- structure les activités informatiques selon un modèle de processus largement reconnu ;

- identifie les principales ressources informatiques à mobiliser ;
- définit les objectifs de contrôle à prendre en compte.

COBIT concourt ainsi à la **gouvernance des SI** en fournissant un cadre de référence qui permet de s'assurer que :
- les SI sont alignés sur les métiers de l'entreprise ;
- les SI apportent un plus aux métiers et maximisent les résultats ;
- les ressources des SI sont utilisées de façon responsable ;
- les risques liés aux SI sont gérés comme il convient.

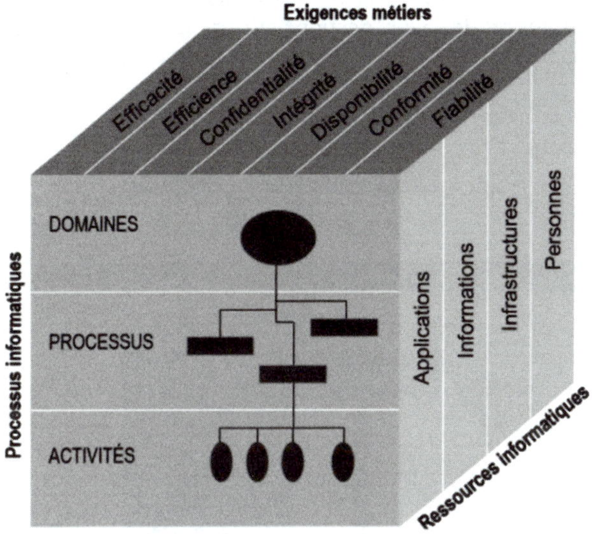

Source : Isaca

▲ Figure 2 : L'approche multidimensionnelle de CobiT

COBIT fournit les « bonnes pratiques » pour l'appréciation des risques informatiques et propose des standards de contrôle selon le cadre présenté en figure 2.

L'utilisation du référentiel COBIT est rassurante pour l'auditeur et l'audité car elle renvoie à une démarche acceptée et validée au niveau international. Elle permet à l'auditeur :
- d'adopter une démarche efficace en se référant, pour la construction et l'application des programmes de travail, à un ensemble reconnu de bonnes pratiques ;
- de structurer la documentation de travail ;
- de prendre en compte tous les risques (exhaustivité) ;
- de faciliter les échanges en se référant à un référentiel international ;
- de permettre des comparaisons entre entités ou secteurs d'activité ;
- etc.

COBIT retient 34 processus regroupés en 4 domaines qui correspondent au cycle de vie des SI et à leur maîtrise : Planifier et Organiser (10 processus), Acquérir et Implémenter (7 processus), Délivrer et Supporter (13 processus), Surveiller et Évaluer (4 processus).

Chaque processus met en œuvre des ressources informatiques (applications, informations, infrastructures et personnes au sens compétences), fournit une information destinée à satisfaire les besoins métiers exprimés sous forme de critères (efficacité, efficience, confidentialité, intégrité, disponibilité, conformité, fiabilité) et concerne un ou plusieurs des domaines de la gouvernance des SI (alignement stratégique, apport de valeur, gestion des risques, gestion des ressources, mesure de la performance).

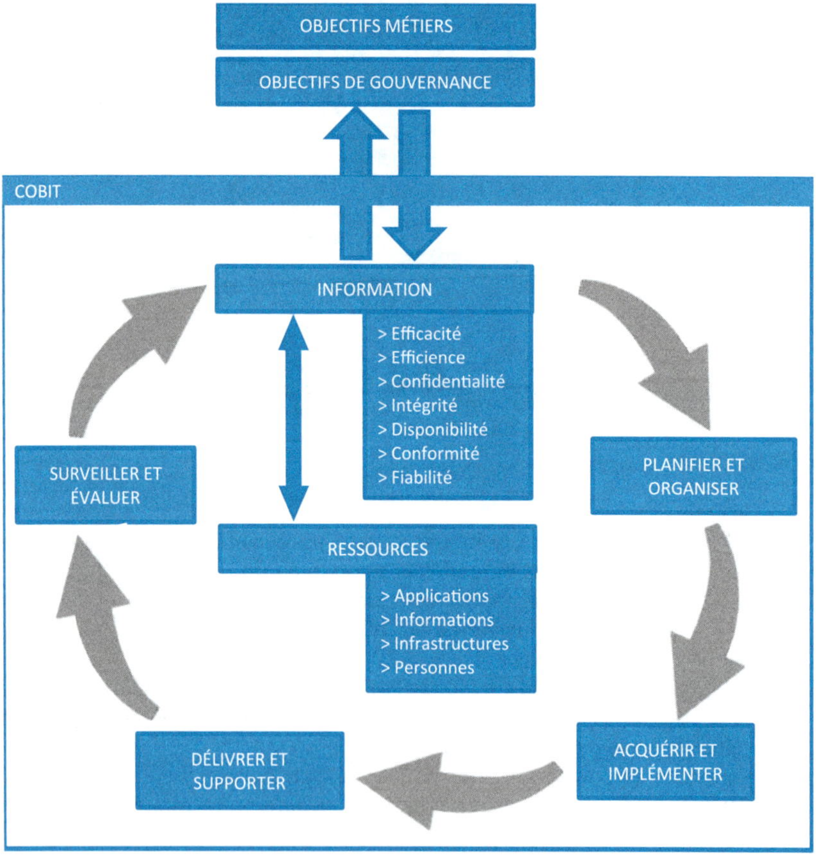

Source : AFAI

▲ **Figure 3 : La démarche COBIT**

Le recours au référentiel COBIT constitue un appui pour l'auditeur. Cependant son usage présente des limites.
D'une part, le référentiel doit être adapté aux objectifs de la mission et au contexte de mise en œuvre. Le référentiel nécessite une démarche critique de l'auditeur et une appréciation des risques liés au contexte spécifique d'intervention.
D'autre part, si le référentiel COBIT reste exhaustif et pertinent pour l'appréciation des risques liés à la fonction informatique, sa portée est limitée pour ce qui concerne l'évaluation des risques informatiques liés au fonctionnement des autres processus opérationnels ou à un environnement légal et réglementaire donné.

B. Le guide AFAI-ISACA / CIGREF / IFACI

Le **guide d'audit de la gouvernance du système d'information de l'entreprise numérique, est** édité par l'AFAI-ISACA, le CIGREF (réseau de grandes entreprises) et l'IFACI (Institut français de l'audit et du contrôle Interne).
Le guide est présenté comme un outil pour évaluer le niveau de maîtrise des bonnes pratiques dans un objectif d'amélioration continue à la fois pour l'auditeur et pour le praticien.
Le guide (disponible sur le site web du CIGREF) découpe l'analyse de la gouvernance du SI en douze vecteurs.

Les 12 vecteurs de la gouvernance du SI		
1. STRATÉGIE Intégrer les enjeux numériques dans le plan stratégique de l'entreprise	**2. INNOVATION** Diffuser la culture numérique et promouvoir les technologies innovantes	**3. RISQUES** Prendre en compte les risques numériques dans les enjeux stratégiques et les processus métiers
4. DONNÉES Gérer, valoriser et protéger les données de l'entreprise	**5. ARCHITECTURE** Aligner l'architecture du SI avec les enjeux stratégiques	**6. PORTEFEUILLE DE PROJETS** Optimiser la valeur du patrimoine SI et gérer ses évolutions
7. PROJETS Maîtriser la réalisation des projets et solutions	**8. RESSOURCES HUMAINES** Organiser et manager les talents et les compétences	**9. PRESTATAIRES & FOURNISSEURS** Piloter les relations avec les fournisseurs de solutions et services numériques
10. SERVICES Fournir des services numériques conformes aux attentes clients	**11. BUDGET & PERFORMANCE** Piloter le budget et la performance du SI	**12. MARKETING & COMMUNICATION** Valoriser les services et communiquer sur les enjeux technologiques

Source : CIGREF

MÉMO 23 Audit en environnement informatisé

L'organisation du SI est, dans toute entité, une composante importante qui doit être prise en compte dans le cadre de la démarche générale d'audit. Même si le SI n'est pas spécifiquement l'objet de l'audit, il conditionne la maîtrise que les dirigeants ont sur l'entité et la qualité des informations fournies aux parties prenantes.

1 Démarche

A. Objectifs

La démarche d'audit a pour objet d'**apprécier la conformité des processus** et, le cas échéant, de détecter des anomalies ou des risques dans une entité. Elle permet de mettre en évidence :
- la pertinence et l'efficacité du contrôle interne ou ses limites ;
- les qualités et défauts dans les processus de traitement de l'information ;
- la conformité ou les écarts par rapport aux normes en vigueur pour l'entité concernée.

Les **auditeurs** (les personnes qui réalisent l'audit) doivent être indépendants de l'entité auditée. Leur indépendance garantit la qualité de l'audit et assure leur crédibilité.

La démarche doit s'appuyer sur une méthodologie et être documentée (s'appuyer sur des documents probants) pour garantir son objectivité.

Les **critères d'audit** sont définis comme un « ensemble d'exigences utilisées comme référence ». Ces exigences peuvent être statutaires ou réglementaires. Elles « peuvent comprendre des politiques, des procédures, des instructions de travail, des exigences légales, des obligations contractuelles, etc. ».

Différents types d'audit selon la norme ISO 19011 : 2018		
Audit de première partie	**Audit de seconde partie**	**Audit de tierce partie**
Audit interne	Audit des prestataires externes	Audit en vue d'une certification et/ou d'une accréditation
	Audit d'autres parties intéressées externes	Audit à des fins légales, réglementaires et similaires

L'**audit de première partie** ou **audit interne** est réalisé par l'organisme lui-même ou par un auditeur externe dans un cadre contractuel. Il remplit un objectif défini en termes d'amélioration des processus ou d'évaluation des risques. Il produit des recommandations.

L'**audit de seconde partie** est réalisé pour le compte de partenaires, client ou fournisseur, dans le but de vérifier la fiabilité de l'organisme. Il vise à conforter la démarche qualité, renforcer la traçabilité...

L'**audit de tierce partie** est réalisé par un organisme indépendant dans le cadre d'une démarche de certification (certification ISO 9001 ou 14001...). L'**audit légal** effectué par un **commissaire aux comptes** s'inscrit dans cette catégorie. L'objectif est de fournir un avis de conformité.

La mission du commissaire aux comptes est de vérifier et d'exprimer une opinion sur les comptes d'une organisation. Il s'agit pour ce professionnel de se former une conviction sur la validité des documents financiers de l'entreprise en regard d'un référentiel comptable admis par tous.

Il doit s'assurer que ces documents traduisent bien les opérations réalisées dans leur intégralité et qu'ils ne donnent pas une image de l'entreprise contraire à sa situation effective.

La majorité des missions d'audit se déroule aujourd'hui dans un **environnement informatique**. Pour le commissaire aux comptes, il est indispensable de **prendre en compte le système d'information dans sa mission de certification des états financiers**. Les normes en vigueur intègrent cette prise en compte du système d'information dans la mission générale de commissariat aux comptes.

L'existence de l'environnement informatique ne modifie pas l'objectif et l'étendue de la mission générale, mais l'utilisation des outils informatiques modifie la saisie et le processus de traitement, la conservation des données et la communication des informations financières.

Dans le cadre de sa mission, le CAC doit évaluer le **risque d'audit**.

Le risque d'audit	
Le **risque d'audit** est le risque que le commissaire aux comptes exprime une opinion incorrecte du fait d'anomalies significatives contenues dans les comptes et non détectées. Il se subdivise en trois composants : - le risque inhérent, - le risque lié au contrôle, - le risque de non détection.	Le **risque inhérent** est la possibilité que le solde d'un compte ou qu'une catégorie d'opérations comporte des anomalies significatives isolées ou cumulées avec des anomalies dans d'autres soldes ou catégories d'opérations, malgré les contrôles internes existants,
	Le **risque lié au contrôle** est le risque qu'une anomalie dans un solde de compte ou dans une catégorie d'opérations, prise isolément ou cumulée avec d'autres, soit significative et ne soit ni prévenue, ni détectée par les systèmes comptable et de contrôle interne et donc non corrigée en temps voulu.
	Le **risque de non détection** est le risque que les contrôles mis en œuvre par le commissaire aux comptes ne parviennent pas à détecter une anomalie dans un solde de compte ou dans une catégorie d'opérations qui, isolée ou cumulée avec d'autres, serait significative.

B. Prise en compte de l'environnement informatique

La **nature des risques dans un environnement informatique** est liée aux spécificités suivantes.

- La complexité des procédures, l'enchaînement automatisé d'opérations rendent plus difficile la connaissance et la compréhension du système audité.
- La dématérialisation entraîne un risque plus important de non détection des erreurs.
- L'automatisation du traitement des opérations permet d'éliminer quasiment toutes les erreurs humaines. Mais les erreurs de programmation peuvent entraîner un traitement incorrect qui se répétera sur toute une série d'opérations.
- Une mauvaise définition des rôles de chacun avec une attribution des droits trop large (niveau de maîtrise et de contrôle insuffisant) ou au contraire trop restrictive (entraînant des contournements).

Les risques en milieu informatisé peuvent aussi résulter de **défaillances dans les activités informatiques générales**, telles que :
- le développement et la maintenance des programmes ;
- l'exploitation du système ;
- le fonctionnement du réseau ;
- la sécurité physique.

Pour atteindre l'**objectif de l'audit**, une attention particulière doit être portée sur :
- les **compétences** du commissaire aux comptes et de son équipe au regard de la complexité de l'environnement informatique de l'entité ;
- la **planification** des aspects de l'audit susceptibles d'être influencés par l'environnement informatique de l'entité.

Il appartient au commissaire aux comptes de déterminer si des compétences informatiques particulières sont nécessaires pour réaliser la mission. Si tel est le cas, il se fait assister par un professionnel possédant ces compétences qui peut être un collaborateur ou un spécialiste externe.

Par ailleurs, une entreprise où l'informatique est stratégique est susceptible de voir son activité mise en péril en cas de dysfonctionnements de son système d'information : le principe de continuité d'exploitation pourrait alors être remis en cause. La complexité des systèmes d'information liée à l'utilisation des nouvelles technologies impacte le risque inhérent et le risque lié au contrôle permettant d'évaluer le risque d'audit.

Enfin, un environnement informatisé impose au commissaire aux comptes d'adapter la conception et l'exécution de ses contrôles.

La démarche d'audit des systèmes d'information en support à l'audit financier est une **démarche intégrée**. La démarche du commissaire aux comptes concernant les systèmes d'information ne fait que contribuer à l'objectif final qu'est l'émission d'une opinion sur les comptes.

2 Mise en œuvre

A. Normes et référentiels

1. Vue d'ensemble

De nombreuses **normes** s'appliquent aux systèmes d'information et plusieurs référentiels peuvent être mis en œuvre aussi bien pour l'audit du SI que pour toute démarche d'audit en environnement informatisé (voir mémo 4).
Le référentiel le plus utilisé en matière d'audit est **CobiT**.
D'autres normes peuvent faire référence.

2. Normes ISA

Le Conseil des normes internationales d'audit et d'assurance (IAASB : *International Auditing and Assurance Standards Board*) est un organisme international indépendant qui élabore et publie des **normes internationales d'audit** (ISA : *International Standards on Auditing*) permettant, selon l'OEC, l'expression d'une « assurance raisonnable sur la conformité des états financiers au référentiel comptable applicable ».
L'élaboration de ces normes associe entre autres l'IAASB, l'organisme qui fédère la profession comptable au niveau mondial (IFAC : *International Federation of Accountants*), les autorités de réglementation, etc.
La **norme ISA** rappelle qu'un **système d'information** *« se compose de l'infrastructure (équipements et matériel informatique), de logiciels, du personnel, de procédures et de données. Beaucoup de systèmes d'information font un appel intensif à un système informatique. »*
La norme précise que le système d'information remplit **différentes fonctions**.

- *Initier, enregistrer, traiter et présenter les opérations de l'entité (de même que des événements et des situations) et à suivre les actifs, les passifs et les fonds propres qui leur sont liés.*
- *Résoudre les traitements incorrects d'opérations, par exemple les fichiers automatisés de suspens et les procédures suivies pour apurer les écritures en suspens en temps voulu.*
- *Suivre le processus et enregistrer les cas où le système a été contourné ou des contrôles outrepassés.*
- *Transférer l'information à partir du système de traitement des opérations au grand livre.*
- *Saisir l'information pour les besoins de l'élaboration de l'information financière concernant des faits ou des situations autres que des opérations, tels que les provisions et l'amortissement des actifs, et les changements dans le caractère recouvrable des comptes de tiers débiteurs.*
- *S'assurer que l'information devant être fournie selon le référentiel comptable applicable est saisie, enregistrée, traitée, récapitulée et présentée de manière appropriée dans les états financiers.*

Ainsi, le système d'information occupe une place importante dans la démarche d'audit.

L'étendue et la nature des risques liés au contrôle interne varient selon la **nature et les caractéristiques du système d'information de l'entité**. L'entité répond aux risques provenant de l'utilisation d'un système informatique dans le contrôle interne en définissant des contrôles effectifs en fonction des caractéristiques du système d'information propre à l'entité.

Le système d'information, y compris les processus opérationnels y afférents, relatif à l'élaboration de l'information financière et à sa communication est l'une des **composantes du contrôle interne** (voir mémo 24) que l'auditeur doit prendre en compte pour déterminer la façon dont les différents aspects du contrôle interne d'une entité peuvent avoir une incidence sur l'audit.

Le suivi du cheminement d'opérations à travers le système d'information fait partie des travaux de l'auditeur externe.

Le constat que le système d'information ne procure pas, de par sa conception ou fortuitement, une **trace d'audit adéquate** ou des **éléments probants suffisants** peut être l'indication d'un non-respect de textes législatifs et réglementaires.

La qualité des informations générées par le système influe sur la capacité de la direction à prendre les décisions appropriées pour gérer et contrôler les activités de l'entité et pour présenter des **informations financières fiables**.

C'est pourquoi l'auditeur doit prendre connaissance du système d'information et des processus opérationnels y afférents, pertinents pour l'élaboration de l'information financière, comprenant les domaines suivants :

(a) Les flux d'opérations qui, dans les activités de l'entité, sont importants au regard des états financiers ;

(b) Les procédures, à l'intérieur du système informatique et des systèmes manuels, par lesquelles les opérations sont initiées, enregistrées, traitées, corrigées si nécessaire, reportées au grand livre et présentées dans les états financiers ;

(c) Les enregistrements comptables concernés, les informations les sous-tendant et les postes spécifiques des états financiers qui sont utilisés pour initier, enregistrer, traiter et présenter les opérations ; (...)

(d) La façon dont le système d'information appréhende des événements et des circonstances, autres que des flux d'opérations, qui sont importants au regard des états financiers ; (...)

La connaissance du système d'information est donc une composante importante de la démarche de l'auditeur.

3. Normes d'Exercice Professionnel

Concernant l'**audit légal**, en absence d'adoption des ISA par la Commission européenne, ce sont les **NEP** (**Normes d'exercice professionnel**) françaises qui s'appliquent en France. Elles émanent par du Haut conseil du commissariat aux comptes (H3C) et sont homologuées par arrêté du garde des Sceaux.

Les NEP prévoient la prise en compte de l'environnement informatique lors de l'audit légal des comptes.

NEP 315	- Identifier les données personnelles et données sensibles. - Évaluer le contrôle interne. - Vérifier la conformité avec la réglementation. - S'assurer que les contrôles de l'entité sont en mesure de prévenir, détecter ou corriger les anomalies significatives dans les comptes.
NEP 330	- Adapter les procédures d'audit mises en œuvre selon les zones de risques identifiées dans la phase précédente. - Réaliser des tests pour valider la compréhension du contrôle interne.
NEP 240	- Prise en compte des fraudes. - Évaluer le risque et déterminer les contrôles appropriés. - Réduire le risque de non-détection à un niveau acceptable. - Vérifier l'existence d'un plan de continuité et de reprise d'activité.

Le CAC doit évaluer les risques. Il est important d'identifier le degré d'informatisation de l'entreprise auditée et son degré de dépendance à l'informatique et à Internet.
La politique informatique de l'entreprise peut être source de risques liés aux applications, à l'externalisation, à la protection des installations, à la pertinence des traitements, à la sécurité des données, etc.
L'auditeur doit vérifier qu'une attention suffisante est portée par la direction générale à la sécurité du SI, en s'appuyant sur une cartographie des risques. Cela nécessite la mise en place des compétences requises autour d'un responsable de la sécurité et des procédures appropriées de reporting pour identifier les risques, mettre en place les mesures de prévention et de remise en état en cas défaillance.
Les plans d'action en cas de crise doivent non seulement être définis mais aussi mis à jour régulièrement en fonction des évolutions technologiques et organisationnelles.

B. L'audit assisté par ordinateur

1. Avantages

Les **logiciels** d'audit assisté par ordinateur ou d'analyse de données permettent d'améliorer considérablement la démarche d'audit. Il est possible :
- d'extraire, lire, manipuler les données sous différents formats ;
- de faciliter le traitement des données : détection des doublons, comparaison de fichiers, visualisation…
- d'automatiser l'application de critères de vraisemblance et d'identifier des anomalies ;
- d'effectuer des simulations pour comparer plusieurs méthodes ;
- de suivre la piste d'audit pour valider la traçabilité.

Quel que soit le volume des données, il est possible de dépasser le stade du sondage et d'effectuer des analyses exhaustives. De plus, la **traçabilité** et la **documentation** des tâches d'audit sont assurées.

Le **fichier des écritures comptables** (FEC) facilite la mise en œuvre de cette démarche.

Le format et la nature des données étant définis précisément par la réglementation, les logiciels du marché utilisés par les entreprises pour leur gestion le produisent directement. Le commissaire aux comptes doit vérifier l'existence du FEC et son contenu. Il doit contrôler la conformité de la procédure d'émission et d'archivage avec date certaine du FEC. En ce qui concerne le contenu, le CAC vérifie la lisibilité et recherche les risques de rejet.

L'exploitation des données du FEC ouvre un champ d'exploration de la comptabilité pour les commissaires aux comptes. Le FEC enrichit les contrôles et facilite les investigations.

La navigation dans le FEC se fait à partir d'indicateurs globaux, représentant une porte d'entrée dans les données en fonction des caractéristiques que l'on souhaite cibler (axe temporel, montant ou nature des opérations, tiers concerné, etc.). La possibilité d'appliquer différents filtres permet d'afficher des spécificités (*ex.* : saisonnalité du marché, type de clientèle...), des incohérences (*ex.* : date d'écriture en dehors de la période analysée) ou des anomalies (*ex.* : écriture déséquilibrée) dans les données du FEC.

2. Les étapes de l'audit et/ou du conseil assisté par ordinateur

Les étapes d'un audit assisté par ordinateur sont celles de tout audit légal. Il s'agit de **mettre en œuvre les diligences appropriées** après l'analyse des risques. L'auditeur doit apprécier comment l'entité a pris en compte les risques liés à son système d'information.

Il va mettre en place des tests de procédures pour vérifier le fonctionnement des procédures informatisées.

Les éléments collectés doivent permettre au commissaire aux comptes de **valider plusieurs assertions** :

- **réalité** : les opérations et les événements qui ont été enregistrés se sont produits et se rapportent à l'entité ;
- **exhaustivité** : toutes les opérations et tous les événements qui auraient dû être enregistrés sont enregistrés ;
- **mesure** : les montants et autres données relatives aux opérations et événements ont été correctement enregistrés ;
- **séparation des exercices** : les opérations et les événements ont été enregistrés dans le bon exercice et la bonne période ;
- **classification** : les opérations et les événements ont été enregistrés dans les comptes appropriés.

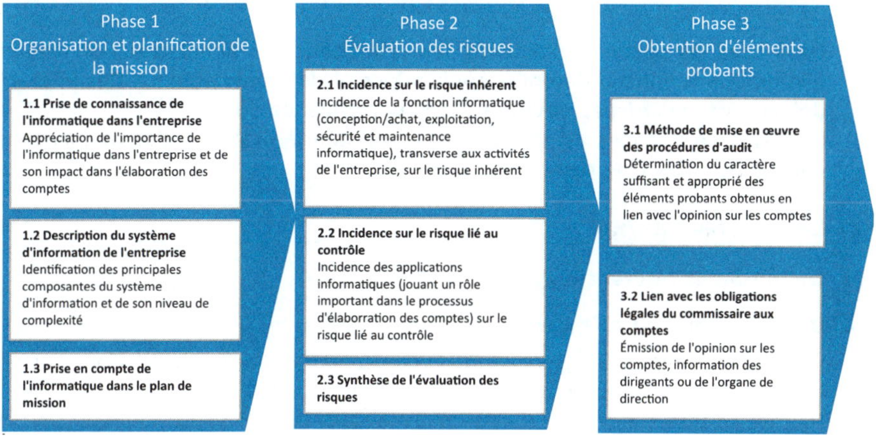

Source : AFAI

▲ **L'impact de l'environnement informatisé sur la méthode d'audit**

MÉMO 24 Contrôle et reporting

Dans tous les secteurs d'activité, les organisations traitent des données issues d'interactions entre différentes applications et différents acteurs. Ces interactions doivent être maîtrisées pour assurer la performance du SI.
L'analyse de données est une science consistant à examiner des données brutes, dans le but d'en tirer des conclusions.

1 Le contrôle interne

A. Définition et référentiels

1. Définition du contrôle interne

Le **COSO** *(Committee of Sponsoring Organizations of the Treadway Commission)* est une initiative du secteur privé visant à étudier les facteurs pouvant mener à des fraudes aux états financiers. Cet organisme a développé, à partir de 1992, un modèle ayant pour objectif d'évaluer le niveau de contrôle interne au sein d'une organisation. Ce modèle a finalement été adopté comme cadre de référence en matière de contrôle interne.

> La Commission définit le contrôle Interne comme *« un processus mis en œuvre par le conseil d'administration, les dirigeants et le personnel d'une organisation, destiné à fournir une assurance raisonnable quant à la réalisation des objectifs suivants :*
> *- la réalisation et l'optimisation des opérations,*
> *- la fiabilité des informations financières et de gestion,*
> *- la conformité aux lois et aux réglementations en vigueur. »*

En France, l'**AMF** (autorité des marchés financiers) propose la définition suivante dans son **cadre de référence** :

> *« Le contrôle interne est un dispositif de la société, défini et mis en œuvre sous sa responsabilité. Il comprend un ensemble de moyens, de comportements, de procédures et d'actions adaptés aux caractéristiques propres de chaque société qui :*
> *- contribue à la maîtrise de ses activités, à l'efficacité de ses opérations et à l'utilisation efficiente de ses ressources, et*
> *- doit lui permettre de prendre en compte de manière appropriée les risques significatifs, qu'ils soient opérationnels, financiers ou de conformité. »*

Selon l'**AFAI**, les **démarches** mises en œuvre en matière de contrôle interne sont :
- l'**audit comptable**, dont l'objectif est de garantir la sincérité des comptes ;
- l'**audit interne**, dont le but est de permettre aux directions générales d'avoir l'assurance d'un niveau de sécurité adapté à chacun de ses processus ;
- l'**analyse des risques**, dont l'objectif est d'évaluer périodiquement le niveau des risques ;

- l'**audit de sécurité**, dont le but est de contrôler les dispositifs de sécurité ;
- **l'audit qualité**, dont l'objectif est de vérifier que les dispositifs d'assurance qualité garantissent un niveau de qualité satisfaisant ;
- l'**audit informatique**, qui a pour objectif d'évaluer l'efficacité des activités informatiques ;
- l'**audit du système d'information**, qui a pour but de vérifier la contribution des ressources informatiques consommées à l'efficacité de l'entreprise.

L'audit informatique et l'audit des systèmes d'information sont donc des composantes du contrôle interne.

2. Le référentiel COSO

Le référentiel COSO est basé sur **trois principes**.

- Le contrôle interne est un processus qui nécessite l'implication de tous mais n'est
pas une finalité.
- Le contrôle interne doit procurer l'assurance raisonnable d'un management et d'une direction respectueuse des lois.
- Le contrôle interne est adapté à la réalisation effective des objectifs.

Dans une première approche, le COSO identifiait **5 composantes du contrôle interne** :
- l'environnement interne favorable à la maîtrise des risques (les valeurs diffusées dans l'entreprise) ;
- l'évaluation des risques (importance et fréquence) ;
- les activités de contrôle (règles et procédures mises en œuvre pour maîtriser les risques) ;
- la maîtrise de l'information et la communication ;
- le pilotage du contrôle interne (sensibilisation des responsables).

Le référentiel **COSO 2** a élargi l'approche initiale. **Trois composantes supplémentaires** ont été ajoutées :
- la fixation des objectifs (pour identifier les évènements pouvant nuire à leur atteinte),
- l'identification des évènements porteurs de risques,
- la réponse apportée aux risques identifiés.

Est ainsi pris en compte le niveau de risque (notion d'appétence au risque) ainsi que le seuil de tolérance au risque. De plus, COSO 2 intègre dans son approche les objectifs stratégiques.

3. Le cadre de référence de l'AMF

Le cadre de référence de l'AMF constitue un outil d'analyse et de conception des systèmes de contrôle interne et de gestion des risques des sociétés. Il s'appuie sur les principaux référentiels internationaux en particulier COSO II et la norme ISO 31000.

Selon l'AMF, *« le dispositif de contrôle interne comprend cinq composantes [...]*
1) Une ***organisation*** *comportant une définition claire des responsabilités, disposant des ressources et des compétences adéquates et s'appuyant sur des systèmes d'information, sur des procédures ou modes opératoires, des outils et des pratiques appropriés [...].*
*2) La diffusion en interne d'****informations pertinentes****, fiables, dont la connaissance permet à chacun d'exercer ses responsabilités [...].*
3) Un dispositif de ***gestion des risques*** *visant à recenser, analyser et traiter les principaux risques identifiés au regard des objectifs de la société.*
4) Des ***activités de contrôle*** *proportionnées aux enjeux propres à chaque processus, et conçues pour s'assurer que les mesures nécessaires sont prises en vue de maîtriser les risques susceptibles d'affecter la réalisation des objectifs.*
5) Une ***surveillance permanente*** *portant sur le dispositif de contrôle interne ainsi qu'un examen régulier de son fonctionnement ».*

Il est précisé que « les systèmes d'information [doivent être adaptés] aux objectifs actuels de l'organisation et conçus de façon à pouvoir supporter ses objectifs futurs. Les systèmes informatiques sur lesquels s'appuient ces systèmes d'information doivent être protégés efficacement tant au niveau de leur sécurité physique que logique afin d'assurer la conservation des informations stockées. Leur continuité d'exploitation doit être assurée au moyen de procédures de secours. Les informations relatives aux analyses, à la programmation et à l'exécution des traitements doivent faire l'objet d'une documentation ».
Le cadre de référence de l'AMF intègre un questionnaire relatif au contrôle interne comptable et financier dont une partie porte sur les **points de vigilance au niveau du système d'information** (www.amf-france.org)

- Les **autorisations et droits d'accès** aux systèmes ainsi que les environnements hébergeant ces systèmes prennent-ils suffisamment en compte la séparation des tâches ?
- Des **principes de sécurité** d'utilisation sont-ils établis et communiqués (ex. gestion des mots de passe, transferts de données, accès à Internet...) ? Des principes de sécurité physique sont-ils définis et communiqués ? Des principes de sécurité logique sont-ils définis et communiqués ? Les accès aux données et programmes sont-ils sécurisés par profil d'utilisateur ? Une traçabilité des transactions est-elle possible, analysée, vérifiée ? Un dispositif de protection antivirus contre les attaques et les intrusions externes est-il envisagé ?
- Des **dispositifs de sauvegarde** des données sont-ils en place ? Font-ils l'objet de tests périodiques ?
- Des **mesures de continuité de service** sont-elles mises en place en lien avec les besoins métiers ? Font-elles l'objet de tests périodiques ?
- Les **obligations de conservation** des informations, données et traitements informatiques concourant directement ou indirectement à la formation des états comptables et financiers sont-elles respectées ? [...]

B. Audit des systèmes d'information et contrôle interne

1. Le contrôle du SI de l'entreprise

Le contrôle interne doit être mis en place dans l'entreprise pour valider et fiabiliser les procédures permettant de réduire les risques. Lors d'un audit des Systèmes d'Information, l'auditeur interne doit **évaluer l'efficacité des systèmes de contrôle interne**. Pour le CIGREF et l'IFACI, cinq grands principes doivent être retenus.

- C'est aux managers d'instaurer **une culture et une dynamique du contrôle** par la mise en place d'une organisation appropriée et d'un système de management efficace (stratégie, politique, déploiement...)
- Le contrôle interne doit être **intégré dans les processus** de l'entreprise (achat, vente, production, consolidation, RH...).
- Les SI jouent un **rôle clé dans une bonne gouvernance d'entreprise** et dans un dispositif efficace de contrôle interne : ils sont non seulement un objet mais aussi un levier du contrôle interne des processus de l'entreprise.
- Le dispositif de contrôle interne doit s'inscrire dans un **principe de réalité, de proportionnalité** (les contraintes ne doivent pas être disproportionnées par rapport au résultat recherché) **et de granularité** (jusqu'à quel niveau de détail aller) : il est nécessaire d'arbitrer entre le coût et l'efficacité du dispositif.
- Il faut rester **conscient des limites**, du caractère non exhaustif et des arbitrages nécessaires dans tout dispositif de contrôle.

Le contrôle du SI de l'entreprise concerne en premier lieu les métiers et les processus. Le SI doit être au service des processus. Des indicateurs permettent de s'assurer de la **maîtrise des processus**.
Le contrôle du SI passe aussi par la **maîtrise des données**.

2. Le contrôle interne de la DSI

Le contrôle interne de la DSI lui permet de maîtriser ses risques pour atteindre ses objectifs opérationnels. Il s'agit de s'assurer de la conformité aux règlements et aux instructions de la direction générale, de contrôler l'efficacité des opérations réalisées en utilisant les ressources de façon optimale, de l'évaluation et de la maîtrise des risques et de la garantie de la qualité de l'information. Six processus permettent d'atteindre ces objectifs.

- La gestion des compétences.
- Les projets et développements.
- La maintenance et la gestion des changements.
- La sécurité logique et la gestion des accès physiques.
- La gestion des incidents.
- Les contrats d'infogérance et le pilotage de la sous-traitance.

Pour être efficace, le contrôle interne (contrôle du SI ou contrôle interne de la DSI) doit être complété par des outils de suivi pour garder une trace des contrôles effectués et des anomalies constatées. Un **tableau de bord des contrôles** permettra une détection plus efficace de la dégradation du SI et sera un outil à fournir lors d'un audit interne.

2 Gestion des données

A. Contrôle et pertinence des interfaces

L'organisation actuelle du travail et le recours accru à des prestataires externes font que **l'accès aux données** des entreprises est ouvert à de nombreux acteurs.

En conséquence, le contrôle sur ces données devient de plus en plus difficile. Il s'ensuit des risques d'erreurs et de fraudes nombreux et variés de plus en plus conséquents.

Même si les systèmes de gestion sont de plus en plus intégrés, les transferts de données restent un problème majeur. Ils nécessitent la **mise en place d'interfaces** qui correspondent à différentes situations :

- données issues d'applications diverses au sein d'une même organisation ;
- données issues de différentes organisations qu'il faut regrouper lors d'opérations de fusion-acquisition ;
- données non structurées issues de l'environnement (réseaux sociaux...).

Ces différentes opérations nécessitent la mise en œuvre d'interfaces qui permettent de structurer les données de façon cohérente par rapport au système dans lequel elles s'insèrent. Il faut identifier les différentes caractéristiques des données sources, les répertorier et les mettre en correspondance avec les éléments correspondants dans le système de destination.

Ces opérations peuvent être **sources d'erreurs** liées à la conception même des interfaces ou à leur mise en œuvre.

L'auditeur doit donc avant toute analyse **vérifier l'origine des données** et **s'assurer de la pertinence des interfaces** en comparant les structures des données aux différentes étapes de l'intégration.

La réussite de la démarche ne repose pas seulement sur le fait d'accéder à des informations pertinentes, mais tout d'abord sur la capacité à **vérifier la préservation de l'intégrité des données** lorsqu'elles ont été retirées de leur emplacement de départ, déplacées, et déposées ailleurs.

Les données doivent avoir été vérifiées, nettoyées et enrichies durant le processus d'intégration ou de migration, avec des contrôles de qualité mis en place pour en maintenir l'intégrité lorsque les données ont été chargées.

La traçabilité et la fiabilité sont deux éléments clés de la gestion des données qui conditionnent la qualité des informations produites.

B. Intégration, vérification et qualité des données

Les volumes croissants, ainsi que le recours à de nouvelles sources, ont entraîné un changement majeur dans la manière dont les données sont traitées et gérées. Beaucoup de données sont de qualité douteuse lorsqu'elles proviennent des réseaux sociaux, ou d'autres sources extérieures, au sens où elles sont peu structurées et difficiles à analyser.

Afin de garder ces données à jour et correctes, quelle que soit leur provenance, des **mesures de qualité des données** doivent être appliquées au moment de l'ingestion, ainsi que lorsque les données arrivent dans le référentiel de destination.

Le **profilage des données** est la méthode qui permet :
- d'apprécier la qualité des données et leur conformité par rapport aux attentes de l'entreprise ;
- d'évaluer les risques liés à l'intégration de ces données dans des applications différentes de celles dont elles sont issues ;
- de mesurer la pertinence des données par rapport aux utilisations envisagées ;
- d'avoir une vue globale des données pour qu'elles soient correctement référencées ;
- de contribuer à la gouvernance des données afin d'en renforcer la qualité.

La **qualité des données** dépend de plusieurs facteurs.
- **Identification des données importantes** : les utilisateurs métiers et les services informatiques doivent collaborer pour catégoriser les données en fonction de leur importance pour l'organisation et de leur sensibilité.
- **Mise en place d'une stratégie des données** : elle consiste à définir des exigences et des priorités pour l'utilisation et la gestion des données, dans le cadre du schéma directeur des SI, en lien avec toutes les parties prenantes de l'organisation.
- **Désignation de gestionnaires de données** : la gouvernance implique de préciser les différents niveaux de responsabilité : qui a le droit d'accéder aux données, de les modifier, de les supprimer. Pour tout ensemble de données, il doit y avoir un responsable qui dispose de tous les droits et attribue les droits partiels aux utilisateurs et groupes d'utilisateurs.

C. Risques et enjeux de l'intégration des données

Dans tous les secteurs d'activité, les organisations traitent des données issues d'interactions entre différentes applications et différents acteurs. Ces interactions doivent être maîtrisées pour assurer la performance du SI.

Dans le domaine de la santé, la qualité des données est un enjeu essentiel. Si les données sont biaisées, que ce soit par des erreurs ou des omissions, les corrélations qui donnent naissance à de nouvelles connaissances seront fausses ou ne seront tout simplement pas détectées. Cela peut entraîner un gaspillage de ressources dans des actions inutiles ou même avoir des conséquences graves pour des malades.

Les organisations du domaine de la santé doivent donc unifier leurs données stockées et en assurer l'intégrité. Ceci implique de maîtriser les sources de données au sein des divers services internes et du réseau des acteurs de la santé, mais aussi au niveau des tiers tels que des laboratoires. Il s'agit de créer un suivi unique du parcours du patient avec une traçabilité totale.

En matière de distribution, les programmes de qualité des données aident les détaillants à optimiser les informations concernant les consommateurs, les produits et les vendeurs. Les échanges de données avec les fournisseurs permettent la maîtrise des stocks et la gestion des promotions. Il s'agit d'anticiper au mieux les ventes pour optimiser les approvisionnements (gestion des assortiments, promotions et introduction de nouveaux produits) dans le cadre d'une démarche d'ECR (Efficient Consumer Response, ou réponse optimale au consommateur, ROC).

La vente au détail concerne un grand nombre de parties prenantes qui génèrent et consomment des informations à travers un éventail d'activités tout au long de la chaîne logistique. Les informations échangées lors de transactions liées à la chaîne logistique peuvent correspondre à différents formats. Le risque d'une mauvaise qualité des données est donc élevé. La maîtrise des interfaces est ainsi essentielle. Les données brutes doivent être nettoyées et harmonisées pour obtenir une vue d'ensemble.

Dans le domaine de la production, le contrôle de qualité et la planification nécessitent d'assurer la qualité des données. Des données incorrectes ou incomplètes peuvent perturber le processus de fabrication, ce qui peut générer des retards ou des produits défectueux. Les politiques de flux tendus nécessitent de synchroniser les opérations de fabrication non seulement en interne, mais aussi vers l'amont et vers l'aval pour un suivi en temps réel et un ajustement permanent des programmes de production. Cela implique des échanges de données en temps réel entre l'entreprise et ses fournisseurs, ainsi que ses clients lorsqu'ils sont eux-mêmes des entreprises (sous-traitants, équipementiers…).

Dans les services financiers, la qualité des données est essentielle car elle conditionne la confiance des clients et autres parties prenantes ainsi que du public en général. Un accès en temps réel à des données exactes, complètes et cohérentes est indispensable. Cela permet, d'une part, de répondre aux exigences réglementaires, d'autre part, d'optimiser les niveaux de service et la performance de l'entreprise.

Les administrations publiques (états et collectivités territoriales) doivent elles aussi maîtriser de grandes quantités de données provenant de multiples acteurs. La pertinence et la fiabilité des informations sont indispensables non seulement pour la gestion efficace des budgets et des programmes, mais aussi pour un meilleur service aux administrés. Des erreurs ou des incohérences dans les données pourraient avoir des conséquences en matière de conformité des états financiers et être sources d'informations erronées fournies aux administrés ou aux autorités de tutelle.

3 Exploitation des données

A. Entrepôt de données et reporting

1. L'analyse de données

L'**analyse de données** (*Data Analytics*) est une science consistant à examiner des données brutes, dans le but de tirer des conclusions à partir de ces informations. Les techniques d'analyse de données permettent de révéler des tendances et des mesures qui seraient autrement perdues dans la masse d'informations. L'information extraite est généralement utilisée afin de permettre aux entreprises et aux organisations de prendre de meilleures décisions.

Dans le cadre d'un audit, l'analyse de données est une méthode visant à identifier toute occurrence d'un risque ou d'un dysfonctionnement à partir des données issues des systèmes d'information d'une organisation. Elle constitue l'une des possibles procédures d'audit permettant de supporter l'opinion d'un auditeur sur les systèmes d'information (*ex.* : l'évolution des systèmes d'information se traduit par la production et le traitement de grandes quantités de données (voir mémo 19).)

Le ***datamining*** **ou** **exploration de données** est un processus de recherche appliqué à un ensemble de données pour détecter des corrélations cachées ou des informations nouvelles. Ceci concerne particulièrement les commissaires aux comptes pour repérer des anomalies dans les transactions financières et comptables.

Les outils de *datamining* peuvent servir dans la mission de commissaire aux comptes, dont l'une des composantes est la recherche de fraudes. Le *datamining* permet d'améliorer la pertinence des contrôles.

Ces outils peuvent aussi servir dans l'appréciation du contrôle interne. Ils permettent d'aller plus loin que de simples tests en effectuant des analyses exhaustives.

Le *datamining* permet l'analyse de données sur de très grandes populations. Il permet de trier, de comparer les données, de rapprocher des informations pour mettre en évidence des incohérences. Il s'appuie sur des règles statistiques pour rechercher des anomalies ou des fraudes. Il assure **la fiabilité et la traçabilité des contrôles** et de leur restitution.

2. Visualisation et analyse interactive des données

La ***data visualization*** ou ***dataviz*** (en français : **visualisation des données**), peut être définie comme la représentation graphique de données permettant une exploration visuelle et interactive et ce sur de grandes quantités de données, quelles qu'en soient la nature ou la provenance. Elle met à la disposition de l'utilisateur une information sous forme visuelle, de manière à en faciliter l'accès et permettre de détecter des phénomènes ou des tendances invisibles de prime abord.

La visualisation des données est un ensemble de procédés permettant de représenter de manière visuelle des données. Elle consiste à communiquer des chiffres ou des informations brutes en les transformant en objets visuels : points, graphes, courbes, cartographies... C'est aussi un outil de communication puissant.

La force de l'utilisation d'un outil de visualisation des données pour contrôler et analyser réside dans la souplesse et la clarté d'utilisation du tableau de bord mis en place. De nombreux outils du marché permettent le développement sur-mesure d'environnements de consultation des données du FEC qui joue **un rôle central dans le contrôle des données et des processus de gestion** (voir mémo 23).

La **représentation graphique** n'est pas gratuite, elle est au service d'objectifs, dont le premier est de permettre d'accéder plus facilement à l'information véhiculée par les données. Il est en effet plus convivial de considérer un graphique qu'une série de chiffres.

La visualisation des données marque une rupture avec le reporting classique : il s'agit de donner du sens aux données, pour en tirer de l'information en transformant un ensemble de données brutes en informations pertinentes. Elle accélère la compréhension, la décision et l'action.

D'un point de vue général, la visualisation des données a **quatre champs d'application** principaux :

- l'analyse des données à des fins de reporting ;
- l'exploitation des données pour représenter et synthétiser des observations (études de marché, enquêtes...) ;
- l'optimisation des processus (*ex.* : logistique) ;
- la prédiction, faisant intervenir l'étude poussée de corrélations entre des groupes de données, pour anticiper les phénomènes à venir.

Avec les méthodes traditionnelles de l'informatique décisionnelle (voir mémo 19), l'utilisateur effectue des requêtes : sélection/récupération de données suivant des critères à définir, ce qui implique de se poser des questions *a priori*. Cela limite la perception que l'utilisateur peut avoir des données. Il peut passer à côté d'une information parce qu'il n'a pas posé la bonne question. De plus, une invraisemblance ne saute pas nécessairement aux yeux. Avec une interface visuelle, une donnée aberrante va immédiatement apparaître.

Avec la visualisation des données, l'utilisateur est en situation de découverte des données. Il a la possibilité de mener une **analyse exploratoire**, c'est-à-dire explorer les données sans *a priori*.

La visualisation des données connaît un essor récent du fait du développement des capacités de traitement permettant d'enrichir considérablement les possibilités d'analyse.

Sommaire Exercices

Correspondance thèmes du programme/exercices

	Thèmes abordés	1. DSI Elior	2. Audit et conseil SA	3. Campio	4. Origami	5. Merval	6. Vergeat
1	Stratégie SI et alignement stratégique	x	x				x
1	Gouvernance du SI	x					x
1	Impact organisationnel du SI		x		x		x
2	Gestion de projet			x			
2	Gestion du changement						x
3	Intégration du SI				x		
4	Externalisation		x		x		
4	Performance du SI					x	x
4	Infogérance					x	
4	Retour sur investissement				x		
5	Architecture informatique	x	x			x	x
5	Cloud computing	x				x	
5	Sécurité	x					
6	Mégadonnées	x					
6	Audit		x				

1 Gouvernance des systèmes d'information
2 La gestion de projets SI
3 Les systèmes d'entreprise
4 Gestion de la performance informationnelle
5 Architecture et sécurité des systèmes d'information
6 Audit du système d'information, conseil et reporting

DSI Elior

exo 01.01

D'après le document joint en annexe, identifier, pour le DSI du groupe Elior :
1. les principales problématiques
2. les difficultés rencontrées
3. les évolutions envisagées

Annexe 1 – Comment accompagner la transformation numérique dans un groupe mondial de restauration collective et de services connexes ?

Devenu Group Chief Digital and Information Officer du groupe Elior en mars 2018, Bernard Duverneuil accompagne la transformation numérique de ce groupe mondial de restauration collective et de services connexes. Si la digitalisation y est bien évidemment un sujet constant, comme dans toutes les entreprises, visant à l'amélioration de l'expérience autant des clients que des employés, la cybersécurité est aussi un sujet mis en avant.

CIO : Pouvez-vous tout d'abord nous présenter le groupe Elior dont vous êtes Group Chief Digital and Information Officer ?

Bernard Duverneuil : Elior est avant tout un groupe de restauration collective présent dans six pays : la France, le Royaume-Uni, l'Espagne, l'Italie, les États-Unis et un peu en Inde. En France et nettement moins ailleurs, nous y ajoutons des services connexes comme l'hôtellerie de santé et le ménage ou la conciergerie pour une clientèle d'entreprises. La restauration collective, c'est bien sûr avant tout les restaurants d'entreprises et les restaurants inter-entreprises mais aussi la restauration dans les hôpitaux, les établissements scolaires ou les parcs d'attraction et autres centres de loisirs. Aux États-Unis surtout, nous y ajoutons la restauration dans les prisons et pour les réceptions et les événements. En tout, nous avons donc environ 23 500 établissements. Une singularité de notre métier réside en cela : peu d'entreprises ont autant de sites. Chaque restaurant a quatre besoins constants : s'approvisionner (donc commander auprès des fournisseurs, gérer les livraisons et les règlements), suivre ses ressources (notamment ses ressources humaines), suivre l'activité (donc facturer et encaisser) et enfin piloter le business à partir d'indicateurs clés de performance (KPI).

CIO : Vu votre grand nombre d'établissements, votre système d'information est-il centralisé ou non ?

Bernard Duverneuil : Les deux ! C'est une vraie problématique pour l'architecture de notre SI, ce que l'on fait en central ou en local. Le problème numéro 1 est d'ailleurs la capacité à se connecter à Internet, ce qui n'a rien d'évident, par exemple dans des écoles rurales. Dans ces cas-là, un routeur 4G peut être plus approprié que l'ADSL. Pour couvrir les quatre besoins que j'évoquais, nous répartissons donc entre le central et le local de manière pragmatique. Par exemple, pour les approvisionnements, s'il existe un système central par pays et un référencement des fournisseurs également national, les achats sont locaux. L'encaissement, qui ne doit jamais s'arrêter en cours de service, peut être local afin de ne pas être soumis aux problèmes réseau. Mais les

sites les plus importants sont déjà tous connectés et nous avons un programme de modernisation des caisses afin que toutes soient connectées. L'objectif est de remonter en central les informations d'encaissement soit en temps réel quand c'est possible, soit au plus tôt sinon.
Pour la bureautique, la messagerie, etc., nous avons recours à Office 365. Après quelques expérimentations très prometteuses, nous sommes en train de déployer un réseau social d'entreprise (sous Yammer) car nous avons besoin d'améliorer l'animation de ce réseau de 23 500 établissements. L'idée est de faciliter l'animation par les directeurs de région ou les responsables de zones (responsables de secteurs...) au-delà de relations point-à-point ou de réunions physiques.
CIO : Et qu'en est-il de la digitalisation de la relation clients et de la relation convives ?
Bernard Duverneuil : Clients et convives sont deux concepts différents. Nous contractons en effet généralement avec un client entreprise ou établissement public mais ce sont des individus qui mangent dans nos restaurants.
La digitalisation de la relation client est bien avancée car nous avons besoin d'un canal de communication pour envoyer des informations. Mais nous avons également une relation avec les convives. Nous devons leur adresser une information sur notre offre, nos menus ainsi que sur leur compte (pour le paiement de leur part). Parfois, c'est aussi un lien avec la famille : si des enfants sont nos convives dans une école, nous aurons une relation avec leurs parents. Parfois, le compte est familial.
Le besoin de fournir de l'information va croissant : ingrédients, provenances, qualité bio et/ou locale, allergènes... Cela passe notamment par notre application mobile Time Chef qui permet aussi de remettre de l'argent sur le compte.
CIO : Est-ce que la dispersion des établissements constitue un vrai problème de sécurité ?
Bernard Duverneuil : Certes et nous y répondons par trois attitudes. Tout d'abord, la standardisation. Ensuite, l'interconnexion : que le système soit cloud ou non, il y a toujours au moins une supervision, une gestion ou une surveillance à distance des équipements, notamment des caisses, avec distribution des correctifs. Enfin, bien entendu, il y a la sensibilisation autant de nos propres employés que de nos convives.
CIO : Le Cigref a mené une campagne orientée vers le grand public, celle de la Hack Academy, ce qui peut se comprendre pour une association. Mais pourquoi Elior, qui est une entreprise dont ce n'est aucunement le métier, s'adresse-t-elle au public sur le sujet de la cybersécurité ?
Bernard Duverneuil : La cybersécurité est l'affaire de tous. Nous servons cinq millions de repas par jour. Nous avons de ce fait une responsabilité dans la diffusion des bonnes pratiques, en l'occurrence de cybersécurité en nous appuyant sur les recommandations de l'ANSSI.
Bien entendu, cela sert notre image d'entreprise citoyenne, ce qui correspond aux attentes de nos convives.
Mais ce n'est pas tout. Nous avons des systèmes interconnectés, souvent en lien avec les réseaux de nos clients. Du coup, ce point est important dans notre positionnement. La cybersécurité fait partie de plus en plus souvent de l'appel d'offres des clients.

Ceux-ci sont directement concernés si nous sommes connectés à leur réseau. Et ils le sont aussi si, suite à un incident de sécurité, l'encaissement ne fonctionne plus, ce qui bloque leur restaurant d'entreprise. En ce moment, la dimension sécurité des appels d'offres est également très importante sur le RGPD.

CIO : Où en êtes-vous en matière de RGPD ?

Bernard Duverneuil : La réglementation est claire. Depuis un certain temps, nous avons examiné toutes nos applications pour recenser toutes les données personnelles traitées et contrôler ce qui était le plus sensible. Nous avons ensuite communiqué auprès du personnel et installé des correspondants aux données personnelles un peu partout. Nous ne sommes pas une entreprise plus exposée que la moyenne. Par exemple, en général, les systèmes d'encaissement ne traitent que des numéros de badge, pas des noms et des prénoms.

CIO : Pour sensibiliser autant à la cybersécurité au sens strict qu'aux nécessités liées au RGPD, comment avez-vous pratiqué ?

Bernard Duverneuil : Bien entendu, nous avons mené en collaboration avec la direction de la communication un programme de sensibilisation, la campagne « Hacking Diner », primée aux Grands Prix Stratégies de communication cette année. En pilotage RSSI/DSI, ce programme a intégré des opérations présentielles sur les plus grands sites et, bien évidemment, des messages sur l'intranet, des vidéos, etc.

CIO : Le RSSI vous est-il rattaché ?

Bernard Duverneuil : Sur la sécurité du SI, le RSSI m'est effectivement rattaché opérationnellement mais il a aussi une casquette sécurité plus globale pour laquelle il rapporte directement à la direction générale.

CIO : Nous avons peu parlé infrastructures en dehors des réseaux. Quels sont vos choix en la matière ?

Bernard Duverneuil : La question de l'hébergement avait été posée avant mon arrivée. Il y a une volonté d'aller vers le cloud public mais pas d'y mettre la totalité de notre SI. Parfois, nous mettons en place de l'hébergement local.

Comme nous disons au Cigref, nous sommes entrés dans l'âge de raison du numérique. Il faut, d'une manière générale, prendre un vrai recul sur les technologies. Elles ne sont pas forcément la panacée. (...)

CIO : Autre question que nous n'avons pas abordée, celle des moyens de paiement. Même si vous n'avez pas de touristes chinois dans vos restaurants, cette question constitue-t-elle une difficulté aujourd'hui ?

Bernard Duverneuil : La grosse tendance du moment est ce que l'on appelle le « cashless » : paiement électronique, sans contact, etc. D'une manière générale, nous évitons de gérer du cash, même s'il en reste évidemment. Pour recharger son badge, on passe le plus souvent par l'application mobile Time Chef. Des portefeuilles de type ApplePay ne constituent pas une demande en France mais, aux États-Unis, surtout dans l'événementiel, cela peut arriver.

CIO : Aujourd'hui, quel est votre principal défi pour les années à venir ?

Bernard Duverneuil : Dans notre métier, notre principal défi est de nous adapter aux nouveaux modes de consommation. Le SI est un outil pour atteindre cet objectif. Par

exemple, le développement des nouvelles habitudes alimentaires impose de donner toujours plus d'informations aux consommateurs. Cela implique de disposer de ces informations et donc de les obtenir auprès de nos fournisseurs lors des approvisionnements. Or les carottes peuvent être bio un jour, locales le lendemain et ni l'un ni l'autre un troisième jour. Nous avons donc besoin de récupérer l'information automatiquement et en temps réel : c'est un grand enjeu dans notre secteur.
Les cahiers des charges émis par nos clients sont de plus en plus stricts sur les caractéristiques de type bio/ local. Notre volonté est non seulement de satisfaire ces demandes mais aussi de les devancer.
Les données que nous utilisons pour produire les rapports demandés sont de plus en plus vastes. Nous utilisons donc des outils classiques pour réaliser ces rapports mais avec des architectures modernes.
J'insiste sur l'objectif de tous ces efforts : il s'agit de développer une relation de confiance avec le convive qui doit être certain de ce qu'il mange, de la qualité de son alimentation.

Bertrand Lemaire, rédacteur en chef
CIO online / CIOfocus, oct 2019

Audit&conseil SA

exo 02.01

Le cabinet Audit&conseil SA est un important cabinet d'expertise comptable et d'audit du Centre de la France. Son chiffre d'affaires pour l'exercice 2019 est d'environ 6 millions d'euros. Il compte, au 1er janvier 2020, quelque trente-trois collaborateurs dont les quatre associés fondateurs (diplômés en 2000) et le directeur du personnel (de formation Master RH). Le cabinet a été créé en 2002 et est situé, depuis l'origine, dans un hôtel particulier (propriété de la société) du centre de Clermont-Ferrand.
Sa clientèle est relativement fidèle et est composée en majeure partie de petites et moyennes entreprises commerciales, locales et régionales. Les collaborateurs d'Audit&conseil SA sont particulièrement appréciés pour leur connaissance des dossiers, pour leur grande compétence technique, pour leur intégrité et discrétion ainsi que pour leur nomadisme, c'est-à-dire leur aptitude au travail d'expertise et de révision comptable au sein même de l'entreprise cliente.
L'activité du cabinet, depuis 2002, a connu une augmentation annuelle d'environ 3 % par an. Toutefois, pour les cinq dernières années, le taux de croissance s'établit à environ 8 % par an. Cette croissance s'explique par l'attractivité de la région et par l'implantation de nouvelles activités commerciales, ainsi que par le développement de la demande de missions de conseil. L'effet de ces facteurs favorables est amplifié par la notoriété du cabinet et sa capacité à capter de nouveaux clients, notamment ceux intervenant dans le secteur « hôtellerie-restauration ».
Les exigences réglementaires sur la traçabilité, l'intégrité et la conformité des informations comptables, les normes d'audit, l'évolution du métier vers le conseil et, enfin, l'obsolescence manifeste du système d'information (SI) nécessitent une profonde mutation que les quatre associés dirigeants ont bien l'intention de piloter rapidement. En effet, le SI est composé d'applications standard (progiciel comptable) et d'applications « sur mesure » (gestion de projet, gestion de clientèle, paie, gestion des temps et activités, etc.). Ces applications sont non intégrées, non interopérables et difficilement évolutives. Elles utilisent des bases de données hétérogènes. La vingtaine de postes clients, sous Windows XP, ne bénéficient pas d'une connexion internet réellement sécurisée.
Influencée par les choix technologiques récents de ses principaux concurrents régionaux et par les informations de consultants sollicités en vue de la modernisation du matériel, la direction opterait a priori, pour une solution informatique intégrée. Cette solution consisterait en l'acquisition et en l'implantation d'une application d'Aide à la Révision Comptable et à l'Audit (ARCA) et imposerait enfin – selon la direction – à tous les collaborateurs l'abandon du « tout papier ». De plus, elle améliorerait, selon les consultants, la qualité de la prestation auprès des clients et contribuerait à la performance globale.
La direction s'oriente vers la solution proposée par l'éditeur AVEC dont les caractéristiques sont présentées en annexe.

D'après sujet d'examen

Vous terminez actuellement votre stage au sein du cabinet AUDIT&conseil SA et vous bénéficiez de la confiance des quatre associés. Vous êtes chargé(e) de les conseiller sur le projet AVEC de mise en place d'un progiciel d'aide à la révision comptable et à l'audit présenté en annexe.

1. Préciser les impacts organisationnels et stratégiques de la mise en place d'une telle application, en mettant en lumière la nature des enjeux pour le cabinet et pour les collaborateurs.

2. Qu'appelle-t-on alignement stratégique du SI ? Donner au moins deux exemples précis et détaillés, un dans le domaine de l'expertise comptable, un dans un autre domaine. Présenter une démarche permettant de réaliser l'alignement stratégique.

3. Quelles sont, d'un point de vue technique et informatique, les implications à prendre en compte dans le cadre de ce projet ?

4. L'informatique du cabinet est actuellement entièrement confiée à une ESN (entreprise de services du numérique). Quels sont les avantages et inconvénients de cette situation ?

Annexe

Caractéristiques AVEC

Fonctionnalités

- Multi-mission (Expertise et Commissariat), Multi-client (nombre illimité de dossiers), Multi-activité, Multi-collaborateur.
- Paramétrable et personnalisable : ergonomique et très simple d'utilisation. Chaque cabinet peut intégrer ses propres notes de travail et définir ses propres modèles selon des critères de mission et de client.
- Dossier Permanent et Dossiers Annuels en architecture conviviale. (Accédez en 1 clic aux DA antérieurs).
- En commissariat, 3 niveaux de mission : Normal, PME, TPE.
- Association à chaque feuille de travail de la GED, permettant la dématérialisation totale.
- Travail en mode collaboratif (Travaillez à plusieurs en même temps dans un même dossier, sans séparation de cycle ou sous-cycle).
- Importation directe instantanée des fichiers FEC (fichier des écritures comptables).
- Préparation automatisée des feuilles maîtresses, note d'approche par les risques, notes de travail, échantillon automatisé des écritures et pièces à contrôler en fonction de critères déterminés incorporés dans une feuille de travail structurée.
- Outil d'analyse de données à partir de toutes les écritures comptables de votre dossier vous permettant toute recherche et analyse sans limite.
- Multiples états automatisés : tableau d'emprunt, rapproché de TVA, contrôle TVA à récupérer et collectée, provision retraite...
- Dossiers Itinérants et sécurisés, avec faculté de consultation si dossier sorti.

- Historique de dossiers annuels illimités.
- Gestion des temps automatisée par client et par collaborateur.
- Finalisation avec les états financiers pour les missions d'expertise comptable, plaquettes annuelles, ainsi que génération de vos liasses fiscales avec transmission électronique.
- Note de synthèse et émission des rapports pour les missions de commissariat. Assistance et Utilitaires.
- Logiciels AVCompta et AVImmo intégrés.
- Outil d'analyse de base de données.

Avantages

- Une visibilité immédiate en un clic, y compris sur les exercices antérieurs sans sortir du dossier.
- AVEC fonctionne avec tous les logiciels comptables du marché par Import des écritures dans AVCompta.
- Résolution de vos contraintes de stockage grâce à la dématérialisation totale (plus de classeur à déplacer ou transporter).
- La vie de l'entreprise (comptable, juridique, fiscale, sociale...) stockée dans le dossier permanent.
- Création de vos propres outils avec mise à jour automatisée par AVEC.

Campio

exo 03.01

L'entreprise CAMPIO, PME dans le secteur de la logistique, emploie 150 salariés : chauffeurs, magasiniers, gestionnaire de flux, cadres, contrôleurs de gestion, comptables... La DSI comprend 5 personnes, dont un directeur des systèmes d'information. Une ESN, Antoir, intervient dans le cadre d'un contrat de tierce maintenance applicative (TMA). L'entreprise s'est équipée, il y a deux ans, d'un système de gestion intégré qui prend en charge la gestion des flux logistiques, la relation client et la comptabilité.
Jusqu'à présent, elle avait conservé son progiciel de paie. Celui-ci est relativement ancien.
Le PGI installé donne satisfaction. L'entreprise a donc décidé d'ajouter au PGI le module RH proposé par l'éditeur. Il ne s'agit pas seulement de gérer la paie, mais d'une gestion complète des ressources humaines (carrières, formations, etc.).
Ce projet doit être mis en place au 1er janvier prochain. Vous êtes sollicité, en tant que cabinet d'expertise comptable, pour conseiller les dirigeants de l'entreprise.
Un recensement des tâches, présenté en annexe, a été effectué.

1. Proposer une présentation visuelle de l'ordonnancement de ce projet. Déterminer le chemin critique et le délai de réalisation au plus tôt.

2. Au 14e jour, on constate que la tâche E se déroule normalement, la tâche G est terminée comme prévu mais la tâche F a pris 4 jours de retard.
Analyser les conséquences de ce retard.

3. Proposer des solutions pour maintenir la durée initialement prévue.

Annexe

Code	Nom des tâches	Antécédents	Durée
A	Étude d'opportunité	–	3
B	Recensement des catégories de salariés	A	4
C	Vérification avec les utilisateurs référents	B	1
D	Organisation générale du module	B	4
E	Paramétrage du module de calcul	C	12
F	Paramétrage du module d'édition des bulletins de paie et DSN	C	10
G	Paramétrage du module de clôture annuelle	C	6
H	Tests d'intégration et compatibilité	D E F G	3
I	Mise en œuvre d'un jeu d'essai	H	3
J	Rapport d'étape	H	4
K	Vérification des résultats avec les utilisateurs	I	3
L	Rapport de synthèse	J	5
M	Validation par l'équipe projet	K L	1
N	Livraison - recette	M	3

Origami

exo 04.01

La société Origami Europe, qui était à l'origine une entreprise familiale, a été rachetée par le groupe japonais Origami à la fin des années 1990 suite à un plan de redressement. Le groupe Origami a recapitalisé la société, lui permettant de poursuivre son activité et de renouer avec les bénéfices depuis 2006.

La société O.E. produit des machines d'impression et de façonnage en ligne :

- principalement d'emballages et d'étiquettes de bouteilles, produits alimentaires, paquets de cigarettes, produits liquides et surgelés ;
- accessoirement de timbres-poste, tickets de jeu, tickets à piste magnétique. L'impression et le façonnage en ligne signifient que les machines fonctionnent en continu avec une alimentation de papier ou de carton en rouleaux. Ce système est destiné à une production de masse, alors que les systèmes avec une alimentation en feuille à feuille conviennent à des productions plus modestes.

Le positionnement d'O.E. sur ce segment de machines :

- explique l'intérêt pour le groupe Origami, qui, avant le rachat, ne fabriquait que des machines avec une alimentation feuille à feuille ;
- implique nécessairement pour O.E. d'avoir à traiter avec des clients de taille importante, qui mettent en œuvre des productions de masse (grandes entreprises de l'agroalimentaire, de l'industrie du tabac...).

O.E. réalise trois sortes d'activité :

- la fabrication de machines sur commande : l'ensemble des opérations liées à chaque contrat (conception, fabrication, installation) dure plus d'un an, voire plusieurs années ; la facturation se fait à l'achèvement, ce qui explique l'existence de machines en cours de production à l'arrêté des comptes ; cette activité représente la majeure partie du chiffres d'affaires d'O.E. (à peu près 70 %) ;
- les modifications de machines déjà installées, qui représentent environ 20 % du chiffre d'affaires ;
- le service après-vente (environ 10 % du chiffre d'affaires) : il s'agit essentiellement de remplacer les pièces de machines installées (par exemple, les cylindres d'impression usés).

Le marché d'O.E. est mondial, avec un chiffre d'affaires principalement libellé en devises (clients hors de la zone euro : en Chine, aux États-Unis...).

La société O.E. est concurrencée sur son marché par trois ou quatre entreprises, mais elle possède quelques avantages distinctifs sur ses concurrents.

- Elle est la seule entreprise à pouvoir réaliser intégralement les lignes d'impression et le façonnage, alors que ses concurrents doivent s'associer avec d'autres entreprises car ils ne maîtrisent pas tous les savoir-faire.
- Elle est capable de concevoir et de fabriquer des lignes sur mesure alors que ses concurrents proposent des solutions standard.

L'activité d'O.E., portant sur des biens d'équipement, présente un caractère cyclique marqué, puisqu'elle suit les phases de croissance ou de réduction des investissements des grandes firmes industrielles : le renforcement de la structure financière d'O.E. par le groupe Origami lui permet désormais de traverser les phases de réduction des investissements (et donc de son activité) en attendant la reprise. Certains concurrents d'O.E. plus fragiles, ne sortiront pas indemnes de ces phases.
Malgré les variations marquées du niveau d'activité, la stratégie d'O.E. repose sur la stabilité de l'outil de production :
- les équipements de production ;
- le personnel : O.E. pratique une politique de stabilité de l'emploi et de fidélisation des salariés (environ 200 salariés).

Cette stratégie s'explique par l'importance des compétences et de l'excellence technique sur le marché d'O.E.
- Les compétences recherchées par O.E. sont assez peu disponibles sur le marché du travail et tout recrutement est suivi d'une formation interne assez longue avant que les nouveaux salariés ne soient pleinement opérationnels.
- Le souci de la qualité et du respect des délais est fondamental chez O.E. : seuls les salariés permanents peuvent pleinement intégrer cette dimension de la culture d'entreprise.

La direction de l'entreprise vous demande d'envisager les implications stratégiques, les conséquences pratiques et les modalités de la mise en œuvre d'une éventuelle évolution du système d'information.

À l'aide des annexes 1 à 4, répondre aux questions suivantes.

1. Après avoir critiqué le système d'information existant, vous exposerez les problèmes induits à terme par ce dernier à la fois pour les utilisateurs et pour la direction des systèmes d'information.

2. Proposez des évolutions du système d'information et présentez les avantages que l'entreprise pourrait en retirer.

3. Vous vous interrogerez sur la nature des coûts et les difficultés éventuelles pour chacune des solutions envisagées.

4. En cas de mise en place d'un progiciel de gestion intégré, préciser quelles seraient les étapes du projet en mettant en évidence les choix à effectuer.

5. Analysez les conséquences de la mise en place du PGI. Vous envisagerez en particulier l'évolution des profils de postes, ainsi que les enjeux internes et externes en termes relationnels, décisionnels et de pouvoirs.

6. Proposez une méthodologie pour évaluer le retour sur investissement du projet.

D'après sujet d'examen

Annexe 1 - ORGANISATION DE L'ENTREPRISE

La direction générale : y sont rattachés l'administration générale et son secrétariat, ainsi que le service informatique (6 pers.).
Tous les autres services relèvent directement de la direction générale :
Deux services fonctionnels
- **Comptabilité et Finance**
- **Personnel et Services généraux**

Six services opérationnels
- **Ventes et Marketing**
- **Études et Développement**
- **Achats. Planification et Service après-vente**
- **Fabrication, site de Limoges**
- **Fabrication, site de Tournon**
- **Groupage et Mise en route**

Tous les services sont situés à Limoges, sauf les ateliers d'usinage des cylindres d'impression, situés à Tournon (env. 60 pers.).

Annexe 2 - PRODUCTION

A) Réalisation d'un contrat portant sur une machine : elle s'étale sur une durée plus ou moins longue suivant l'importance du contrat (dimension et complexité de la machine).

1. La **négociation commerciale** passe par des agents commerciaux indépendants, chaque agent couvrant une région géographique (Europe, Amérique du Nord...).
2. À partir de la signature, le service **Études et Développement** précise le plan de la machine et les étapes de la fabrication et du montage : parfois, un prototypage est nécessaire pour les procédés ou machines d'un nouveau type.
3. Le service **Achats et Planification** établit alors un calendrier prévisionnel des achats d'équipements et fournitures ainsi que des étapes de fabrication, en concertation avec les services de production et suivant leur plan de charge. C'est ce service qui assurera les commandes et leur réception pendant la phase de production.
4. La **fabrication** proprement dite des machines se déroule sur deux sites :
- **le site de Tournon assure l'usinage des cylindres d'impression ;**
- **le site de Limoges assure la fabrication de la partie de la machine assurant la découpe des emballages fabriqués, le découpage rotatif, ainsi nommé car les emballages sont fabriqués en continu à partir de bobines de papier ou carton. Le site de Limoges assure également la fabrication du système de commande de la machine (pupitres, câblage, capteurs, cartes électroniques).**

5. Le service **Groupage et Mise en route** assure l'assemblage final de tous les sous-ensembles fabriqués (cylindres d'impression. découpage rotatif et système de commande) ; commence alors, à Limoges, la phase de mise en route et d'essai des machines, afin de tester leur bon fonctionnement dans les futures conditions d'utilisation et de procéder aux dernières mises au point nécessaires.

Avant le montage et le démarrage chez le client, les salariés du client concernés suivent une **formation** à Limoges :

- **à l'utilisation et au réglage de la machine ;**
- **à l'entretien et à la maintenance courante de la machine.**

Cette formation est assurée par le service Groupage et Mise en route.

La machine est alors démontée et emballée afin d'être expédiée chez le client.

B) Les modifications de machines suivent à peu près les mêmes étapes que les fabrications de machines, mais de manière allégée.

Quant au **service après-vente,** il s'agit principalement de fournir des cylindres d'impression remplaçant les cylindres usés, ce qui bien sûr ne requiert pas d'études/développement, de groupage ni de formation. Le chiffre d'affaires « modifications de machines » et « service après-vente » voit sa part dans le chiffre d'affaires global progresser très lentement, ce qui est normal car le parc installé de machines O.E. croît régulièrement d'année en année. Le taux de marge sur coût de revient des modifications de machines et du service après-vente est stabilisé à 25 % environ du chiffre d'affaires net.

Annexe 3 - SYSTÈME D'INFORMATION : ÉTAT DES LIEUX

La comptabilité (générale, analytique, budgétaire) est informatisée sur un ordinateur IBM AS 400 équipé du logiciel Antarel loué à une ESN (G.A.C.).

Sur ce même ordinateur, sont implantés deux autres logiciels : un pour l'édition des liasses fiscales et un logiciel de facturation (Helis). Ces deux logiciels ont été achetés par l'intermédiaire de G.A.C., qui les a adaptés pour une utilisation avec Antarel.

Le logiciel Antarel comporte également un module de gestion commerciale qui équipe l'agence commerciale Origami de Paris.

Le logiciel d'édition des liasses fiscales reprend les données issues d'Antarel ; le logiciel Helis déverse dans Antarel les données relatives à la facturation.

Helis prend en charge la facturation en devises. Il a été adapté pour tenir compte des particularités de l'entreprise : facturation soit au taux mensuel à la date de facturation, soit au taux historique correspondant à la date de signature du contrat si celui-ci est d'une durée supérieure à 12 mois, ce qui est toujours le cas pour les livraisons de machines.

Le bureau d'études utilise un logiciel de CAO, Fantil, acheté il y a plus de dix ans et dont l'éditeur a fait faillite.

La gestion de production utilise Torux, logiciel de type MRP, pour gérer les achats, les commandes, les stocks, les plannings et le suivi des temps de main-d'œuvre. Ce logiciel ainsi que les deux machines sur lesquelles il fonctionne (serveur principal et serveur de secours) ont été acquis il y a 10 ans pour un prix global d'environ 500 K € HT. Il existe deux « ponts » entre Helis et Torux (gestion commerciale, gestion de production) : un pour la récupération des commandes clients et un pour la récupération des commandes fournisseurs, dont la réception est validée dans Torux. De ce fait, deux journaux d'achat sont tenus : un journal « achats Torux » et un journal « achats autres » (essentiellement les frais généraux qui ne passent pas par Torux).

Les informations concernant Torux issues de l'unité de Tournon sont saisies sur place et transmises grâce à une liaison VPN (virtual private network, réseau privé virtuel).
La maintenance du logiciel de gestion de production, Torux, est assurée par une ESN (HTJ).
La gestion des ressources humaines dispose du logiciel CPX (loué) pour la gestion de la paie et des déclarations sociales (par télétransmission). Les informations concernant l'unité de production de Tournon (heures effectuées, congés, absences...) sont transmises par messagerie électronique (fichier Excel en PJ) et ressaisies à Limoges. Les informations concernant la paie (comptabilité générale et analytique) sont éditées et ressaisies dans Antarel.
Les échanges d'informations avec le siège d'Origami au Japon, les autres unités du groupe et les partenaires commerciaux de l'entreprise se font par transfert de fichiers via des VPN.
La gestion de la trésorerie est suivie sur tableur.
Il existe dans l'entreprise un certain nombre de postes informatiques individuels principalement équipés de logiciels bureautiques et reliés, selon les cas, au serveur de gestion de production ou au serveur de la comptabilité. Tous les postes sont connectés à Internet, via un serveur proxy situé derrière un pare-feu.
Le poste matériel de bureau et informatique figure au bilan pour 1 333 612 € dont 66 992 € d'acquisitions effectuées au cours de l'exercice précédent.
Le résultat net de l'entreprise s'est élevé à 1 900 K € pour le dernier exercice et 3 716 K € pour le précédent. L'entreprise présente un taux d'endettement relativement faible.

Annexe 4 - EXTRAITS DU SITE INTERNET DE L'ENTREPRISE

(...)
UN RÉSEAU MONDIAL
L'équipe d'ingénieurs commerciaux, de qualification technique polyvalente, conçoit et étudie les conditions les mieux adaptées aux besoins de chaque client partout dans le monde. Le réseau des agents du groupe Origami constitue une base logistique et commerciale, assurant la mise en œuvre et le suivi des projets individuels au plus près.
UNE CONCEPTION ORIGINALE
Aux demandes spécifiques, les ingénieurs d'Origami-Europe répondent par des concepts originaux mixant les procédés en ligne afin d'accroître la valeur ajoutée ou proposant des solutions innovantes qui se démarquent de la concurrence. La maîtrise de ces techniques, reconnue dans le monde de l'emballage, conforte les grands opérateurs internationaux qui affirment leur confiance dans le savoir-faire d'Origami-Europe en Europe comme aux États-Unis et en Asie.
(...)
UN PARTENARIAT CRÉATIF
Le groupe Origami, attaché au principe de partenariat actif, associe étroitement ses clients au développement de ses nouveaux concepts. Une importante banque de données techniques de suivi des machines permet d'améliorer en continu la durée de

vie des outillages et d'orienter les développements pour mieux répondre aux demandes nouvelles des marchés.

UN SUPPORT LOGISTIQUE

Grâce à la formation dispensée par Origami-Europe, la technicité de ses machines devient accessible. Les futurs techniciens utilisateurs sont formés à la conduite de leur machine à Limoges, puis sur le lieu d'exploitation. Le suivi et l'assistance s'effectuent en direct par les techniciens du constructeur ou par télémaintenance. Les visites régulières de nos ingénieurs assurent la bonne utilisation des machines sur site.

(...)

UN PARTENARIAT ACTIF

Associés à la démarche qualité du groupe Origami, les fournisseurs et sous-traitants sont sélectionnés pour la qualité de leurs fabrications, leur fiabilité et leur capacité de service à l'export. Le partenariat s'exerce couramment dans la recherche de solutions performantes, évolutives et adaptables à chaque configuration.

(...)

Centre de recherche MERVAL

exo 05.01

Le Centre de recherche MERVAL de Villeneuve-sur-Mer est l'un des centres de recherche-développement (R&D) du groupe MERVAL. Il emploie 550 personnes (chercheurs et administratifs). Le laboratoire pharmaceutique MERVAL fait partie des leaders mondiaux de la pharmacie avec un chiffre d'affaires 2019 de 29,7 milliards d'euros. Présent dans une centaine de pays dans le monde, MERVAL emploie environ 60 000 collaborateurs dont 14 200 dans le domaine de la R&D des médicaments.
MERVAL est positionné sur d'importants domaines thérapeutiques, tels que les maladies cardiaques, l'hypertension artérielle, les maladies respiratoires, la neurologie. MERVAL a lancé d'importants programmes de recherche dans le but de développer de nouveaux traitements dans l'ensemble de ses domaines d'excellence et utilise les techniques les plus modernes comme la biologie moléculaire, la génomique, la bio-informatique... Le groupe dispose de centres de recherche, en particulier aux États-Unis et en France où le Centre de recherche de Villeneuve-sur-Mer compte à son actif plus de 180 brevets originaux déposés et plusieurs molécules en cours de développement.
MERVAL dispose de l'un des premiers budgets de recherche pharmaceutique dans le monde et a consacré 3,8 milliards d'euros à la R&D en 2019, dont 185 millions à Villeneuve.
La filiale française de MERVAL est la principale filiale européenne du groupe et la deuxième dans le monde après les États-Unis, où se trouve le siège du groupe.
MERVAL-France est l'un des principaux laboratoires pharmaceutiques du pays. Il emploie 1 800 personnes impliquées à toutes les étapes de la vie du médicament : recherche, développement, production, commercialisation. Ces effectifs représentent environ 1 250 personnes dans les activités de production et commercialisation, et près de 550 personnes dans les activités de recherche.
Outre le siège social en région parisienne et les réseaux commerciaux présents sur l'ensemble du territoire, l'entreprise dispose du Centre de recherche de Villeneuve et de deux sites industriels à Bordeaux et à Grenoble. La majeure partie de l'informatique du Centre est infogérée dans le cadre d'un contrat qui arrive à terme au 31 décembre prochain. Une procédure d'appel d'offres va être lancée pour choisir le futur prestataire.
Compte tenu des dysfonctionnements constatés dans le cadre de la prestation actuelle, il devra être apporté le plus grand soin à la rédaction de l'appel d'offres qui servira de base pour la rédaction du contrat.
L'annexe 1 définit les principes qui régissent les relations entre la DSI (Direction des Systèmes d'Information) du Centre et les Unités clientes.
L'annexe 2 présente des extraits du projet d'appel d'offres en cours d'élaboration.

À l'aide des annexes 1 et 2, répondre aux questions suivantes.

1. Choix de l'infogérance

L'appel d'offres a pour objet de définir et d'encadrer la relation avec l'infogérant.

1.1 Quels sont les différents types d'infogérance ?

1.2 Quel est l'intérêt du recours à l'infogérance ?

1.3 Quelles peuvent être les difficultés rencontrées dans la mise en œuvre d'une solution d'infogérance ?

1.4 Quels sont les impacts au plan humain de ce choix ?

1.5 Quelles vous semblent être les conditions de réussite d'un projet de ce type ?

2. Performance

2.1 Proposer une typologie des principales catégories d'indicateurs envisageables dans le cas étudié.

2.2 Proposer au moins 5 indicateurs, couvrant les différentes catégories et les justifier.

2.3 Préciser quelles sont les différentes composantes du coût d'un poste de travail.

2.4 En quoi la location des postes de travail pourrait-elle réduire ce coût ?

2.5 Définir le concept de *cloud computing* (informatique en nuage) et préciser si cela paraît une solution alternative de réduction du coût des postes de travail, en justifiant votre réponse.

3. Sécurité informatique

La sécurité est une question essentielle au Centre de recherche de Villeneuve. Elle est prise en compte au niveau de l'architecture réseau (VLAN, pare-feu...) et au niveau organisationnel dans les règles qui régissent le fonctionnement du Centre. Celles-ci sont édictées dans différents documents : plan de sécurité des systèmes d'information (PSSI), plan de continuité de l'activité (PCA), charte informatique, règlement intérieur, notes de service...

3.1 Après avoir rappelé ce qu'est un VLAN (*Virtual Local Area Network* - réseau virtuel), préciser en quoi cela contribue à la sécurité.

3.2 Indiquer quels seraient les principaux points à aborder dans le document de synthèse concernant les mesures de sécurité, rédigé à l'intention du personnel, et expliciter chacun de ces points en quelques lignes.

3.3 Compte tenu de la nature de l'activité du Centre de recherche, quels peuvent être les risques encourus par l'adoption d'une solution en mode *cloud computing* (informatique en nuage) ?

3.4 Quels seraient les points de vigilance pour la direction du Centre de recherche lors de la négociation d'un contrat de *cloud computing* ?

D'après sujet d'examen

Annexe 1 - Les relations DSI-Unités clientes

A. Missions

La DSI pilote les prestations informatiques en vue de constituer un Système d'Information répondant aux critères suivants : coûts et performances optimaux, fiabilité, cohérence, respect de la politique générale et des niveaux de sécurité édictés par le groupe.

Ses missions sont les suivantes :

- **assurer la conception, la mise en œuvre, l'exploitation, l'évolution technique, la maintenance et la cohérence d'ensemble du Système d'Information ;**
- **mettre les outils du Système d'Information, à disposition des unités clientes pour la réalisation de leurs projets métiers et leur bon fonctionnement, dans les délais convenus avec elles ;**
- **assister ses clients dans la définition de solutions informatiques répondant à leurs besoins fonctionnels ;**
- **apporter le support requis à l'utilisation de l'ensemble des moyens mis en œuvre : réseaux physiques, infrastructures centrales, postes de travail, infrastructures métiers ;**
- **apporter conseil et assistance à ses clients dans le choix des solutions techniques ;**
- **apporter conseil et assistance en matière d'achat des matériels et logiciels ;**
- **assurer le support aux utilisateurs.**

Le Centre de Services constitue le point de contact unique entre les utilisateurs et la gestion des services informatiques. Sa mission est d'assurer l'interface entre les utilisateurs et la DSI pour toutes leurs demandes (incidents, changements, configurations).

B. Prestations

Les prestations concernant les postes de travail sont les suivantes :

- **L'accès aux prestations du Centre de Services pour tout Utilisateur, 5 jours sur 7, de 8h00 à 20h00.**
- **La gestion de la connectivité des utilisateurs et des postes (liaisons filaires et Wi-Fi) sur le réseau, en conformité avec le Plan de Sécurité des Systèmes d'Informations (PSSI).**
- **Le maintien en conditions opérationnelles, y compris la sécurisation, des Postes de travail fixes et portables (avec les périphériques et les logiciels associés) dont l'Unité Cliente est propriétaire.**
- **La gestion de l'accessibilité, de la capacité et de la disponibilité des Services Centraux :**
  - **messagerie, avec attribution forfaitaire d'un volume d'espace disque,**
  - **service de partage de fichiers, avec attribution forfaitaire d'un volume d'espace disque,**
  - **impression réseau.**

Les autres prestations sont les suivantes :

- **La Mise en Production (mise en œuvre initiale), comprenant la gestion de la connexion appropriée au réseau.**
- **La gestion de la disponibilité : supervision, sauvegarde et restaurations.**
- **La gestion du cycle de vie des biens matériels informatiques : mise en service, remplacement, déplacement et mise à la réforme.**
- **La gestion des évolutions des solutions matérielles et logicielles.**

- **La gestion des droits d'accès au réseau.**
- **La gestion des utilisateurs nomades.**

Les prestations de la DSI sont facturées semestriellement aux Unités clientes, à terme échu.

La facture précise le détail des prestations et leur valorisation pondérée (générique/ spécifique, standard/non standard).

Annexe 2 - Extraits du projet d'appel d'offres relatif à l'infogérance du Centre de recherche

A. Objet

Le présent appel d'offres concerne l'infogérance du Centre de recherche et développement MERVAL de Villeneuve-sur-Mer (CRV).

La date de démarrage du contrat d'infogérance est fixée au 1er janvier N + 1. Celui-ci sera précédé d'une période de prise en charge débutant le 1er octobre N.

La durée du contrat est de 36 mois. Le CRV se réserve le droit, en option, de renouveler le marché deux fois pour une période d'un an à chaque fois.

Les dates clés de la prestation sont :

- **1er octobre N : début de la phase de prise en charge,**
- **1er janvier N + 1 : début du contrat d'infogérance pour une durée initiale de 36 mois,**
- **1er octobre N + 3 (N + 4 ou N + 5 en cas de levée d'option) : début de la phase de Réversibilité,**
- **31 décembre (en cas de levée d'option) : fin du marché d'infogérance.**

L'infogérance, réalisée sur site, comprend l'ensemble des infrastructures du CRV : postes de travail et périphériques, serveurs, réseau, logiciels bureautiques et certaines applications métiers. L'infogérance concerne plusieurs centaines de postes de travail, plusieurs dizaines de serveurs et quelques dizaines d'applicatifs métiers. Les utilisateurs, environ 550, ont des profils administratifs ou scientifiques.

Les solutions et prestations attendues couvrent notamment l'assistance et le support aux utilisateurs, la gestion des biens informatiques (matériels, logiciels), l'exploitation et l'administration des infrastructures centrales (serveurs, systèmes et réseaux), la gestion des changements et des mises en production, le conseil et expertise, et la tierce maintenance applicative de certaines applications.

B. Contexte et évolutions prévisibles

Organisation générale du Centre

Horaires d'accès

L'horaire de travail collectif est fixé, du lundi au vendredi, de 8h30 à 17h. Une flexibilité est possible sur la plage 7h-20h. Le Centre est fermé en dehors de la plage 7h-20h ainsi que le week-end et pendant environ 15 jours ouvrés par an.

Description générale

La volumétrie actuelle estimée est de 550 utilisateurs pour 750 postes de travail ou infrastructures mutualisées sur site (serveurs, postes contrôle-commande...). Ces données sont indicatives, le nombre d'utilisateurs pouvant varier de manière significative. En particulier, le CRV, en tant qu'organisme de recherche, accueille de

nombreux stagiaires, doctorants, post-doctorants, dans un flux marqué par une forte saisonnalité.
Le réseau physique est subdivisé en sous-réseaux IP associés à des VLAN.
La Prestation attendue porte essentiellement sur l'administration et l'exploitation du réseau physique par l'ensemble des gestes relatifs aux niveaux 1 et 2 du modèle OSI. La DSI assure les prestations de niveau 3 (Définition des VLAN, configuration associée des routeurs, administration du pare-feu central...).
L'adressage IP est statique. En conséquence, l'infogérant est responsable de l'affectation des adresses IP sur les différents VLAN ; les informations seront consignées à la fois dans l'application de gestion des adresses IP (application Web résultant d'un développement spécifique CRV) et dans l'outil de gestion de parc.
Les serveurs DNS, en tant que machines physiques, sont gérés par la DSI et ne font donc pas partie du périmètre infogéré. Toutefois, l'infogérant doit déclarer tout matériel actif sur le réseau (poste, serveur...) dans le DNS, via une application spécifique (application Web résultant d'un développement CRV).
Tout utilisateur du Système d'Information du CRV dispose d'un compte Active Directory. Son identifiant fait l'objet d'une règle de nommage propre au CRV. (Cette règle de nommage s'applique également aux autres objets présents dans AD).
Les serveurs Active Directory, en tant que machines matérielles, sont gérés par la DSI et ne font donc pas partie du périmètre infogéré. Seule la DSI a autorité pour mettre en œuvre une éventuelle extension du schéma AD.
L'impression réseau est assurée par deux types de matériels :

- **Les photocopieurs avec fonctionnalité d'impression réseau. Il s'agit d'équipements loués par le CRV, et dont la maintenance matérielle (consommables, pannes) est assurée par le tiers loueur, et non pas par l'infogérant.**
- **Les imprimantes réseau « classiques », où la prestation de l'infogérant est complète et comprend notamment le remplacement des consommables.**

Les postes de travail sont protégés par un logiciel antivirus, dont l'administration est centralisée. La sauvegarde est centralisée sur un serveur dédié.
Le socle logiciel des postes de travail bureautiques est principalement défini par la DSI : système d'exploitation Windows, suite Microsoft Office, antivirus, utilitaires... Le fournisseur des postes de travail livre les postes préinstallés selon un master validé par la DSI.
Les postes portables doivent faire l'objet d'un cryptage au moyen d'un logiciel agréé par le CRV. L'installation des logiciels liés à la mobilité (client VPN, etc.) est quasi-systématique. Ces installations et le support des logiciels mentionnés sont à la charge du Prestataire.

Organisation des ressources informatiques

Les utilisateurs du Système d'Information ne sont pas à considérer *a priori* comme des professionnels de l'informatique ; toutefois, les niveaux de compétences sont dans la pratique très variables, notamment selon que l'utilisateur ait une activité strictement bureautique ou orientée vers le scientifique. Il appartiendra à l'infogérance d'adapter son style de communication en fonction de ces différents profils.

Ils sont tous habilités à prendre contact avec l'Infogérance selon les canaux de communication standard (téléphone, formulaire intranet) dans le but de signaler leurs difficultés : incident ou demande d'Assistance. L'utilisation de la messagerie comme moyen de contact est exclue.

Le CRV est structuré par pôles (Opérationnels ou Fonctionnels) et services.

Chaque service désigne un ou plusieurs Correspondants Informatiques.

D'une manière générale, les Correspondants Informatiques sont les relais sur le terrain des services informatiques et les représentants officiels de leur Unité sur les questions informatiques.

Les Correspondants Informatiques jouent un rôle central dans l'adéquation du Système d'Information aux besoins des Unités et de leurs Utilisateurs. En particulier, l'ensemble des Correspondants Informatiques constitue formellement la Maîtrise d'Ouvrage Informatique.

Les Agents de Sécurité du SI, ou ASSI, sont les garants des bonnes pratiques des Utilisateurs et des intervenants techniques en matière de sécurité informatique.

Il existe au moins un ASSI par pôle ; un ASSI est également nommé à l'échelle du Centre.

Modalités de fonctionnement

Gestion des comptes utilisateurs

La gestion de la création, la modification et la suppression des comptes fait l'objet d'une procédure très stricte, comprenant un circuit de validation par 4 signataires (le demandeur, le Correspondant Informatique, le hiérarchique, l'ASSI).

Centre de services

Les dossiers d'incidents ou d'assistance sont saisis par le Centre de services suite à un appel téléphonique, ou par les utilisateurs directement sur l'intranet. Les demandes de travaux sont saisies par les Correspondants Informatiques.

Les volumétries constatées sur les 12 derniers mois sont d'environ 200 appels téléphoniques par mois, entraînant l'ouverture de 140 à 150 dossiers (dont incidents : 60, assistance : 15, travaux : 70).

L'écart entre le nombre d'appels et le nombre de dossiers saisis s'explique par le taux de rappel très élevé des utilisateurs d'une part, et par le fait que nombre d'appels ayant une résolution très rapide peuvent ne pas être saisis d'autre part.

Niveaux de services actuels

Les niveaux de service actuels sont principalement fonction de la *classe de service* associée au bien matériel sur lequel porte la demande :

- **Classe 3 : Ce niveau de service implique l'installation d'une configuration (système d'exploitation, logiciels...) variable selon le matériel, l'accès aux ressources communes, (les services de supervision, de dépannage, de sauvegarde-reprise et d'archivage...).**
- **Les postes relevant de cette classe sont considérés comme critiques et ont une très faible tolérance d'indisponibilité ($<$ 2 heures ouvrées) ; les serveurs doivent subir des tests très approfondis lors de l'installation. Le prestataire s'engage à tout mettre en œuvre pour un fonctionnement sans interruption des machines, sa**

responsabilité à ce sujet est totale. Le respect des délais est absolument indispensable. [...].
- **Classe 2 : Niveau de service standard. Ce niveau de service implique les tâches décrites pour la classe 3 mais le délai maximum d'indisponibilité admissible est de 8 heures ouvrées.**
- **Classe 1 : Le niveau de service est minimum et se limite à l'aide à l'insertion du matériel dans le réseau CRV : identification et installation, adresse IP, déclaration DNS... mais pas d'installation logicielle ni d'aide sur incident. Le délai de réalisation est de 3 jours ouvrés.**

Les délais de réalisation des demandes sont les suivants :

Classe de service[1] / Prestation	Classe 3	Classe 2	Classe 1
Installation poste de travail et logiciels	1 j	4 j	N/A
Installation serveur et logiciels	5 j	5 j	N/A
Installation périphérique partagé	0,5 j	2 j	N/A
Installation périphérique individuel	1 j	4 j	N/A
Installation ou mise à jour de logiciels	2 j	5 j	N/A
Ouverture de compte	2 h	2 h	N/A
Récupération de fichier(s) sauvegardé(s)	0,5 h	4 h	N/A
Assistance utilisateur	0,5 j	2 j	N/A

[1] J = jours ouvrés ; h = heures ouvrées ; N/A = non applicable

C. Gouvernance de l'infogérance

Principes

Transparence et justesse du coût

Le Prestataire infogérant acceptera le principe de benchmarking qui permettra à la DSI de comparer la qualité et le coût des prestations d'infogérance. L'opération de benchmarking pourra avoir lieu une fois par an, et sera effectuée à l'initiative de la DSI, par un Prestataire de son choix.

Le Prestataire infogérant mettra à la disposition de la DSI et du Prestataire les informations et moyens internes nécessaires à l'étude du benchmarking.

En termes de maîtrise des coûts, le CRV attachera une attention particulière à une facturation basée sur deux types d'items :
- **coûts récurrents forfaitaires,**
- **coûts par unités d'œuvre (poste, demande IMAC...) avec une grille exhaustive, simple et représentative des charges engendrées.**

Nature de la relation

La DSI attend du Prestataire qu'il mesure l'importance de sa contribution au bon fonctionnement du CRV. À ce titre, il sera évalué sur sa capacité à :

- **prévoir les dysfonctionnements, en particulier par l'analyse des tendances des incidents récurrents, et avertir par anticipation les utilisateurs et la DSI,**
- **apporter un conseil à la DSI lorsqu'il prend des décisions qui s'imposent à la plate-forme d'assistance ou aux équipes d'infogérance, et sont susceptibles de modifier la qualité du service fourni par le Prestataire (changement d'outils d'administration, montée de version des outils de support...).**

Production de tableaux de bord

Le Prestataire infogérant assurera la production mensuelle de tableaux de bord pour chaque fonction assurée et pour chaque Unité Cliente du CRV.

La DSI aura en charge la définition fonctionnelle des tableaux de bord, le cas échéant sur proposition du Prestataire. (...)

Exigences de qualité dans la réalisation du service

Mise en place de processus de qualité de service

Les différents modules du marché doivent s'accompagner de la mise en œuvre de meilleures pratiques de production des services informatiques. (...)

Conformité du service

Le Prestataire fournira un tableau de bord mensuel traçant sa couverture des prestations et leur bonne fin dans les délais impartis. Il mettra en évidence les travaux qu'il n'aura pu assumer. (...)

Vergeat

L'entreprise VERGEAT est une filiale d'un grand groupe international de l'agroalimentaire. Elle possède un seul site de production et de distribution, situé en France. Elle est spécialisée dans la production de boisson, spécialement des sirops, qui sont conditionnés soit en bouteille de verre d'un litre, soit en bidon métallique d'un litre ou d'un demi-litre.
L'entreprise a des problèmes de rentabilité. Elle a des concurrents très actifs sur son marché. Le groupe envisage de se séparer de la société VERGEAT. Il faut donc que le directeur de VERGEAT démontre sa capacité à adopter une gestion plus efficace en réduisant ses coûts de structure et en améliorant la qualité et la réactivité de la production.
Les annexes 1 et 2 présentent le contexte de l'entreprise, tandis que les annexes suivantes présentent les enjeux auxquels doivent faire face la direction et l'entreprise, enjeux qui conditionnent la pérennité de l'entreprise. Ceux-ci passent par des choix en matière de système d'information et, à cette fin, le directeur du site fait appel à votre expertise pour l'assister dans le choix d'une solution.

exo 06.01

Partie 1 - Analyse stratégique

L'entreprise étant dans une phase de changement important, répondre aux questions suivantes à l'aide des annexes 1 et 2.

1. **Analyser l'attitude des dirigeants face au projet du groupe d'éventuellement céder la société.**

2. **Expliquer comment l'évolution du système d'information peut contribuer à la mise en œuvre de la stratégie de redressement et de pérennisation de l'entreprise.**

Partie 2 - Analyse des choix en matière de solutions logicielles et matérielles

3. **À l'aide de l'annexe 3, comparer, en donnant les avantages et inconvénients, les solutions logicielles envisagées.**

4. **À l'aide de l'annexe 4, comparer, en donnant les avantages et inconvénients, les solutions en termes d'architecture technique en lien avec les solutions logicielles envisagées dans l'annexe 3.**

Partie 3 - Gestion du changement

À l'aide des annexes 1 à 4 :

5. **Diagnostiquer les difficultés que pourrait engendrer l'évolution du SI concernant les postes de travail et les relations humaines au sein de l'entreprise quelle que soit la solution logicielle choisie.**

6. **Préconiser les solutions à mettre en œuvre pour résoudre les problèmes détectés à la question précédente.**

7. Après avoir analysé les facteurs de résistance au changement envisageables, proposer une méthode de conduite du changement.

Annexe 1 - Présentation de l'activité de la société VERGEAT

1. Caractéristiques du cycle de production

La fabrication se déroule en deux phases successives :
- phase 1 de préparation : elle correspond au mélange des matières ;
- phase 2 de conditionnement : elle correspond à la mise en emballages de la préparation pour le transport et la distribution au consommateur.

VERGEAT prépare une cinquantaine de parfums différents pour les sirops fabriqués. Les mélanges sont réalisés dans des cuves à partir de différentes matières premières (environ 400 références).

Ensuite, ils sont conditionnés, soit sous la marque propre de VERGEAT, soit sous différentes marques de distributeurs.

2. Spécificités liées au conditionnement

La diversité des parfums et des conditionnements conduit l'entreprise à gérer plusieurs milliers de références d'emballages différents et de nombreux stocks de produits finis. L'identification du produit sur la bouteille (marque, parfum) est réalisée lors du conditionnement par le choix de l'étiquette qui est apposée sur la bouteille, tandis que l'identification de la marque et du parfum est réalisée par impression à la fabrication du bidon.

L'entreprise dispose de quatre lignes de conditionnement, dont deux pour les bouteilles (avec étiquetage avant la mise en carton) et deux pour les bidons (sans étiquetage avant la mise en carton).

3. Présentation des ressources humaines

L'entreprise a une centaine de salariés. Les effectifs se répartissent comme suit :
- une dizaine de cadres en charge des différentes fonctions : directeur du site, directeur de production, responsable de la maintenance, responsable qualité (également responsable du laboratoire d'analyses), responsable des approvisionnements, responsable RH, responsable commercial, responsable comptabilité, responsable logistique. Il n'y a pas de service informatique chez VERGEAT. Les installations de matériel sont réalisées par des informaticiens du groupe qui se déplacent en cas de besoin ;
- une dizaine d'agents de maîtrise : 2 pour la préparation des mélanges, 4 pour le conditionnement, 2 pour le laboratoire, 1 à la logistique et 2 à la maintenance ;
- une quinzaine d'employés administratifs se répartissant entre la direction du site, la comptabilité, le service RH et les secrétariats des différents services ;
- le reste du personnel (soit environ 65 personnes) est constitué d'ouvriers, travaillant sur les lignes de conditionnement pour l'essentiel, en dehors de 3 ouvriers de maintenance.

Le personnel a une moyenne d'âge assez élevée car la plupart sont présents depuis la création du site, il y a 30 ans. C'est notamment le cas du personnel des catégories

ouvriers et employés. Le turn-over le plus important affecte les cadres et agents de maîtrise qui sont en moyenne plus jeunes que les employés et ouvriers.
Les ouvriers de conditionnement effectuent le même travail depuis de très nombreuses années. Leur travail consiste à contrôler le remplissage des bouteilles, à enlever du tapis les bouteilles avec une étiquette mal collée ou un bouchon mal positionné, et à réapprovisionner les bacs d'étiquettes, les palettes de bouteilles vides, le réservoir à bouchons, les « à plats » de cartons ou les palettes en fin de ligne de conditionnement.

Annexe 2 - Expression des besoins amenant à envisager l'évolution du système d'information

Le groupe a installé un ERP, il y a quelques années, conçu initialement pour des industries de montage. Il n'est donc pas adapté à l'industrie de process et ne donne pas satisfaction aux dirigeants qui souhaitent gérer la production et le contrôle qualité de manière intégrée et posséder une gestion précise des emballages.
Les besoins sont caractérisés par :

- l'interaction entre contrôles des approvisionnements, analyses de laboratoire et conditionnement ;
- l'interaction entre ordres de préparation et ordres de conditionnement ;
- l'intégration des contrôles qualité, notamment le contrôle de remplissage par pesée.

Ces fonctionnalités n'étant pas disponibles dans l'ERP du groupe, VERGEAT a obtenu l'accord de la DSI du groupe pour choisir un outil conforme à ses besoins tout en conservant une interface avec l'ERP du groupe pour les comptes rendus de fabrication.
Lors d'expériences professionnelles antérieures, l'ingénieur qualité a eu l'habitude de travailler avec des outils intégrés métiers, qui lui permettaient de lier les approvisionnements et les contrôles qualité à réception, les fiches de préparation des mélanges et les ordres de conditionnement, ainsi que les différents contrôles qualité à chaque étape du processus. C'est-à-dire des solutions conformes à ses attentes actuelles.
En matière de conditionnement, le plus important des contrôles qualité dans cette entreprise, est le contrôle du remplissage des bouteilles en verre. En effet, les bouteilles en verre d'un litre, peuvent varier, d'une bouteille à l'autre, en termes de volume (2 ou 3 millilitres) et de poids (jusqu'à 80 grammes). Or la réglementation implique que si la bouteille contient moins de 998 millilitres pour un volume inscrit sur l'étiquette d'un litre, il s'agit d'une fraude répréhensible (Contrôle de la DGCCRF). En conséquence, VERGEAT a tendance à sur-remplir les bouteilles d'un ou deux millilitres. Toutefois, sur 100 millions de bouteilles produites par an, cela représente un coût important.
L'ingénieur qualité souhaite donc mettre en place un contrôle de remplissage par pesée, en connectant des balances électroniques à des ordinateurs, présents sur chaque ligne de conditionnement, et connectés au réseau. Les lignes sont au nombre

de quatre : deux pour les bouteilles et deux pour les bidons. Les lignes de conditionnement sont spécialisées, c'est-à-dire qu'il n'est pas possible de conditionner des bidons sur une ligne de bouteilles et réciproquement.

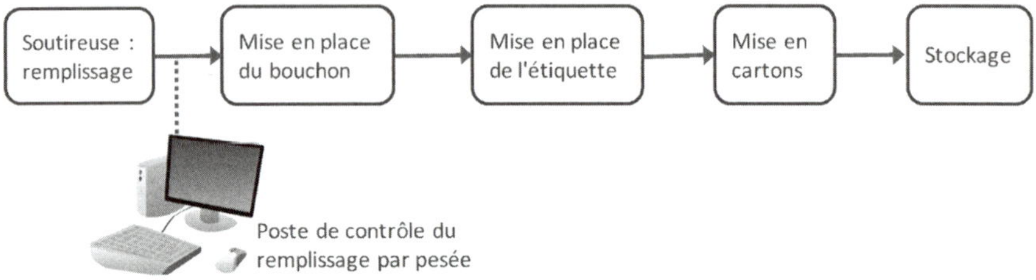

▲ **Schéma d'une ligne de conditionnement**

Le laboratoire réalise des analyses de densité des mélanges dans la cuve de préparation du mélange, puis au début de l'étape de conditionnement. Le contrôle de remplissage par échantillonnage se déroulerait de la manière suivante :

- un des ouvriers prélèverait 10 bouteilles vides sur la ligne, avant le poste de remplissage (soutireuse), les pèserait avec un bouchon et leur collerait une étiquette numérotée. Cette opération s'appelle la tare ;
- il les remettrait à remplir sur la ligne, puis les reprendrait après remplissage pour les peser pleines, dans le même ordre grâce aux étiquettes numérotées, qu'il enlèverait. La densité étant saisie par le laboratoire pour l'ordre de fabrication en cours, cela permettrait de calculer le volume de liquide présent dans la bouteille.
- Si l'échantillon est sous contrôle (les 10 bouteilles entre 998 ml et 1 002 ml), un autre échantillon serait prévu 30 minutes plus tard (ou 15 minutes si la quantité à conditionner est faible). Sinon il faudrait refaire un échantillon immédiatement, après avoir réglé la soutireuse (poste de remplissage des bouteilles ou des bidons), suivant les préconisations du logiciel de pesée.

De manière à automatiser le processus, le logiciel devra gérer l'amont de cette pesée :

- la *gestion des approvisionnements* par lots, tant des matières premières que des emballages ;
- les *contrôles qualité* à réception des matières premières et des emballages ;
- les *feuilles de préparation* de mélange ;
- les *ordres de conditionnement* ;
- les *contrôles de laboratoire* portant sur les préparations et les conditionnements ;
- les *contrôles de pesée* des échantillons ;
- le *suivi des lots de produits finis* ;
- et *la connexion avec l'ERP du groupe* pour envoyer les comptes rendus des ordres de conditionnement quotidiens et maintenir la cohérence du référentiel de données concernant les matières premières, les emballages et les produits finis.

La mise en place d'un contrôle de remplissage permettrait de réduire la consommation des mélanges et maîtriser le coût de production. Les automatismes dans les processus éviteraient les saisies multiples et les contrôles de cohérence entre les divers outils, ce qui permettrait de réduire les coûts de structure inutiles. Ceux-ci sont liés à la surconsommation de temps de préparation, mais également à la non-qualité dans le traitement des informations, qui entraîne des erreurs, donc du temps passé à les corriger.

Annexe 3 – Solutions logicielles envisagées

Plusieurs solutions logicielles sont envisageables :

1. Acquérir le **logiciel de cartes de contrôles** diffusé par le constructeur des balances électroniques, mais il ne sera pas connecté à la gestion de production (dans ce cas l'ERP du groupe) et aux analyses de laboratoires (dans ce cas, maintien de la solution actuelle c'est-à-dire des tableaux Excel). Il faudra donc que les ouvriers saisissent toutes les données relatives à l'ordre de conditionnement avant de faire les pesées.
2. Acquérir un **logiciel de gestion de production pour l'agroalimentaire**, qui aura une version standard des pesées et ne sera pas connecté à l'ERP du groupe. Cela entraînera des ressaisies sur l'ERP du groupe et l'adaptation des ouvriers au logiciel de pesée.
3. Faire appel à une **ESN pour un développement sur mesure**. Cette solution est connue de l'ingénieur qualité qui a participé au développement d'un PGI pour l'agroalimentaire, gérant la production et la qualité, dans son précédent poste de travail. Cette solution lui convenait et il avait apprécié de travailler avec un prestataire ayant pour habitude de développer de nouvelles fonctionnalités pour s'adapter aux besoins du client. Le développement à réaliser pour VERGEAT ne concernerait que la partie pesée et l'interface avec l'ERP du groupe. Cette solution présente deux inconvénients son coût d'achat et son délai de mise en œuvre, qui serait plus long, mais un avantage majeur, son adaptation aux besoins.

Quel que soit le type de solution, il est possible d'utiliser ces logiciels en mode SaaS (*cloud computing*) ou d'acquérir des licences. Les logiciels sont majoritairement en mode Web, certains néanmoins sont soit totalement en client lourd, soit urbanisés, avec une zone centralisée en client lourd et une zone décentralisée en client léger.

Il faut préciser que VERGEAT n'a aucune possibilité de persuader le groupe de changer d'ERP. Le groupe est bien déterminé à conserver sa solution actuelle.

Par ailleurs, avec le nouveau système, 25 % du personnel ouvrier devra effectuer le contrôle de remplissage à l'aide de la balance électronique connectée à l'ordinateur. Cela constituera un changement important dans leur poste de travail.

Les autres personnes n'appartenant pas au personnel ouvrier sont déjà amenées, plus ou moins, à utiliser l'outil informatique, le plus souvent pour quelques manipulations, connectées à l'ERP du groupe, et surtout pour remplir des tableaux Excel.

Les employés des services administratifs sont amenés à ressaisir plusieurs fois la même information sur différents outils, ce qui implique ensuite de contrôler la cohérence des données entre elles.

Annexe 4 - Équipements informatiques

Situation actuelle et contraintes techniques

Dans les bureaux et au laboratoire d'analyses, les micro-ordinateurs de type PC sont reliés en réseau local avec une connexion distante en VPN avec le groupe pour accéder à l'ERP.

Par contre, l'usine n'est pas du tout équipée en matériel informatique.

Évolutions envisageables

L'entreprise doit tenir compte des **contraintes** suivantes :

- les quatre lignes de conditionnement doivent être équipées d'un micro-ordinateur, relié au réseau, auquel doit être connectée une balance électronique ;
- les postes doivent être positionnés en tête de ligne, à peu près au niveau de la soutireuse (voir annexe 2). Chaque soir, à la fin de la production, un nettoyage complet est effectué qui entraîne des projections d'eau ;
- les machines des lignes de conditionnement utilisent des courants forts (380 volts) et possèdent des moteurs électriques de grande puissance, qui peuvent créer des interférences électromagnétiques, notamment au démarrage des moteurs.

Aucun personnel informatique n'est en place dans l'entreprise pour le moment. Le groupe effectue les achats et envoie du personnel du service informatique pour faire les installations et les opérations de maintenance. L'assistance aux utilisateurs est effectuée également par le groupe par prise de contrôle à distance sur les postes des utilisateurs et par téléphone.

La complexité des nouvelles installations et leur caractère critique, puisque la production en dépend, amèneraient le groupe à reconsidérer cette organisation.

D'après sujet d'examen

Corrigés des exos

exo 01.01

1. Principales problématiques

- Accompagner la transformation numérique.
- Définir ce qui est centralisé ou localisé dans un groupe de 23 500 établissements. Cette problématique est renforcée par l'internationalisation du groupe.

2. Difficultés rencontrées

- Concilier la sécurité des données du groupe et des clients avec la nécessité de partager les données.
- Sensibiliser les employés.
- Gérer les moyens de paiement.
- Distinguer clients et convives qui sont des concepts différents.

3. Évolutions

- Recours partiel au cloud public.
- Éviter le recours au « cash » : application mobile pour recharger les badges...
- Récupérer l'information automatiquement et en temps réel pour mieux répondre aux attentes des clients et consommateurs.
- Diffuser les bonnes pratiques de cybersécurité en s'appuyant sur les recommandations de l'ANSSI (campagne *Hacking Diner*).
- Cybersécurité et RGPD intégrés dans les appels d'offres.
- Déploiement d'un réseau social d'entreprise (RSE).

exo 02.01

1. Impacts de la mise en place d'une telle application

▸ Les impacts organisationnels

L'automatisation permet de supprimer des tâches fastidieuses pour les collaborateurs, mais nécessite que ceux-ci se l'approprient. Risques de tensions lors de la transition.

Ce type d'application oriente vers la dématérialisation, en cohérence avec l'objectif de « zéro papier » explicitement poursuivi par la direction, avec recours à des outils de type GED (Gestion électronique des documents) et à des solutions de synchronisation et de traçabilité des accès.

Conséquences :

- modification des conditions d'exercice du métier d'auditeur (nomade, guidé et dématérialisé) ;
- contrôle plus effectif du contrôleur (historisation et traçabilité des opérations sur l'application) ;
- changement du mode de communication (réseau et numérique).

La direction doit anticiper les risques de résistance au changement et de tensions entre salariés selon leur niveau d'utilisation de l'informatique.

▸ Les impacts stratégiques

- Productivité du travail (grâce au *workflow*, au *groupware*, à l'actualisation des normes, à l'activation des systèmes d'alerte, à la *check list*, etc.) rentabilité / compétitivité.
- Qualité du travail (moins d'erreurs, respect des processus et des délais, etc.).

L'idée essentielle est que ce type d'application permet d'améliorer la position concurrentielle du cabinet notamment :

- par la fidélisation des anciens clients et la captation de nouveaux clients ;
- par l'élargissement à terme du champ même de l'audit grâce à un outil standard et actualisé (comptable, sûreté, environnemental, rentabilité, etc.).

Cela contribue aussi à l'attractivité du cabinet vis-à-vis des clients comme des salariés dans le cadre de la modernisation de la profession (expert-comptable numérique) et de la prise en compte des aspects sociétaux (RSE).

2. Alignement stratégique

L'interaction SI/stratégie nécessite la mise en cohérence du système d'information ou alignement stratégique (*Strategic Alignment*). On appelle alignement stratégique du système d'information la démarche visant à faire correspondre les objectifs du système d'information avec ceux de l'organisation.

▸ Exemples d'alignement stratégique

- Mise en place de la GED dans un cabinet d'expertise comptable. Stratégie SI : dématérialisation. Stratégie cabinet : réactivité, enrichissement de l'offre, réduction des coûts.
- Mise en place d'une stratégie numérique dans l'hôtellerie : réservation en ligne, yield management, etc. (*cf.* Mémo 3).

▸ Démarche

Ce concept met en interaction quatre éléments fondamentaux.

1. La stratégie générale de l'organisation.
2. Une stratégie des technologies de l'information : les technologies disponibles dans l'organisation, celles qu'elle souhaite acquérir directement ou obtenir sous forme de services externes.
3. La structure de l'organisation et les processus de gestion qui s'y déroulent ; cette structure et ces processus peuvent être modifiés en engageant des ressources appropriées.
4. Des systèmes d'information articulés entre eux, s'appuyant sur des ressources et exécutant des processus d'acquisition, stockage, traitement, communication d'informations.

La définition du rôle et des objectifs d'un système d'information doit découler d'une mise en cohérence globale préalable où seront pris en compte les éléments de la stratégie générale, les caractéristiques de l'organisation et les paramètres liés à la gestion des technologies de l'information.

L'alignement stratégique se caractérise par la description :

- des objectifs de l'entreprise ;
- des objectifs du système d'information cible ;
- de la mise en correspondance entre ces deux familles d'objectifs.

La stratégie globale et la stratégie SI doivent être explicites afin que leur mise en cohérence soit possible.

La mise en place d'un système d'information et ses évolutions ouvrent souvent aux organisations de nouvelles opportunités pouvant induire la redéfinition de la stratégie globale et la formulation de nouvelles exigences en termes de système d'information. L'alignement stratégique est donc un processus continu.

3. Implications du point de vue technique et informatique

- Évolution des serveurs : faire évoluer le serveur de Base de Données et adjoindre un serveur Web.
- Vérifier l'interopérabilité applicative avec l'existant.
- Valider les choix en matière de maintenance du matériel et des applications (mises à jour...).
- Doter de PC portables les collaborateurs (avec station d'accueil éventuelle).
- Acquérir des appareils actifs pour le réseau (commutateurs, pare-feu...).
- Débit du réseau de communication en entrée et en sortie.
- Système d'exploitation : abandon de Windows XP, évolution corrélée des postes et du système d'exploitation.
- Introduction de la Gestion Électronique des Documents (GED).
- Généralisation de l'informatique nomade dans le cadre de la mise en place du progiciel ARCA impliquant :

- interface Web ;
- sécurité des informations et des accès (pare-feu, DMZ, antivirus...) ;
- cohérence des données : synchronisation des mises à jour et gestion des accès.

4. Les raisons qui poussent à faire ce choix sont :

- être plus efficient en se recentrant sur son cœur de métier ;
- transformer des charges fixes en charges variables ;
- meilleure connaissance des coûts ;
- définition précise des objectifs dans le cadre de la négociation du contrat ;
- améliorer l'efficacité et l'efficience du SI en bénéficiant de la compétence du prestataire ;
- bénéficier de son expérience et, ainsi, des meilleures pratiques du marché.

L'externalisation contribue ainsi à la création de valeur, mais elle peut aussi présenter des risques :

- perte de compétences en interne et risque de dépendance, ce qui rend difficile un changement de prestataire ou reprise en interne de la gestion du SI ;
- il n'est pas facile d'évaluer la qualité de la prestation sans disposer de compétences spécifiques ;

- risques de conflits avec le prestataire si définition imprécise des objectifs et absence d'indicateurs permettant d'en vérifier l'atteinte ; il est donc nécessaire de définir correctement les exigences ;
- difficultés de l'entreprise à maîtriser la relation avec le prestataire ;
- coûts cachés dus à une mauvaise communication avec le prestataire ou à des comportements opportunistes de sa part ;
- risque de défaillance du prestataire ;
- baisse du niveau de sécurité du fait de l'intervention de personnes extérieures à l'entreprise ;
- résistances au changement des salariés concernés ; il peut être délicat de gérer des salariés qui travaillent ensemble ou les uns à côté des autres avec des statuts sociaux différents ; l'externalisation peut être mal perçue par les salariés de l'entité qui externalise et générer un conflit social.

Les risques de l'infogérance sont ceux de l'externalisation en général, avec des spécificités liées aux compétences mises en œuvre et aux enjeux en terme de sécurité. Il faut établir une distinction selon que l'externalisation porte sur des tâches courantes (maintenance de matériel, d'applications...) ou a pour effet de confier au prestataire des responsabilités essentielles (conception, évolution du SI...).

Le facteur coût, même s'il n'est pas toujours déterminant, entre en ligne de compte. Mais la comparaison entre le coût de la prestation réalisée en interne et le devis d'un prestataire externe est parfois incertaine du fait de la relativité des méthodes de calcul de coût et de la difficulté d'évaluation du contenu de l'offre externe. Il y a pour l'entité qui a recours à l'impartition un risque lié à l'asymétrie d'information sur le coût réel de l'opération et sur la qualité.

Le changement de composition et de complexité du système va amener :

- à revoir la nature des relations avec l'ESN : mettre en place un suivi, des indicateurs...,
- à recruter un responsable informatique en charge du suivi de la relation avec le prestataire et pouvant assurer en interne certaines tâches.

Arbitrage selon les coûts générés, le taux de service du système que l'on veut atteindre et le choix stratégique des associés par rapport au degré d'externalisation.

exo 03.01

1.

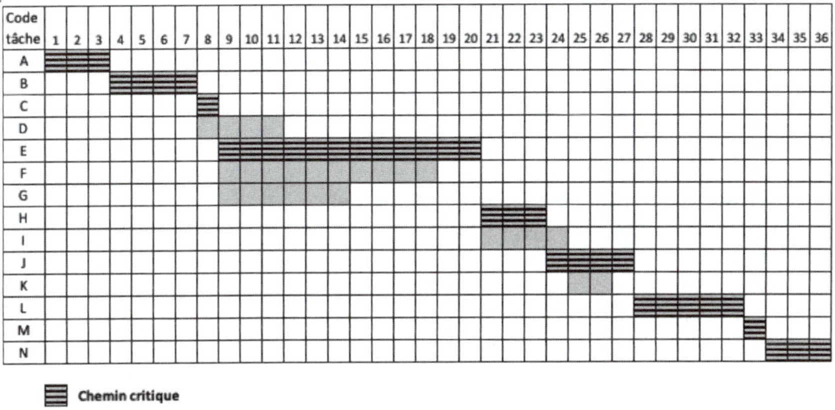

▲ **Diagramme de Gantt**

Le chemin critique est : A B C E H J L M N

La durée minimale est de 36 jours, correspondant à la somme des durées des tâches situées sur le chemin critique.

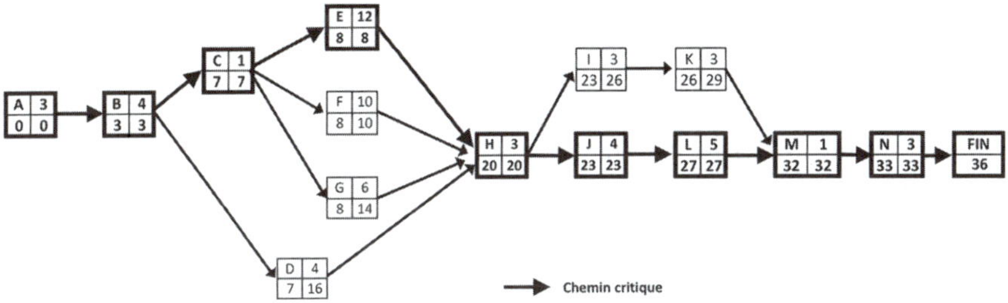

▲ **Graphe MPM**

2. La tâche F n'est pas sur le chemin critique. Mais avec un retard de 4 jours elle va durer deux jours de plus que la tâche E et, donc, prendre sa place sur le chemin critique.

Si rien n'est fait, la durée totale va être rallongée de deux jours, soit 38 jours.

3. Pour maintenir la durée initialement prévue, il faut gagner deux jours sur une des tâches du chemin critique qui viennent après F :

- une journée sur J, mais pas deux car alors ce serait I qui serait sur le chemin critique ;
- une ou deux journées sur L.

La solution est donc de gagner soit une journée sur J et une sur L, soit deux sur L. Tout dépend de l'organisation de ces tâches. On peut penser qu'elles mobilisent plusieurs personnes et qu'il serait possible de gagner du temps en mettant du

personnel supplémentaire. Mais ce n'est pas forcément possible pour J car il peut y avoir des contraintes au niveau de la durée des tests, indépendamment du nombre de personnes.
La solution est donc sans doute de gagner deux jours sur L en réorganisant cette tâche.

exo 04.01

1. Les problèmes posés

A. Critique du système d'information actuel

1. L'environnement logiciel

L'environnement logiciel est :

- **disparate** : les logiciels ont été conçus par des éditeurs différents. Seuls certains d'entre eux ont été adaptés aux besoins de l'entreprise (logiciel d'édition des liasses fiscales et logiciel de facturation Helis) ;
- **cloisonné** : il n'existe que peu d'interfaces entre les applications. Seuls les logiciels Helis et Antarel, et Helis et Torux sont interfacés. Les autres applications ont des fonctionnements autonomes engendrant des ressaisies. Ce cloisonnement résulte d'une informatisation progressive et par fonctions de l'entreprise ;
- **partiellement obsolète** : le logiciel de CAO Fantil couvre des fonctionnalités applicatives qui ont beaucoup évolué. Son acquisition remonte à dix ans, ce qui laisse penser qu'il est obsolète. Par ailleurs, son éditeur ayant fait faillite, il n'existe aucune possibilité d'évolution de l'application, sauf à disposer des codes sources ;
- **peu ou pas évolutif** : la multiplicité des modes d'utilisation des logiciels (location pour Antarel et CPX, acquisition pour les autres) et leur disparité rendent difficile une gestion cohérente de l'ensemble applicatif de l'entreprise.

La maintenance n'est évoquée que pour la solution Torux. Elle est assurée par une ESN (HTJ). Pour les autres applications, nous ne disposons d'aucune information.
L'environnement logiciel ne semble pas couvrir tous les besoins de l'organisation. Ainsi, O.E. gère sa trésorerie sur tableur, outil individuel peu pertinent pour gérer les données d'une entreprise.

2. L'environnement matériel

L'environnement matériel est :

- **obsolète** : le matériel pour la gestion de la production (serveur principal et serveur de secours) a été notamment acquis il y a 10 ans ;
- **hétérogène** : un ordinateur IBM AS 400 coexiste avec des postes individuels dont les caractéristiques ne sont pas précisées ; cependant, les acquisitions effectuées en matériel de bureau et informatique représentent 66 992 € sur un total au bilan de 1 333 912 €, ce qui indique un faible taux de renouvellement.

3. L'environnement réseau et la télécommunication

L'environnement réseau présente une interopérabilité réduite et ne permet pas la communication, la coopération et la coordination au sein de l'entreprise, faute d'outils dédiés.

La transmission des données entre les sites de Tournon et de Limoges est assurée par une liaison haut débit, mais elle est réservée à la transmission des informations issues de la gestion de la production (Turux) de l'unité. Quant aux informations issues de la gestion des ressources humaines de l'unité de Tournon, elles sont transmises par messagerie électronique (PJ) et saisies à Limoges. Les informations concernant la paie de l'unité de Tournon sont éditées et ressaisies à Limoges.

Cela pose des problèmes de fiabilité et de sécurité.

B. Les impacts sur les différentes directions de l'organisation

Le système d'information d'O.E. n'est pas cohérent. Son absence d'évolutivité posera, à terme, des difficultés à l'adapter à de nouvelles orientations stratégiques. De surcroît, elle entraîne des problèmes à la fois pour les utilisateurs (impacts métiers) et pour la direction des systèmes d'information (impacts technologiques).

1. Les impacts sur les directions métiers

Les impacts sur les directions métiers sont multiples :

- difficulté à développer et distribuer de nouveaux produits et à se positionner sur de nouveaux segments de marché ;
- manque de réactivité dans les relations avec les fournisseurs, les clients ;
- difficulté à échanger des informations dans une logique internationale et transversale ;
- multiples tâches sans valeur ajoutée : ressaisies d'information, doubles vérifications, etc. ;
- dispersion des données (deux journaux d'achat) compliquant les travaux comptables et limitant la possibilité d'avoir des informations pertinentes et actualisées ;
- difficulté à maintenir un niveau de service en cohérence avec l'accélération technologique, impossibilité d'intégrer les nouvelles possibilités technologiques ;
- difficulté pour suivre les évolutions réglementaires en matière de télédéclarations fiscales et sociales ;
- manque de convivialité du fait de l'obsolescence des applications et de la multiplicité des interfaces ;
- accroissement de la non-qualité liée à une mauvaise maîtrise des données.

2. Les impacts sur la direction des systèmes d'information

Les impacts sur la direction des systèmes d'information sont également nombreux :

- coûts supplémentaires d'exploitation et de maintenance. La complication des systèmes d'information hétérogènes entraîne une lourdeur reconnue de la maintenance. Il faut de plus en plus de personnes, de ressources et de savoir-faire pour assurer un service constant ;
- diminution, voire absence de maîtrise sur le système d'information, difficultés pour intégrer les nouveaux besoins de développement des directions opérationnelles ;

- accroissement des vulnérabilités et des risques de dysfonctionnement générés par l'augmentation de la complexité du système d'information, qu'ils soient mineurs (ralentissement, procédures complexes...) ou majeurs (perte d'information, arrêt d'exploitation...) ;
- non-maîtrise des évolutions logicielles du fait de la disparité du système.

Parmi les autres difficultés dues à un système d'information obsolète et manquant de cohérence, on trouve aussi le manque d'adaptabilité et de flexibilité, le risque de dégradation de l'image de la direction des systèmes d'information vis-à-vis des utilisateurs des directions opérationnelles et, plus généralement, de l'entreprise vis-à-vis de ses clients.

2. Proposition d'évolution du système d'information et présentation des avantages que l'entreprise pourrait en retirer

A. Les possibilités d'évolution du système d'information

Le système d'information doit être revu en profondeur. Deux voies sont envisageables : l'urbanisation ou la mise en place d'un progiciel de gestion intégré. Ce dernier pourrait être installé sur site ou en mode *cloud*. Par ailleurs, en complément de la solution choisie, il conviendrait d'envisager une amélioration des services du SI.

1. Urbanisation

L'urbanisation nécessite de réorganiser le SI sur la base d'une cartographie et d'une hiérarchisation des applications autour d'un module d'intégration permettant de gérer l'interfaçage des différentes applications et de gérer le transfert des données entre elles. Cette solution nécessite également de définir les données de façon cohérente, dans un référentiel unique.

2. Le recours à un progiciel de gestion intégré

Une autre voie consiste à adopter une solution intégrée et évolutive : un PGI. Dans le cas étudié, du fait de l'obsolescence des applicatifs existants et de la nature des fonctionnalités attendues, la solution la plus simple semble être l'adoption du PGI. Moins coûteuse que l'urbanisation en termes d'études à réaliser, elle entraîne un renouvellement complet du parc applicatif, mais ce renouvellement s'impose de toute façon.

Le PGI peut être installé sur site, à la place des applications existantes, en améliorant éventuellement l'environnement informatique.

3. Informatique en nuage

La mise en place d'un PGI peut être l'occasion de passer au *cloud computing*, ici sous la forme SaaS (*software as a service*, logiciel à la demande) qui consiste à accéder aux fonctionnalités du progiciel via Internet en mode locatif (facturation en fonction de l'utilisation). La plupart des éditeurs proposent des solutions en ligne qui incluent la prise en charge des ressources matérielles nécessaires ainsi que la maintenance de l'application.

4. Services Internet

Origami qui est un groupe international attaché à un partenariat actif avec ses clients, fournisseurs et sous-traitants doit envisager de faire évoluer les services offerts par son système d'information en mettant en place :

- un Intranet : ensemble de services Internet, interne à un réseau local, accessible uniquement à partir des postes d'un réseau local, ou bien d'un ensemble de réseaux bien définis reliés en VPN, et séparé d'Internet (pare-feu) ;
- un Extranet : extension du système d'information de l'entreprise à des partenaires situés au-delà du réseau. C'est un réseau constitué d'un intranet étendu pour permettre la communication avec certains organismes extérieurs ; dans le cas d'Origami, cela permettrait de faciliter les échanges avec les fournisseurs et les clients, ces derniers étant ici des entreprises ; il s'agit de donner accès à certaines parties du SI aux services concernés des entreprises partenaires.

B. Avantages des solutions envisagées

1. Avantages de l'intégration

Réorganiser le SI autour d'un ensemble cohérent d'applications informatiques, que ce soit par la voie de l'urbanisation ou le choix d'un PGI, permettrait de stocker toutes les données de façon unique. En les rendant plus fiables, non redondantes ni erronées, accessibles à tout moment, cela réduirait les délais de réalisation des contrats.

Dans le cas d'OE, une caractéristique essentielle de l'entreprise est la durée importante des projets. Celle-ci a des conséquences non négligeables du point de vue financier. De plus, même si l'entreprise ne semble pas menacée de façon immédiate par ses concurrents, elle offrirait à ses clients un avantage compétitif en répondant à leurs besoins plus rapidement.

Le logiciel de CAO, acheté il y a dix ans, est obsolète et incompatible avec le logiciel de gestion de production. Le recours à une solution performante devrait permettre à la CAO, dont le rôle est fondamental puisque l'entreprise travaille à la commande, d'échanger des données techniques en temps réel aussi bien avec les clients et fournisseurs qu'avec la production.

L'entreprise gagnerait également en rentabilité grâce à une réduction :

- des coûts de traitement de l'information résultant de l'homogénéité des données, de la suppression des ressaisies et des redondances, et de la rapidité de transmission des informations ;
- des coûts des approvisionnements par une comparaison des offres des fournisseurs facilitée par les moyens informatiques et par une gestion des stocks plus rigoureuse grâce à la centralisation des données.

La réactivité de l'entreprise serait plus importante avec une prise de décision facilitée et fondée sur des données fiables, un décloisonnement des services et des partenariats plus étroits et plus fluides.

2. Urbanisation ou PGI

Le principal avantage de l'urbanisation est d'avoir une plus grande maîtrise et une plus grande modularité du système d'information.

Cela permet de conserver des applications spécifiques qui peuvent être source d'avantage concurrentiel.

Un progiciel de gestion intégré (PGI ou ERP, *Enterprise Resource Planning*) est un produit logiciel paramétrable permettant de gérer les processus de gestion d'une organisation (approvisionnement, production, gestion commerciale, finance, ressources humaines, etc.). Un PGI regroupe, autour d'une base de données unique, des composants logiciels intégrés de manière modulaire et s'appuyant sur un référentiel unique définissant les données et les règles de gestion.

Les avantages d'un PGI ci-dessus peuvent aussi provenir de l'urbanisation mais l'intérêt du PGI est de bénéficier d'une intégration plus poussée et des améliorations du progiciel dues à l'expérience accumulée par l'éditeur auprès de divers clients. De plus, un PGI propose une interface unique, commune à toutes les applications, ce qui rend plus facile sa prise en mains et permet aux utilisateurs de s'adapter rapidement à un nouveau module.

Les coûts de développement étant répartis sur l'ensemble des clients, ce type de solution revient moins cher qu'un développement spécifique par une ESN ou par l'entreprise elle-même.

3. Informatique en nuage

Cette solution permet de se décharger sur le prestataire de l'essentiel des contraintes liées à la mise en place des services informatiques.

La facturation à l'usage permet de viabiliser les charges en limitant les charges fixes au minimum (postes de travail connectés, serveurs de gestion du réseau interne et d'accès à Internet).

Le fournisseur est généralement en mesure de garantir une sécurité plus importante que ce que peuvent faire la plupart des entreprises.

4. La mise en place de services Internet

Intranet et extranet permettent une meilleure communication, une vision partagée, une réduction des délais, une traçabilité.

Les possibilités importantes de raccourcissement au niveau de la conception pourraient résulter :

- d'une meilleure communication entre les fonctions de l'entreprise à travers un SI intégré, permettant de travailler directement sur les mêmes données de la conception à la production et entre les acteurs de l'organisation avec la solution de type intranet ;
- de l'extension de ces interactions, *via* l'extranet, permettant des échanges en temps réel avec les clients et les fournisseurs.

Outre la réduction des délais, les solutions envisagées permettraient une amélioration des services en offrant des solutions plus élaborées en matière de suivi des machines livrées, notamment grâce à l'extranet et à la capitalisation des connaissances métiers disponibles sur l'intranet.

La mise en place d'un intranet pourra faciliter :

- la communication au sein du groupe entre la société OE, qui se situe en France, et le siège, qui se trouve au Japon, et au sein de l'organisation OE. Le fait que

l'entreprise soit sur deux sites implique des flux importants d'informations entre les deux sites. Le système actuel offre des possibilités limitées. Il faut envisager l'intégration des systèmes informatiques des deux sites, avec accès à des bases de données partagées, alors qu'actuellement cette intégration est limitée à la gestion de production et à sens unique, de Tournon vers Limoges ;
- la gestion des connaissances : elle permet d'améliorer l'offre, mais c'est aussi un outil d'implication des salariés ;
- la gestion administrative du personnel (informations relatives aux salaires, à la participation ; gestion des congés, des heures effectuées...).

En facilitant l'échange et le partage d'informations au sein de l'entreprise, l'intranet permet non seulement de travailler plus efficacement, mais aussi de faire connaître les objectifs et les résultats de l'entreprise, et de renforcer le sentiment d'appartenance à une collectivité.

Le groupe OE, étant attaché à un partenariat créatif avec ses clients et fournisseurs, pourra tirer de nombreux avantages de la mise en place d'un extranet.

L'extranet permettra de travailler de façon plus étroite et plus réactive avec les partenaires. Les clients pourront participer en direct à la conception de leurs machines et avoir un suivi plus complet. Les fournisseurs pourront être associés au choix des composants et informés des besoins pour optimiser les livraisons.

3. Coûts et difficultés

A. Coûts

Les coûts de mise en place d'un PGI sur site correspondent aux éléments suivants :

• Avant mise en route
- licences du PGI lui-même mais également de l'ensemble des composants qui sont nécessaires à son bon fonctionnement (interfaces, etc.) ;
- infrastructure technique nécessaire au fonctionnement du PGI. Le terme « infrastructure » désigne les serveurs, les réseaux, les postes de travail qui permettront à un utilisateur final d'accéder au PGI. Cette infrastructure se compose du matériel mais également des logiciels (système d'exploitation, système de gestion de bases de données, utilitaires, automates, etc.).
- préparation des données, c'est-à-dire activités de nettoyage, de recodification, d'harmonisation des données et référentiels ;
- coûts de personnel : temps consacré au projet par les membres de l'équipe projet, formation des utilisateurs ;
- coût des prestataires de services : conseil, intégration, formation ;
- l'annulation des contrats en cours peut avoir un coût.

• Après mise en route
- coût interne ou externe de formation/assistance aux utilisateurs ;
- maintenance curative (résolution des problèmes apparaissant à l'utilisation) ;
- maintenance préventive ;
- maintenance évolutive (mise à jour, mise à niveau).

- Coûts cachés

Avant comme après la mise en route il peut y avoir des coûts cachés liés aux perturbations entraînées par le projet sur le fonctionnement de l'entreprise, en particulier lors de la mise en route.

On estime le coût de l'implantation d'un PGI à une dépense de l'ordre d'un à deux ans de CA. L'importance de la somme engagée suffit à souligner le caractère stratégique de l'investissement. Celui-ci est, de plus, quasiment irréversible : on s'engage avec un prestataire dans une relation qui n'a de sens que si elle est durable et la plupart des dépenses sont immatérielles et n'ont donc aucune valeur liquidative.

Dans le cas d'une solution en *cloud computing*, la plupart de ces coûts sont supportés par le prestataire et répercutés sur le client suivant le mode de facturation (nombre d'utilisateurs simultanés et/ou potentiels...).

La différence en termes de coûts réside dans l'articulation entre coûts fixes et coûts variables, avec une importante variabilisation dans le cas du *cloud*.

La pertinence de toute comparaison dépendra donc de la pérennité des solutions et de l'horizon temporel dans lequel on se situe.

L'urbanisation est la solution la plus coûteuse. Elle demande des compétences importantes dans la durée.

B. Difficultés

Les solutions envisagées seront source d'un changement profond au sein de l'organisation, c'est pourquoi les différentes catégories d'utilisateurs devront être impliquées de façon que leur perception soit prise en compte à tous les stades de la conception, non seulement parce que leur participation permettra de mieux s'adapter aux besoins réels de l'entreprise, mais aussi parce que leur implication permettra de lever certaines appréhensions et d'éviter des réactions de rejet.

L'ampleur des projets envisagés est porteuse de risques de dépassement du budget et des délais. C'est pourquoi une gestion de projet rigoureuse doit être mise en place.

Un projet doit être piloté d'un bout à l'autre par un comité comprenant des salariés de différents services. Il doit également apparaître clairement comme un choix fondamental de l'entreprise. C'est pourquoi le comité de pilotage sera dirigé de façon active par un membre de la direction générale.

Il faut distinguer deux rôles fondamentaux, celui de la maîtrise d'ouvrage (la direction, commanditaire) et celui de la maîtrise d'œuvre (l'opérateur, qu'il soit interne, DSI, ou externe, prestataire). Des difficultés de communication et de coordination entre ces deux rôles peuvent perturber le déroulement du projet.

Une autre source de difficultés peut se situer au niveau de la coordination entre les différents acteurs du projet : acteurs internes (DSI, directions métiers) et externes (société de conseil, éditeur, intégrateur...).

La sécurité devra faire l'objet d'une étude approfondie aux niveaux interne et externe. La sécurité interne concerne la protection physique des données et le contrôle d'accès des utilisateurs. Elle doit être complétée par des procédures de sauvegarde. La sécurité externe concerne les risques d'introduction d'éléments indésirables (virus...), voire d'intrusion de personnes non autorisées avec risque d'altération des données ou d'espionnage. La première protection consiste à mettre en place l'intranet en l'isolant d'Internet derrière le système de pare-feu qui devra être renforcé, voire complété par une DMZ, surtout en cas de mise en place d'un extranet, de façon à empêcher tout accès direct au réseau interne par n'importe quel utilisateur d'Internet. Quant à l'accès à l'extranet, il devra être sécurisé par un système d'authentification et la mise en place de liaisons sécurisées (VPN) et de protocoles de transfert de données avec les partenaires en négociant des débits garantis auprès d'opérateurs télécoms.

Concernant spécifiquement le PGI, la difficulté est de faire coïncider les fonctionnalités du progiciel et les besoins du système d'information de l'entreprise. Ceci nécessite un grand nombre de paramétrages, qui expliquent la durée importante des projets d'implantation.

Le paramétrage permet de définir les règles de gestion de l'application en fonction des processus de l'organisation. Le paramétrage peut être complété par le développement d'applications destinées à interfacer le PGI avec d'autres applications. Cependant ces développements doivent rester limités pour éviter les dérives en matière de délais et de coûts et pour assurer la cohérence du système.

4. Étapes du projet et mise en évidence des choix à effectuer

Le scénario suivant peut être envisagé.

- **Étude préalable**
- Identification du problème : choix de faire évoluer le SI.
- Mise en place de l'équipe projet-maîtrise d'ouvrage : choix des personnes (chef de projet, utilisateurs-clés...) ; engagement de la direction.
- Communiquer, informer, associer les utilisateurs dès le début et à toutes les étapes du projet.
- **Étude détaillée**
- Rédiger un cahier des charges.
- Choix d'un ou plusieurs prestataire(s) externe(s) pour accompagner le projet et définition de son (leurs) rôle(s).
- Mise en place de l'équipe projet-maîtrise d'œuvre.
- Analyse des scénarios et choix fondamentaux : choix entre différentes solutions (urbanisation ou intégration).
- Étude de la solution détaillée : choix d'un PGI.
- **Réalisation**
- Analyse des processus de l'entreprise.
- Paramétrage avec ou sans développements spécifiques et choix organisationnels.
- Interfaçage éventuel du PGI avec certains logiciels actuels qui seraient conservés et transfert des données des autres vers le PGI.
- Tests et recette.
- Formation des utilisateurs.
- **Déploiement**
- Mise en service progressive ou « big bang ».

- **Qualification/suivi**

- Phase d'appropriation avec assistance aux utilisateurs.
- Exploitation et maintenance.
- Évaluation et capitalisation de l'expérience.

Des variantes sont possibles par rapport aux points énoncés mais il est important de mettre en évidence les principales phases : étude préalable/détaillée ; réalisation ; déploiement ; post-projet et de mettre en évidence la nécessité d'associer les utilisateurs au projet.

5. Conséquences de la mise en place du PGI : évolution des profils de poste, enjeux internes et externes

La mise en place du PGI va entraîner une évolution des tâches avec moins de saisie et plus d'analyse, dans un environnement informatique plus complexe.

L'intégration offre aux utilisateurs un système complet avec de nombreuses possibilités au lieu d'un logiciel spécifique avec lequel ils sont familiarisés. Le PGI entraîne des interactions entre services (flux transversaux).

La mise en place du PGI va donc entraîner une modification des profils de postes dans le sens de plus de qualification et de compétences relationnelles.

Enjeux internes : gestion du changement, évolution du rôle de la DSI, gestion du cycle de vie des produits, réduction des coûts, disponibilité et circulation des informations facilitées, vision d'ensemble de l'entreprise pour la direction...

Enjeux externes : liens avec fournisseurs (gestion des commandes, démarche qualité...), réactivité vis-à-vis des clients (co-conception des produits, après-vente...), relations avec prestataires SI...

6. Méthodologie pour évaluer le retour sur investissement du projet

Le retour sur investissement d'un tel projet est difficile à évaluer. Il comporte deux dimensions : les gains et les coûts, qu'il convient d'analyser.

Les coûts d'investissement et de fonctionnement peuvent faire l'objet d'une évaluation plus ou moins précise. Certains correspondent à des interventions d'entreprises extérieures et sont précisément définis dans le cadre de contrats, bien qu'il puisse y avoir des risques de dépassements. D'autres sont des coûts internes (de la DSI, des membres de l'équipe projet, de formation...) dans lesquels il faut isoler ce qui relève du projet avec les outils du contrôle de gestion. Enfin, il y a des coûts cachés, qu'il faut estimer en évaluant par exemple la baisse de productivité entraînée dans un premier temps par la mise en place du PGI.

En contrepartie de ces coûts, l'entreprise attend un certain nombre d'avantages qui peuvent s'exprimer sous forme de réduction de coûts ou de gains supplémentaires. Les réductions de coûts peuvent faire l'objet d'une analyse précise (élimination des tâches de ressaisie, moins d'erreurs...). Les gains supplémentaires (amélioration des marges, augmentation du chiffre d'affaires...) sont plus difficiles à évaluer. Il faut établir une mesure quantitative, par exemple, de l'amélioration de la relation clients et évaluer son impact sur le chiffre d'affaires.

Le retour sur investissement s'apprécie par la mise en rapport des coûts et des gains du projet. Celle-ci peut se faire de plusieurs façons.

- Le délai de récupération correspond à la durée nécessaire pour que les flux engendrés par le projet couvrent les dépenses.
- La valeur actuelle nette se calcule en faisant la différence entre les flux associés au projet, affectés d'un coefficient d'actualisation.
- Le taux interne de rentabilité correspond au taux d'actualisation qui égalise les dépenses et les recettes actualisées.

exo 05.01

1. Infogérance

1.1 Différents types d'infogérance

L'externalisation des systèmes d'information consiste à confier la responsabilité de tout ou partie du SI à un prestataire qui s'engage sur des objectifs et facture à l'entreprise la gestion des ressources matérielles et des logiciels d'application ainsi que le personnel nécessaire.

L'externalisation repose sur un cahier des charges, document contractuel dans lequel est exposé le transfert des ressources humaines, des ressources et moyens de production, des éléments matériels et/ou immatériels... Le résultat à atteindre doit être bien défini. La démarche s'appuie sur une analyse des coûts et des avantages pour appréhender la valeur du nouveau modèle.

Cela va de la conception d'applications spécifiques à la prise en charge complète du SI, en passant par des prestations d'audit et de conseil.

L'externalisation peut avoir un cadre très large et assurer les missions de conception, de création, de suivi et d'amélioration.

Le périmètre de l'externalisation peut inclure :

- la gestion des matériels et leur maintenance ;
- la prise en charge des réseaux informatiques, et éventuellement de télécommunications ;
- l'architecture générale du système informatique et la planification de ses développements ;
- la maintenance des applications existantes (TMA) ;
- la conception et le développement d'applications nouvelles ;
- etc.

Le terme d'infogérance désigne une prestation qui s'inscrit dans la durée, avec un objet et un périmètre variables. TMA (Tierce Maintenance Applicative) s'emploie pour désigner la prise en charge du fonctionnement d'une ou de l'ensemble des applications. Lorsque la prestation concerne la gestion de ressources matérielles, celles-ci peuvent être gérées sur site ou hébergées par le prestataire. Dans l'un ou l'autre cas, elles peuvent être soit propriété du bénéficiaire, soit du prestataire.

1.2 Intérêt du recours à l'infogérance

Dans le domaine SI comme dans d'autres, l'externalisation peut s'inscrire dans une démarche d'entreprise de recentrage sur le métier de base en concentrant ses efforts sur les ressources considérées comme fondamentales et porteuses d'avantages concurrentiels. Dans cette optique, l'entreprise externalise les activités secondaires pour lesquelles elle est peu efficiente et ne souhaite pas investir davantage pour le devenir.

Les compétences nécessaires dans le domaine des TI sont complexes et très évolutives. L'intérêt pour l'entité qui externalise est de bénéficier de l'expertise du prestataire basée sur l'expérience acquise auprès de ses différents clients. Le recours à un prestataire spécialisé et reconnu garantit de disposer des meilleures solutions et pratiques disponibles sur le marché, car le prestataire est confronté en permanence aux problèmes qu'il doit résoudre pour ses différents clients.

Cette solution permet de mieux maîtriser les coûts, ceux-ci étant négociés dans le cadre d'un contrat. Le prestataire est en mesure de proposer des coûts inférieurs à ceux d'une solution interne du fait des économies d'échelle qu'il réalise et de la capitalisation des connaissances liée à la spécialisation dans son domaine et à la richesse de l'expérience dans ce domaine.

L'externalisation permet de transformer des coûts fixes en coûts variables. Le prestataire peut adapter les ressources mobilisées en fonction du besoin du client, par redéploiement de ses moyens, aussi bien en termes de nombre de personnes qu'en termes de compétences.

L'incompréhension (latente ou explicite) DG/DSI peut aussi être un facteur d'externalisation. Elle donne plus d'indépendance vis-à-vis des informaticiens internes, apparaissant comme un groupe particulier et étant suspectés d'utiliser leur expertise pour s'octroyer des pouvoirs disproportionnés.

1.3 Difficultés rencontrées dans la mise en œuvre d'une solution d'infogérance

Les risques de l'infogérance sont ceux de l'externalisation en général, avec des spécificités liées aux compétences mises en œuvre et aux enjeux en terme de sécurité.

Comme pour toute externalisation, il y a un risque de perte de compétences. Disposer d'un service informatique interne présente l'avantage d'une meilleure maîtrise du SI. Les choix sont faits dans l'organisation, le suivi est permanent.

Il faut établir une distinction selon que l'externalisation porte sur des tâches courantes (maintenance de matériel, d'applications...) ou a pour effet de confier au prestataire des responsabilités essentielles (conception, évolution du SI...).

Du fait des enjeux stratégiques liés au système d'information, le client risque de se trouver en situation de dépendance par rapport au prestataire : difficultés à contrôler la qualité de la prestation (celui-ci peut limiter ses efforts avec un risque de dégradation de la qualité du service ou de dérapage des coûts) et à revenir en arrière ou changer de prestataire en cours ou en fin de contrat.

Le facteur coût, même s'il n'est pas toujours déterminant, entre en ligne de compte. Mais la comparaison entre le coût de la prestation réalisée en interne et le devis d'un prestataire externe est parfois incertaine du fait de la relativité des méthodes de calcul de coût et de la difficulté d'évaluation du contenu de l'offre externe. Il y a pour l'entité qui a recours à l'impartition un risque lié à l'asymétrie d'information sur le coût réel de l'opération et sur la qualité.

De plus, les personnes extérieures qui interviennent sur le système d'information peuvent avoir accès à des données sensibles. Cela nécessite de mettre en place des règles de sécurité spécifiques.

1.4 Impacts de ce choix au plan humain

Du point de vue social, il peut être délicat de gérer des salariés qui travaillent ensemble ou les uns à côté des autres avec des statuts sociaux différents. L'externalisation peut aussi être mal perçue par les salariés de l'entité qui externalise et générer un conflit social.

Il ne faut pas confondre externalisation et délocalisation (transfert d'activité dans des pays à bas coût de main d'œuvre), cependant les deux vont parfois de pair.

Certaines organisations, après avoir externalisé, adoptent parfois une position inverse : le *backsourcing*. Cela consiste à reprendre en interne des activités jugées intéressantes à contrôler. Cette opération peut se faire soit par rupture du contrat d'externalisation soit à la fin normale de ce contrat. La prise en compte de la réversibilité dès le début du contrat est indispensable pour permettre la reprise éventuelle des activités externalisées, y compris pour les confier à un autre prestataire.

1.5 Conditions de réussite d'un projet de ce type

Compte tenu des intérêts partiellement divergents des parties prenantes à la relation contractuelle, la préparation, la mise en place et le suivi de celle-ci constituent des impératifs pour toute opération d'externalisation des SI.

Une réflexion stratégique préalable est indispensable pour bien identifier les compétences clés et les activités potentiellement externalisables. Cette étude doit évaluer la qualité, l'efficience et le coût des solutions existantes (solutions internes). L'organisation doit définir précisément les compétences qu'elle souhaite externaliser. Elle peut choisir de garder en interne certaines activités. De plus, conserver la maîtrise des activités externalisées nécessite de disposer de compétences internes.

Externaliser nécessite de définir les prestations à fournir, les critères d'évaluation utilisés et rédiger un appel d'offres. Il faut ensuite analyser les réponses à l'appel d'offres (en particulier, les compétences des répondants) et négocier avec le prestataire retenu sur les termes du contrat :

- définition précise des prestations à fournir, le prestataire pouvant demander des ajustements par rapport à l'appel d'offres ;
- organiser la phase de transition (information des utilisateurs, transfert des actifs. mise en place du suivi de l'exécution des contrats...) ;
- définition des modalités de contrôle de la prestation et des sanctions éventuelles ;
- fixation des modalités de facturation, des conditions de révision ;
- possibilités de modifications du contrat pour introduire les changements nécessaires (changement technologique et changement dans les processus métiers) ;
- conditions de renouvellement, de réversibilité ;
- etc.

L'engagement doit reposer sur des responsabilités mutuelles définies et mesurables par des indicateurs. Pour développer une relation stable entre les deux parties, il faut au préalable communiquer les bonnes données et avertir de tout changement.

L'entreprise doit suivre l'exécution du contrat dans le cadre de réunions périodiques et sur la base des indicateurs définis dans le contrat. Ceux-ci doivent être mesurables suivant des critères précis. Il peut être prévu une comparaison *(benchmarking)* avec les meilleures références du marché.

Les réunions doivent aussi permettre un transfert de compétences de façon à ce que la capitalisation des connaissances liées à la gestion du système ne se fasse pas exclusivement chez le prestataire au risque d'une perte de compétences et d'une moindre maîtrise de la prestation (risque de comportements opportunistes du prestataire).

Il est indispensable de garder la maîtrise de la relation avec le prestataire afin de préparer l'échéance du contrat pour avoir la possibilité de poursuivre voire d'étendre le contrat avec le même partenaire, de changer de partenaire ou de réintégrer les activités externalisées.

Il faut mesurer périodiquement la possibilité de réalisation, le cas échéant, de la réversibilité afin que le transfert vers un nouveau Prestataire ou vers le CRV puisse se faire sans rupture de qualité de service.

2. Performance

2.1 Typologie des principales catégories d'indicateurs envisageables dans le cas étudié

Le contrôle des systèmes d'information s'inscrit dans différentes perspectives.

- Perspective d'efficience = résultats / moyens utilisés ; on trouvera ainsi des mesures simples de productivité directe par rapport d'un résultat aux ressources consommées.
- Perspective d'efficacité où l'on rapproche des résultats et des objectifs.
- Perspective de satisfaction : vision de l'efficacité organisationnelle exprimée au travers des perceptions des utilisateurs.

La question de l'appréciation du fonctionnement du SI peut appeler plusieurs types de réponses selon les points de vue : techniciens SI, utilisateurs (à différents niveaux), direction générale...

D'autre part, une distinction peut être établie suivant la nature des indicateurs et leur objet : indicateurs techniques, quantitatifs ou qualitatifs, indicateurs financiers, indicateurs d'efficacité et d'efficience.

Il en découle différents critères que l'on peut classer en :

- **indicateurs techniques** (point de vue du technicien) : volume d'activité, temps de réponse d'un serveur, temps réel d'utilisation, taux de disponibilité, nombre de logiciels ou de fonctionnalités utilisés...
- **indicateurs d'utilisation** (point de vue de l'utilisateur) : impact sur la performance individuelle (temps d'utilisation, temps de réponse d'une application, amélioration de la performance...) ;

- **indicateurs de satisfaction** (point de vue de l'utilisateur) : traduisent la perception de l'utilisateur qui découle d'une comparaison entre ses attentes (ce qu'il espérait retirer de l'usage du système) et les résultats obtenus par l'utilisation ;
- **indicateurs sur la performance de l'organisation** (point de vue de la direction) : efficience générale, performance financière, avantage compétitif, flexibilité, création de valeur...).

2.2 Proposition et justification d'indicateurs couvrant les différentes catégories

Exemples de réponses possibles :

Indicateur	Définition	Justification
Nombre d'incidents réseau	Nombre d'incidents dus à des performances réduites des ressources informatiques	Permet de mesurer sur une période le nombre d'incidents donc la fiabilité du système et d'observer l'évolution dans la durée.
Taux d'incidents réseau	Part des incidents réseau par rapport au nombre total d'incidents enregistrés	Permet de mesurer l'impact des incidents réseau par rapport à l'ensemble des problèmes de fonctionnement du SI (problèmes liés aux utilisateurs, aux postes de travail...).
Taux de disponibilité des statistiques	Pourcentage de respect des délais de disponibilité des statistiques	Permet de mesurer la capacité du prestataire à remplir ses obligations de reporting, condition nécessaire pour établir une relation de confiance.
Degré de satisfaction des utilisateurs des postes de travail	Indice de satisfaction des utilisateurs par rapport à leur poste de travail mesurée par des enquêtes sur un échantillon représentatif.	Permet de mesurer l'orientation client du service fourni par le prestataire.
Degré de satisfaction des utilisateurs du centre de services	Répartition (en %) des utilisateurs ayant eu recours au centre de services en fonction de leur satisfaction.	Permet de mesurer la façon dont les utilisateurs perçoivent les prestations du centre de services en termes de délai, de qualité...

2.3 Différentes composantes du coût d'un poste de travail

Il faut prendre en compte l'ensemble des coûts liés à l'acquisition et à l'utilisation d'un poste de travail, incluant tout l'environnement nécessaire à son bon fonctionnement, pendant toute sa durée de vie.

- Coûts directs :

- les coûts, sous forme de dotations aux amortissements essentiellement, des matériels nécessaires (stations de travail, imprimantes, portables, périphériques, matériels d'infrastructure : serveurs, cartes de connexion, composants actifs...).

- les coûts des licences des logiciels (système d'exploitation, outils bureautiques, messagerie, navigateurs, applications…).
- les coûts de gestion des postes (prévision, acquisition, test, déploiement, sauvegarde, maintenance), *cf.* projet d'appel d'offres, cycle de vie des biens avec répartition des tâches entre DST et infogérant.
- les coûts de mise au rebut (s'agissant d'un centre de recherches, les disques durs doivent être détruits pour éviter des fuites).
- les coûts des équipes internes d'exploitation ou de la part correspondante de l'infogérance.
- les coûts de support (centre de services, formation des utilisateurs…).
- frais de télécommunications.
- autres coûts directs (consommables, documentation, énergie, place, etc.).

• Coûts indirects :

- liés à l'utilisateur final (recours aux collègues ou résolution des problèmes sans aide, autoformation, développement d'applications personnelles) ;
- liés à la non optimalité du système (pertes de temps liées aux indisponibilités programmées ou non, défaillances des systèmes et applications, surcharge du centre de services…).

Certains organismes (Gartner…) proposent des méthodes de calcul du coût du poste de travail (TCO, *total cost of ownership*) et obtiennent des montants de l'ordre de 4 à 7 000 €, soit 10 fois le coût de la station de travail elle-même.

2.4 Raisons de la réduction de ce coût par la location des postes de travail

La location permet d'externaliser une partie des coûts liés aux postes de travail : le coût du matériel proprement dit et une partie des services liés à sa mise en service, sa maintenance et son élimination. Ces coûts vont être remplacés par un loyer dont le montant est négocié avec le prestataire sur la base d'une analyse précise des besoins, avec une plus grande flexibilité car le contrat peut prévoir des possibilités d'ajustement.

De plus, la location permet de remplacer des immobilisations par des loyers, donc évite de mobiliser des capitaux ce qui a un coût (intérêts si emprunt ou coût d'opportunité).

2.5 *Cloud computing* : solution alternative de réduction du coût des postes de travail ?

Définition : Le ***Cloud Computing***, ou **informatique en nuage**, est un environnement de stockage et d'exécution flexible de ressources informatiques. C'est l'interconnexion et la coopération de ressources informatiques, situées au sein d'une même entité ou dans diverses structures, dont les modes d'accès sont basés sur les protocoles et standards d'Internet, en libre-service et selon un modèle de facturation à l'usage. Ces ressources sont mises à disposition en mode locatif par des sociétés tierces et accessibles via Internet.

Les usagers ignorent où sont stockées leurs informations et les ressources qu'ils utilisent.

Le recours à des prestations externalisées apporte une visibilité des coûts pour une meilleure maîtrise et permet de bénéficier de l'expertise du prestataire pour obtenir un service de qualité au coût le plus juste. De plus, il est plus facile d'ajuster la ressource aux besoins par négociation avec un prestataire externe que lorsque la prestation est réalisée en interne.

Au lieu d'acheter très cher des serveurs et des logiciels, qui ne sont pas utilisés à 100 %, les entreprises les louent et ne paient que pour l'usage qu'elles en font. Elles peuvent aussi, en quelques minutes, accéder à des capacités de stockage et de calcul supplémentaires.

L'intérêt en termes de coût est qu'il n'y a pas d'investissement (mode locatif), donc variabilisation des charges et pas de risque d'avoir des surcapacités.

3. Sécurité

3.1 Contribution d'un VLAN (réseau virtuel) à la sécurité

Un VLAN (*Virtual Local Area Network* ou *Virtual LAN*, en français Réseau Local Virtuel) est une subdivision d'un réseau local regroupant un ensemble de machines de façon logique et non physique.

En effet, dans un réseau local la communication entre les différentes machines est régie par l'architecture physique (les postes sont reliés à des commutateurs...). Grâce aux réseaux virtuels, il est possible de définir une segmentation logique (logicielle) basée sur un regroupement de machines grâce à des critères : adresses machines, numéros de port, adresses IP, etc.), de sorte que ces groupes de machine fonctionnent comme s'ils étaient sur des réseaux différents. Les machines concernées ne communiquent donc pas directement entre elles et doivent passer par un routeur, ce qui permet de filtrer les communications entre les groupes de machines et limite les risques d'accès frauduleux ou involontaire à des données sensibles.

3.2 Principaux points à aborder dans le document de synthèse concernant les mesures de sécurité, rédigé à l'intention du personnel

- Appréhender le risque : quelles sont les menaces ?

La sécurité peut être appréhendée suivant quatre dimensions :

- authentification : identification et mots de passe, biométrie...
- confidentialité des informations : failles logicielles, possibilités d'écoute et d'interception, piratage...
- intégrité des traitement et des informations : maliciels (*malwares* : virus, vers, logiciels espion,...), nuisance pure et simple (SPAM, canular, *phishing*...) ;
- disponibilité : le déni de service ou la saturation...

- Recommandations et précautions à prendre

  Le principal problème de sécurité est assis devant le clavier !

  L'ingénierie sociale s'appuie sur l'absence de méfiance des utilisateurs pour contourner les protections.

  L'intelligence économique permet d'obtenir des informations par l'écoute passive ou dans des situations en apparence anodines.

  L'intrusion des outils grand public dans l'environnement professionnel (tablettes, mobiles...) est une nouvelle menace.

  Le patrimoine scientifique et technique est une richesse qui doit être protégée.

• Les aspects juridiques et réglementaires

Rappel de la législation :
- protection des données personnelles (CNIL, RGPD) ;
- infractions informatiques : intrusion, compromission...;
- les droits d'auteur et le code de la propriété intellectuelle.

• La politique de Sécurité des Systèmes d'Information au CRD

Principes et mise en œuvre de la politique de Sécurité des Systèmes d'Information au CRD

Brève présentation de la charte d'utilisation des moyens informatiques du CRD et du Plan de Sécurité des Systèmes d'Information

• Le management de la sécurité au CRD

Rôle des ASSI d'unité

Description des procédures et modalités d'accès au réseau (comptes utilisateurs...)

Classification des informations : confidentielle / non confidentielle.

Internet/Extranet/Intranet : modalités d'utilisation, niveaux de sécurité...

3.3 Risques encourus par l'adoption d'une solution en mode *cloud computing*

Le *cloud computing* soulève des questions de sécurité et de confidentialité des données. De plus, dans un hébergement mondialisé, les données peuvent tomber sous la juridiction des pays où se trouvent les serveurs. Et dans certaines situations, la raison d'État pourrait être source de risques.

Pour maîtriser ces risques, les grandes entreprises peuvent mettre en place un ***cloud* privé** c'est-à-dire la mutualisation de ressources entre entreprises d'un même groupe. Cela permet de bénéficier des avantages du *cloud*, sans les risques du ***cloud* public** dont les services sont disponibles pour tous les utilisateurs potentiels et qui repose sur des ressources et des opérateurs qui ne sont pas forcément identifiés ni localisés.

Le ***cloud* hybride** est une solution qui combine un *cloud* privé et le recours au *cloud* public selon les besoins et la sensibilité des traitements et des données.

Un autre frein est la crainte d'une trop forte dépendance au réseau. Pour avoir recours au *cloud computing*, il faut se doter d'un accès au réseau stable, avec un débit suffisant.

3.4 Points de vigilance lors de la négociation d'un contrat de *cloud computing*
- Sécurisation des transferts de données.
- Sécurisation des *datacenters*.
- Localisation des *datacenters* (législation applicable).

exo 06.01

1. Les dirigeants de VERGEAT adoptent une **attitude réactive et non proactive**. C'est devant la menace liée à un problème de rentabilité et au risque de fermeture du site que la direction incitée en cela par l'ingénieur qualité envisage cette évolution de son SI.
L'aspect positif d'une telle situation est d'inciter à l'agilité du management et de la conduite de projet. C'est aussi un argument pour faciliter la justification de la nécessité du changement.
L'aspect négatif réside dans ce qu'elle favorise les tensions, des inquiétudes et une attitude défensive du personnel. L'action sous contrainte peut également conduire à des décisions sans prise de recul suffisante par rapport aux implications à long terme (organisationnelles ou stratégiques).
2. L'entreprise VERGEAT connaît actuellement des soucis de rentabilité liés, entre autres, à la maîtrise de l'opération de remplissage des bouteilles. Avec les installations existantes, il n'est pas possible de respecter la réglementation « à la lettre », ce qui entraîne, pour pallier le risque d'être hors normes, de « sur-remplir » les bouteilles. Si l'on considère que l'on remplit une bouteille avec 1 à 2 millilitres de trop, cela représente 150 000 bouteilles par an. **Sans évolution du SI, on voit bien qu'il ne sera pas possible de mobiliser des marges de productivité suffisantes** pour assurer la survie de l'unité de production. L'évolution du SI va représenter un **Facteur clé de succès dans la stratégie de survie à long terme** de cette unité, en permettant d'éliminer les coûts parasites que représente le sur-remplissage. Ce faisant la productivité et la rentabilité de l'unité deviendront compatibles avec les objectifs et les standards du groupe.
D'une manière plus large, l'évolution du SI permettra une optimisation du processus de gestion et donc aura des répercussions sur le coût de production.

3. Trois solutions sont proposées.

Solution (description)	Avantages	Inconvénients
Acquisition du logiciel de cartes de contrôle diffusé par le constructeur de balance. Cette solution repose sur l'acquisition d'une licence d'exploitation faisant l'objet d'une installation locale ou sur l'acquisition d'un droit d'usage en mode SaaS	les avantages que l'on peut noter sont la rapidité de mise en œuvre, le fait de disposer d'une solution standard, adaptée au métier et au matériel (balances) utilisé. En termes de coût, cette solution sera très certainement la moins onéreuse des trois.	L'inconvénient est que cette solution sera autonome c'est-à-dire sans disposer de connecteur permettant d'interfacer l'outil avec le SI existant.
Mise en place **du logiciel de gestion de production pour l'agroalimentaire**	Solution déjà utilisée dans un contexte similaire, bénéficiant de l'expérience de l'éditeur. Logiciel de gestion de production qui prend en charge les différents aspects du processus de production (solution intégrée).	Ce n'est pas la solution la plus logique et la plus adaptée au problème à résoudre. En effet, une gestion de production existe déjà au niveau du groupe, la nouvelle gestion de production mise en place viendra à côté de l'existant. Dans ce cas, l'interconnexion des systèmes impliquerait que l'éditeur de la solution nouvelle dispose d'un connecteur vers la solution en place. Cette solution sera probablement la plus onéreuse des trois.
La réalisation d'un développement sur-mesure par une ESN	Il permettrait une réelle urbanisation en terme applicatif du SI. Cette solution pourrait permettre notamment d'éviter la double saisie et pourrait offrir une meilleure adéquation de l'outil aux besoins de l'entreprise	L'inconvénient de cette solution résiderait dans son coût et dans le fait qu'elle suppose un délai important de réalisation et de mise en place.

4. Sur le plan technique, VERGEAT dispose de trois solutions.

	Avantages	**Inconvénients**
Un hébergement de la partie applicative sur le site même de VERGEAT (réseau local)	En termes de disponibilité et de temps de réponse, les échanges de données se feront en local, donc à une vitesse très élevée.	Elle demande de mettre en place sur le site une infrastructure informatique, sans disposer des ressources en termes de personnel. Ceci impliquerait de recourir soit à un recrutement, soit à une ESN.
Un hébergement de la partie applicative au siège	Les ressources techniques du siège pourront prendre en charge la mise en œuvre et le maintien opérationnel de la solution.	Les échanges de données devront transiter par le VPN et donc avec des débits bien inférieurs à la solution réseau local. Des matériels informatiques (balances) aux lignes de production dans un environnement hostile (projection d'eau, courants forts...) risquent de générer des pannes peu compatibles avec le fait que les équipes informatiques soient à distance (au siège et non sur place).
Utilisation du logiciel en mode SaaS (Software as a Service)	La charge de travail liée à la mise en place de l'infrastructure et à son maintien opérationnel ne repose pas sur les équipes techniques de VERGEAT mais fait partie du contrat avec l'éditeur de la solution.	Les inconvénients sont doubles : le même inconvénient que l'hébergement par le siège en termes de débit et une problématique d'urbanisation du SI en termes fonctionnel, par rapport à l'interaction avec le siège.

5.

▸ Sur le poste de travail

Faire évoluer le SI d'une organisation va entraîner le besoin de faire évoluer les postes de travail. En effet, dans tous les cas la solution mise en œuvre va se traduire par **l'informatisation des postes de travail** sur les lignes de conditionnement.
Or les personnels ont des habitudes de longue date, dans le cadre de postes de travail à faible contenu. Ce sont des personnes de moyenne d'âge élevée et de faibles qualifications et formations de base.
Les nouveaux outils et la nouvelle organisation vont leur demander une **mutation très importante de leurs habitudes et un apprentissage de nouveaux outils et techniques.** Cela constituera un enrichissement non négligeable de leurs tâches, que certains auront peut-être du mal à maîtriser.

▸ Sur le plan RH

La mise en place d'un nouveau système au sein de VERGEAT, risque de s'accompagner de **tensions** au sein des équipes. En effet, les opérateurs de lignes vont voir leur profil de poste évoluer avec la prise en charge de la gestion du contrôle qualité sur ligne lors du remplissage. Ceci va également **modifier les relations entre les personnes** du laboratoire et les opérateurs ainsi qu'entre l'encadrement et les opérateurs. Entre les différents opérateurs, la **mise en œuvre de ce système de contrôle** sur ligne, va demander une **montée en connaissances et en compétences**. Notamment, il va falloir expliquer et former un opérateur à ce qu'est une carte de contrôle et comment elle se lit. Or il s'agit là de quelque chose de totalement nouveau, intégrant une capacité à l'abstraction, pouvant amener des disparités dans la maîtrise de cette évolution. Sous la pression de la peur de ne pas s'adapter et peut-être de perdre leur emploi certains risquent d'être tentés de mettre en cause le travail des autres, voire de les harceler, afin d'affermir leur propre position.

6. Un **plan de formation** spécifique va devoir être mis en place. Celui-ci doit permettre aux ouvriers de maîtriser les manipulations du logiciel mais également de comprendre ce que l'on attend d'eux en fonction des résultats du contrôle par échantillonnage. Afin de faciliter l'appropriation du système, on peut repérer ceux qui s'adaptent le mieux afin d'organiser un **système de coaching** vis-à-vis des autres.

7. Les principaux facteurs de résistance au changement peuvent émaner des ouvriers de conditionnement, fondés sur la peur de ne pas s'adapter à de nouvelles habitudes de travail, intégrant des techniques informatiques.
La direction et l'encadrement vont devoir faire preuve **d'empathie** afin de comprendre le raisonnement qui étaye ces peurs. La direction devra alors construire un argumentaire de **légitimation du changement** Notamment mettre en avant la **survie de l'unité de production** donc des postes de travail.
Il faudra ensuite prévoir des **phases de mise en place du projet** qui évitent de mettre une pression trop forte. Par exemple, prévoir une période d'essais de quelques semaines où les erreurs éventuelles n'auront pas de conséquences.

Pour la mise en place de la conduite de ce projet, il convient de créer un **groupe projet** incluant des représentants de l'ensemble des populations concernées. Dans ce groupe projet, on retrouvera un à deux opérateurs, un ou deux agents de maîtrise de fabrication, une personne du laboratoire. Ce groupe sera placé sous la conduite de l'ingénieur qualité.
Un **comité de pilotage** doit être mis en place incluant les membres de la direction : le directeur de production et le directeur du site. Il aura pour mission le pilotage stratégique (choix d'investissement, choix organisationnels...). Le chef de projet, qui pourra être l'ingénieur qualité, rendra compte de l'avancement et des problèmes rencontrés dans la conduite du projet auprès du comité de pilotage.

Conception graphique : Sylvie Vailllant
Composition : Maury

MV-CK/EG

Achevé d'imprimer en France par Jouve-Print - 733, rue Saint-Léonard - 53100 Mayenne
N° d'impression : 2965857W - Dépôt légal n°16150-8/01 - août 2021